La Ingratitud de Sarmiento

Juan Carlos Casas

STOCKCERO

A863	Casas, Juan Carlos
CAS	La ingratitud de Sarmiento.-
	1ª. ed.– Buenos Aires : Stock Cero, 2003.
	256 p. ; 23x16 cm.
	ISBN 987-20506-8-6
	I. Título - 1. Novela Histórica Argentina

Copyright © Juan Carlos Casas 1998

1º edición: 2003
Stockcero
ISBN Nº 987-20506-8-6
Libro de Edición Argentina.

Hecho el depósito que prevé la ley 11.723.
Printed in the United States of America.

Ninguna parte de esta publicación, incluido el diseño de la cubierta, puede ser reproducida, almacenada o transmitida en manera alguna ni por ningún medio, ya sea eléctrico, químico, mecánico, óptico, de grabación o de fotocopia, sin permiso previo del editor.

stockcero.com
Viamonte 1592 C1055ABD
Buenos Aires Argentina
54 11 4372 9322
stockcero@stockcero.com

La Ingratitud de Sarmiento

Juan Carlos Casas

*A mi madre y a mi abuelo y
padre Nicanor de Elía*

*"¡Honor y gratitud al gran Sarmiento!
¡Honor y gratitud, y gratitud!"*

Sarmiento disfrazado de argelino

Capítulo 1

*Donde Sarmiento pierde a Arcos
y se queda sin dinero.
Comienza el viaje a Pittsburgh
y aparece Marjorie D'Aventour.*

—¡Mierda, mierda y mierda! ¡Me cago en Arcos! ¡Cabro huevón! —exclamó Sarmiento al leer la escueta nota—. "Lo aguardo en Pittsburgh" —volvió a leer—. ¡*Malheureux!* —exclamó acongojado—. "¡Cincuenta leguas de Chambersburg a Pittsburgh, los Alleghenies de por medio, diez pesos cuesta la diligencia y no cuento sino con tres o cuatro en el bolsillo, a gatas para pagar el hotel!" —pensó cada vez más preocupado—. "El que con chicos se acuesta...", reflexionó refiriéndose a que Arcos era doce años menor que él.

Así mascullaba Domingo Faustino Sarmiento ese 18 de octubre de 1847 en la posta de Chambersburg, pequeño pueblo de Pennsylvania. Se había quedado en encontrar en Harrisburg, la capital del estado, con Santiago Arcos, su compañero de viaje del que se había separado para visitar Washington. Allí Sarmiento se había demorado un día de más, informándose sobre la política del país. Cuando llegó a Harrisburg se encontró con una primera dificultad: a diferencia de todas las ciudades norteamericanas que Arcos y él habían conocido, no existía allí United States Hotel alguno y era imposible por lo tanto encontrarse en él con Arcos, tal como habían convenido.

Sarmiento había arribado hacía poco más de un mes a Nueva York. Se había embarcado en diciembre de 1845 en Valparaíso rumbo a Montevideo, donde llegó tras 49 días de navegación. Montevideo estaba entonces sitiada por el ejército argentino y uruguayo, federal y blanco comandado por el presidente oriental, el sanguinario general Manuel Oribe; y defendida por una coalición de uruguayos colorados, argentinos unitarios, franceses, italianos y vascos. Sarmiento pudo conocer allí a sus compatriotas unitarios del litoral argentino, y sus poco diferenciados aliados colorados. Tras corta estadía, se embarcó hacia Río de Janeiro, y allí se encuentra en febrero del año 46. En marzo siguió viaje rumbo a Le Havre donde llega el 6 de mayo, después de dos meses de navegación. En el Viejo Continente, Sarmiento permanecería 15 meses viajando incansablemente por Francia, España, Argelia, Italia, Suiza, Alemania, Holanda, Bélgica e Inglaterra. En Liverpool, el 17 de agosto de 1847, se embarcó en el Moctezuma rumbo a Nueva York para "contemplar de cerca el único lugar donde Dios se sobrepasó a sí mismo", en el que "la República existe, fuerte e invencible", como más tarde escribió a Valentín Alsina. Nuestro viajero llegó el 15 de septiembre y allí reanudó el trajín viajando en vapor a través de ríos, lagos y bahías, en ferrocarril y en diligencia a Buffalo, las cataratas del Niágara, Montreal, Boston, Nueva York nuevamente, Filadelfia, Baltimore, Washington, alcanzando el modesto y casi fatídico pueblo de Chambersburg en el estado de Pennsylvania ese 18 de octubre, donde empiezan a desarrollarse los sucesos que se relatarán.

Sarmiento y el chileno Santiago Arcos, su compañero de viaje en los Estados Unidos a partir de su segunda estadía en Nueva York, habían advertido que no existía en ese país ciudad donde no hubiera un United States Hotel, motivo por el cual lo eligieron como lugar donde encontrarse en Harrisburg. Pero Harrisburg, capital del estado de Pennsylvania, resultó ser la excepción a la regla.

Al descubrir que no había hotel con ese nombre en la ciudad, Sarmiento optó por dirigirse al hotel de la posta. Allí encontró el lacónico mensaje que le había dejado Arcos: "Lo espero en Chambersburg". Contrariado, Sarmiento toma el tren, llega al modesto pueblo de Chambersburg, distante sesenta millas al sudoeste, y no encontrando tampoco al United States Hotel, recorre las posadas preguntando por su amigo, aunque todo es inútil. Arcos no aparece por ningún lado. La creciente inquietud de Sarmiento se debe, mucho más que por la suerte que pueda haber corrido su joven amigo, porque imprudentemente, la bolsa común con el dinero de ambos había quedado en manos de Arcos. El sanjuanino había extraído 30 o 40 pesos o dólares, pues por entonces, igual que ahora, lo mismo valían, para costear los gastos de su desvío a Washington. Pero ese dinero estaba ya cercano al agotamiento según se dijo antes.

"También, cómo lo voy a encontrar preguntando por un español si el chileno habla inglés a la perfección, mucho mejor por cierto que estos gangosos yanquis", pensó Sarmiento.

Fue nuevamente en la posta donde encontró el nuevo mensaje. Con dificultad, dado su pobre inglés, consiguió que el maestro de posta comprendiera sus preguntas acerca de la partida de su apurado amigo. El tipo le explicó hablando con lentitud y en la forma más clara posible para que Sarmiento le entendiera, que Arcos, al no haber encontrado lugar dentro de la diligencia pero urgido por seguir viaje a Pittsburgh, se había metido en la bolsa de heno para los caballos que ponen en el techo del vehículo. A diferencia de las inglesas y de otros países, las diligencias norteamericanas no llevaban pasajeros en el techo. La causa era que los caminos norteamericanos distaban de los macadamizados ingleses y a fin de mejorar su estabilidad y prevenir vuelcos, que de todas maneras ocurrían, los carruajes eran bajos y parecidos a una barcaza fluvial. Otro motivo era que, corriendo los caminos entre espesos bosques, las ramas barrían el techo del vehículo y de haber pasajeros, también a éstos. El admitir a Arcos en el techo contravenía las normas en la materia. Quizá dada su delgadez lo habían admitido.

—Dígame una cosa, señor —"en este país todos son señores", pensó Sarmiento mientras buscaba las palabras adecuadas en inglés—, mi amigo tiene mi dinero. ¿Podría pagar yo el pasaje en Pittsburgh, donde él me está esperando?

El maestro de posta miró de arriba abajo al curioso extranjero que tenía delante. "¿De dónde será el tipo éste? Con esa barba (los yanquis se rasuraban por completo por entonces) ha de ser judío o algo así. No, imposible fiarle. Si no cumple, seré yo el responsable y diez dólares es más de lo que gano en una semana", pensó. Y declarando que lo sentía muchísimo no aceptó la propuesta de Sarmiento, explicándole que él era un simple empleado, aclaración innecesaria puesto que Sarmiento ya se había percatado de ello, y que no tenía autorización de su patrón para tal cosa.

—Pero le dejo mi valija en garantía. Hay cosas de valor adentro. No corre riesgo alguno —insistió Sarmiento.

No tuvo mejor suerte. Tras despedirse mecánicamente, Sarmiento se alejó maldiciendo una vez más a Arcos y al momento en que había aceptado la propuesta del muchacho de seguir juntos el viaje hasta volver a Valparaíso, mientras espantaba los cerdos que hozaban en el medio de la calle. Camino más que calle, flanqueado aquí y allá por alguna casa del pueblo, que tampoco era pueblo para Sarmiento al no estar las casas, todas de madera impecablemente pintadas, pegadas unas con otras como en la América ex española, sino separadas entre sí por amplios terrenos con frutales o el mismo bosque primigenio que cubría todo el este norteamericano. "Dicen que una ardilla puede ir desde el Atlántico hasta el Mississippi sin bajarse de los árboles", recordó Sarmiento.

Iba en dirección a la posada donde se había alojado. En la intersección con otro camino, arriba de una loma en la que se había despejado el inmenso bosque, se levantaba la iglesia metodista, ¿o sería episcopal, o bautista, o cuáquera?, con su espigado campanario pintado pulcramente de blanco. Muy cerca se veía un gran edificio de piedra oscura cubierta en parte por enredadera.

"¿Qué mosca le habrá picado al chilenito de mierda que no me pudo esperar un día? ¡Qué un día! Apenas ocho horas de diferencia entre la llegada de su tren y la del mío. Claro, él, tan impaciente, aprovechó la diligencia que salía poco después de su llegada y se trepó al techo del carruaje. ¡Dos días con sus noches metido en ese saco! Pendejo atolondrado e irresponsable; y yo más irresponsable todavía en dejarle lo poco que me queda para seguir viaje." Así monologaba Sarmiento mientras pateaba una piedra una y otra vez durante su caminata. "Es que el muchacho me resultó simpático, debió admitir. Sí, muy simpático y alegre.

"Señor Sarmiento, me dijo, nada me gustaría más que acompañar a una personalidad como la suya en su viaje de regreso a Santiago. Yo no he vuelto allí desde niño y no conozco a nadie, de modo que espero que oficie como introductor en los ambientes culturales y periodísticos donde usted brilla'. Y el muchacho así me compró diciendo esas y otras zalamerías. Soy, indudablemente, un huevón. Un gran huevón, sí. Claro, me resultaba cómodo, debo reconocer, por cuanto el calvo domina el inglés, detalle muy importante, dadas mis grandes limitaciones en ese maldito idioma, y, además, por no tener que viajar sólo en este mundo desconocido. Pero mi gran huevada fue darle la plata que me resta. Lo peor es que la idea fue mía. Y Sarmiento recordó: 'Juntemos la tuya con la mía. Dos personas viajando juntas gastan menos que haciéndolo por separado'. Así le dije, y si bien lo segundo es cierto, de ello no se concluye que fuera necesario ni conveniente juntar nuestros fondos y menos que menos dárselos a ese cabro que resultó ser la persona más atolondrada del mundo. Más conociendo lo que se dice del gallego Antonio Arcos, su padre, mal recordado en Santiago por su inescrupulosidad. ¡Qué inescrupulosidad! Conocido por ladrón para llamar las cosas por su nombre, por lo que tuvo que huir a Mendoza, de allí a Río de Janeiro y después a París donde todavía vive.

"Nadie va preso por estafar al estado en Chile. ¡Qué cosa! Por su amistad con O'Higgins y sobre todo porque su ministro de Hacienda, Rodríguez Aldea, era su cómplice en las tramoyas que hacían juntos. Con esos antecedentes, ya lo veo a su hijo Santiago contento por haberse quedado con el escaso haber, apenas veintidós guineas, de un estúpido incauto como yo."

Tras un momento de reflexión, siguió pensando: "Pero no, si el viejo, ese ladrón, es hoy un banquero millonario, ¿para qué se va a arriesgar a quitarme esa poca plata? No, no tiene sentido. Dichoso el hijo honesto del padre deshonesto, decía creo que Cervantes. Y rico, debería añadir.

"Además que, en verdad, los fondos de Santiago que juntó con los míos eran mayores, cuatrocientos pesos lo que, debo confesar, me tentó de alguna manera. A todo ello hay que agregar que me dio más confianza el hecho de que Santiago fuera un socialista utópico, obnubilado por las ideas de Saint Simon, Fourier y Owen acerca de cómo mejorar la condición económica y social del pueblo. Y pese a haber conocido el fracaso del experimento de Frances Wright con su comunidad mixta de blancos y negros en Tennessee, pretende organizar falansterios similares en Chile. ¡Justo en Chile donde la gente es todavía feudal y tan conservadora! Lo que nos ha permitido a media docena de argentinos exilados encaramarnos cerca de la cúspide del poder. Por otra parte, no le conviene quedar mal conmigo pues mi amistad le interesa sobremanera para que lo introduzca en los medios periodísticos de Santiago cuando volvamos. No conoce a nadie allí, por cuanto viajó a París tan chico que el francés fue su primer idioma. Pero más allá de todo esto, estoy seguro de que no pretenderá estafarme. Sería idiota y, a la larga, perjudicial para él."

Tranquilizado por esta conclusión, Sarmiento siguió pensando. "¿Pero hasta que encuentre a Santiago, qué haré abandonado en este pueblo tierra adentro de este país sin un cobre, donde nadie me conoce y a gatas puedo hacerme entender?"

Llegó al hotel. Una modesta posada, de madera, obviamente. El dueño estaba sentado en un sillón hamaca en la galería del frente que da al camino, tirado hacia atrás y con los pies sobre la mesa, leyendo el diario y mascando tabaco, lo que era evidente por las escupidas que lo rodeaban. Como todo pueblo que se respetaba, Chambersburg tenía un diario al menos. Sarmiento le contó sus cuitas y repitió la propuesta hecha al maestro de posta: diez dólares prestados para el pasaje y le ofrecía algunos objetos de valor en prenda.

—Mm-mm —le contestó el posadero meneando negativamente la cabeza, el estilo yanqui de decir que no—. No, vea, señor, usted comprenderá, pero me resulta imposible aceptar su propuesta. Me doy cuenta de su situación. Entiéndalo señor, yo soy un simple posadero y no un prestamista. Pero se me ocurre una solución: ¿por qué no le manda un telegrama a su amigo? Él podría pagarle su pasaje allá y la compañía de diligencias puede avisar a la posta de aquí para que lo dejen subir.

"¡Brillante idea! —pensó Sarmiento—. Maravillas de los nuevos inventos. ¡Tanto lo estudiaron en Francia, Alemania y Escocia pero tuvo que venir este yanqui Morse para ponerlo en práctica, al no interesarse el gobierno en explotar el invento! 'No es función del Estado meterse en negocios privados', se adujo con razón. Morse formó una compañía, juntó capitales y cuatro años atrás tendió la primera línea experimental de Washington a Baltimore y desde entonces ha tendido hilos por todo el país. ¡Y ni siquiera es un científico ni un negociante sino un simple pintor, retratista, para mayores datos! La gente de este país tiene una inventiva admirable."

El posadero le indicó dónde estaba el telégrafo, casi enfrente, y hacia allí se dirigió Sarmiento con mucho más optimismo. Cruzó a grandes zancadas la calle y entró en la oficina, una sencilla casilla de madera. "En este país no gastan en lujos", pensó

Sarmiento al recordar los imponentes edificios del correo francés. El posadero lo había seguido y explicó al telegrafista el problema de Sarmiento. Éste le extendió un formulario y un lápiz, que dejó en un pequeño pupitre en la especie de cerco de madera que dividía la oficina. Sarmiento, sin pensarlo más, comenzó a escribir a su amigo. "No sea usted animal..." fue lo mejor que se le ocurrió como prólogo. El telegrafista tomó el papel, lo leyó sin entender nada y le preguntó la dirección del destinatario. El United States Hotel, informó Sarmiento, pero ante su experiencia en Harrisburg, pidió que se lo buscara en todos los hoteles de la ciudad.

Poco después Sarmiento comenzó a oír los golpecitos correspondientes a su mensaje que con la velocidad del rayo, él imaginaba, cruzando ríos, bosques y los Alleghenies llegaban a Pittsburgh en el mismo momento. Otros golpecitos se oían correspondientes a mensajes que seguían hacia otros puntos, que el empleado no anotaba por no venir precedidos de la clave correspondiente.

"¡Qué maravilla este país! Mientras en Francia el telégrafo es para el uso exclusivo del gobierno; y dicen que es asunto de Estado, aquí es simplemente un negocio más en el que el gobierno se abstuvo de intervenir, siendo un simple cliente cualquiera. En Francia apenas hay una línea experimental entre París y Ruán mientras aquí ya hay tres mil millas tendidas y pronto han de ser diez mil."

En estas y otras cosas pensaba Sarmiento, y cuando ya había pasado un buen rato, el telegrafista le dijo que iba a pedir por la respuesta a su telegrama. "¿Qué hay del joven Arcos que se mandó a buscar?", fue la pregunta que hizo el telegrafista a su colega. Se oyó la señal del mensaje para Chambersburg. "Contestan", le dijo el oficinista acercándose al aparato, cuyo punzón trazaba puntos y líneas sobre la tira de papel. Sarmiento esperaba el resultado con gran expectativa. El telegrafista leyó: "No se lo encuentra en ningún hotel de Filadelfia."

—¿¡Cómo Filadelfia!? —¡El telegrama debió dirigirse a Pittsburgh! —clamó Sarmiento enojadísimo—. ¿No se lo indicó así el posadero?

—Usted no me lo dijo, señor. Y como es en Filadelfia donde está la sede de la compañía de diligencias, pensé que debía enviar el telegrama allí. Pero no se preocupe. Mando de inmediato su telegrama a Pittsburgh, señor —le dijo el telegrafista, apesadumbrado por su error.

Ya se aprestaba a hacerlo cuando el gran reloj comenzó a dar campanadas. El empleado hizo un gesto de disgusto, y anunció a Sarmiento que la oficina de Pittsburg estaba cerrando y que debían esperar hasta las ocho de la mañana del día siguiente. Un poco avergonzado, le informó además al frustrado remitente que debía la bonita suma de 44 centavos. Sarmiento extrajo de su bolsillo monedas, y de mala manera dejó las correspondientes sobre el mostrador pensando que con las mismas podría haberse regalado un buen almuerzo. Sin decir palabra, y ni siquiera mirar al empleado, salió dando un portazo.

Entró en el hospedaje con cara de pocos amigos, como es de imaginar. El posadero se mostró interesado en conocer el resultado de la gestión de Sarmiento. Éste no pudo resistir más y se descargó profiriendo toda clase de improperios, en castellano, pues es el propio idioma en el que uno puede desahogar las grandes pasiones. Por otra parte, sólo *goddam* y *shit* conocía en inglés, que distaban de serle suficientes.

El posadero lo escuchaba con aire azorado, poco habituado a esas exteriorizaciones de las pasiones meridionales. Le hizo señas para que se apaciguara y salió corriendo a la calle, seguro que para buscar a la policía, pensó Sarmiento, ahora doblemente preocupado, no fuera que sus huesos fueran a parar a la celda de alguna prisión yanqui. Pero no, no era policía quien volvió con el posadero pasados algunos minutos.

Era un individuo alto y delgado, quien al sacarse la galera dejó ver una pluma detrás de su oreja. Vestía levita gris oscura y pantalón más claro. Con tono frío y seco preguntó a Sarmiento qué le ocurría, en inglés primero, en francés luego y hasta intentó hacerlo en castellano. Sarmiento repitió una vez más su drama y le rogó al recién llegado, mister Leslie se llamaba, que intercediese en la posta para que aceptaran tomar su reloj y otros objetos como garantía del pasaje a Pittsburgh.

Mister Leslie lo escuchó impasible y, tras un momento de reflexión, le dijo en bastante correcto francés:

—Señor, lo único que puedo hacer por usted —aquí Sarmiento pensó que escucharía una nueva negativa— es pagarle el hotel y el pasaje hasta Pittsburgh. Allí usted deberá depositar en mi cuenta en el Merchants Manufacturing Bank el importe que le facilito. —Y tomando un papel del mostrador y sopando en el tintero la pluma que sacó de detrás de la oreja, escribió el nombre del banco, su dirección y el nombre de la cuenta.

Sarmiento debió tomarse su tiempo para absorber tan excelente e inesperada noticia.

—Señor, no sabe lo que le agradezco; pero usted no me conoce y si puedo dejarle alguna garantía...

—De ningún modo. Vea, señor, me consta que las personas en su situación no engañan nunca. —Y se despidió prometiendo volver enseguida.

En efecto, no pasó mucho tiempo, tiempo que aprovechó Sarmiento, ya aliviado de sus pesares, para proveerse de cigarros y comprar, por un real, manzanas que engulló rápidamente sin molestarse en pelarlas. Cuando regresó, el caballero Leslie volvía cargado de libros que prestó a Sarmiento. Uno de Quevedo, en castellano, otro del Tasso, en italiano; y un par de mamotretos en francés. Preguntó a Sarmiento en este último idioma y a ratos en un más trabajoso castellano ("al hombre le gusta sin duda exhibir sus conocimientos idiomáticos", pensó Sarmiento) acerca de su viaje, y hablaron de literatura, informando que conocía latín y griego. "¡Qué cultura la de este país; en un simple pueblo como éste hay gente que conoce varias lenguas vivas y muertas, tiene libros clásicos en distintos idiomas y, además, la gentileza de prestarlos a un desconocido y, para peor, extranjero", reflexionó el sanjuanino.

A la mañana siguiente reapareció Leslie con un motivo más interesante para Sarmiento: entregarle cinco billetes de cinco dólares cada uno. Sarmiento no quería aceptar más de quince puesto que, en definitiva, sólo precisaba diez dólares para el pasaje; lo que tenía alcanzaba para el hotel. Su resistencia fue inútil, ya que Leslie insistió con firmeza y hasta se los metió en el bolsillo con una oposición estudiadamente débil del argentino. Una vez que se despidió de su bienhechor, anotó el préstamo de Leslie en el cuaderno donde anotaba minuciosamente cuanto gasto hacía por pequeño que fuera, inclusive algunos no tan pequeños, por ejemplo los non sanctos, anotados bajo el rubro "orgía", gastos en los que había incurrido algunas veces en Europa.

Sarmiento pronto pudo verificar que su suerte mejoraba. Fue a la posta y consiguió un asiento en la diligencia que salía hacia Pittsburgh esa misma tarde. A mediados de ese mes de octubre de 1847, otoño en el hemisferio boreal, los días se acortan y cuando abordó el coche ya anochecía y apenas vio los rostros de sus compañeros de travesía, más que por la creciente oscuridad, por el apuro y excitación de poder recomenzar su viaje tras la desagradable experiencia de quedarse sin dinero.

Los caballos arrancaron con vigoroso trote, pero la marcha del carromato pronto se hizo más lenta, pues a medida que subía las primeras estribaciones de los Alleghenies, los caballos debían pasar del trote al paso. Dos pasajeros conversaban sobre negocios inmobiliarios, pero a Sarmiento le resultó imposible seguir la conversación. Una señora sentada cerca susurraba algo a una chica. Los demás pasajeros dormitaban aprovechando que la marcha era lenta y el movimiento del coche no los vapuleaba demasiado. Habrían pasado dos horas largas cuando el carruaje se detuvo. Se daba un descanso y heno a los caballos. Los pasajeros bajaron y se dispersaron rápidamente, ellos hacia un lado, ellas hacia el otro, según una ley universal que rige para estas ocasiones. Al volver Sarmiento, aliviado, hacia el vehículo y antes de ascender a él, la mujer que se sentaba cerca se dirigió a él en francés para decirle:

—El paisaje es bellísimo en este punto. Estamos en la cumbre de las Tuscarora Mountains, la primera cadena de los Alleghenies.

Sarmiento describió el paisaje en su carta a Valentín Alsina con su inimitable estilo y particular grafía, admitida parcialmente por la Facultad de Filosofía y Humanidades de la Universidad de Chile, como sigue:

"... descendí tras los otros, i pude gozar en efecto de uno de los espectáculos mas bellos i apacibles de la naturaleza. Los montes Alleghenies están cubiertos hasta la cima de una frondosa i espesa vejetacion; las copas de los árboles de las lomadas inferiores, iluminadas de lo alto por la luz de la luna, presentaban el aspecto de un mar nebuloso i azulado, que por el cambio continuo del espectador iba desarrollando sus olas silenciosas i oscuras, sintiéndose, sin embargo, aquella escitación que causa en el ánimo la vista de objetos que se conocen i comprenden, pero que no pueden discernirse bien, porque el órgano no alcanza o la luz es incierta i vagarosa".

Se quedaron ambos, así como otros pasajeros, admirando el espectáculo durante unos momentos hasta que Sarmiento, que venía alimentando una duda, la quiso dilucidar. Se dirigió a la mujer que le había hablado, a la que, en la semioscuridad, apenas podía entrever aunque advirtió que era de buena planta, casi tan alta como él.

—Perdón, señora —dijo Sarmiento en francés—, ¿cómo ha sabido usted que yo hablo francés?

En ese momento el cochero anunció que reanudaban el viaje.

—Ya era tiempo, porque está bastante fresco —dijo la dama, dirigiéndose siempre a Sarmiento quien le ofreció la mano para subir al carruaje. Detrás de la señora subió una niña. De noche y en la montaña la temperatura era bastante baja en ese día de avanzado otoño. El pasajero sentado entre Sarmiento y la dama, amablemente se ofreció a correrse para dejarlo junto a ella al advertir que, puesto que se hablaban, debían ser conocidos, amigos o parientes. La dama le agradeció vivamente dado que el asiento del medio era el preferido. Volcar era un riesgo de ninguna manera improbable, en cuyo caso el pasajero del medio sólo recibe el peso de un pasajero mientras que sentado en el costado y volcando sobre ese lado, recibe el de dos.

La desconocida, se dirigió a Sarmiento con voz un tanto tímida y, siempre en francés, respondió inconexamente a la pregunta del sanjuanino:

—En cuanto a su pregunta, entiendo, señor, que usted atraviesa algunas dificultades económicas.

—¿Yo? No, para nada, señora —contestó Sarmiento con aplomo y a la vez cierto disgusto. Su orgullo le parecía menoscabado ante la mujer que, por lo visto, conocía sus aprietos financieros.

Ella, con turbación, le dijo:

—Discúlpeme, señor, si le he hecho una pregunta indiscreta, pero sabe usted que nuestras casas de madera son igualmente indiscretas y no pude dejar de escuchar anoche, en la posada de Chambersburg, donde yo también paraba, lo que usted contaba a un caballero.

—En efecto, señora, pero entonces usted habrá sabido también que mi problema quedó resuelto.

—Algo me dijo el posadero y puesto que usted está en la diligencia, me imagino que en efecto habrá hallado alguna solución.

Sarmiento entonces la puso al corriente de sus desencuentros con Arcos y de la feliz intervención de mister Leslie.

—Bueno, me alegra saberlo. La verdad es que había quedado preocupada, pero permítame preguntarle algo más: ¿qué piensa hacer usted de no encontrar a su compañero de viaje en Pittsburgh?

—¡Tiemblo de sospechar que tal cosa sea posible, señora! En tal caso iría a Nueva York, donde tengo conocidos.

—¿Y por qué no continuar su viaje adelante? —preguntó ella, con voz ya mucho más decidida y que trasuntaba cierta ansiedad.

—¿Continuar mi viaje adelante? ¿Qué quiere decir usted con eso, madame?

—Supongo que usted pretende ir hacia Nueva Orleans —Sarmiento asintió—. Y bien, la propuesta es que no desista de su propósito en caso de no encontrar en Pittsburgh a su amigo.

—Pero señora, ¿cómo voy a continuar adentrándome en un país desconocido y sin dinero?

—Vea, le digo esto porque yo voy a Nueva Orleans, a Baton Rouge más exactamente. Tengo mi casa a cinco millas de la ciudad y deseaba ofrecérsela a usted. Iba a proponérselo anoche, pero dada la feliz intervención de mister Leslie me abstuve. En mi plantación usted podría buscar a su amigo con tiempo; y, de no encontrarlo, escribir a su país y aguardar a que le manden lo que precisa.

Mil ideas empezaron a bullir simultáneamente en la mente de Sarmiento. "En toda mi vida, y ya llevo 36 años, me he visto en una situación como ésta. Veo que el caritativo mister Leslie tiene imitadores. Las norteamericanas son muy liberales, ya lo sabía, pero llegar a esta propuesta... ¡Qué absurdo proponerme que me aleje dos mil millas de donde está Arcos para buscarlo con tiempo! Aunque esta gente es tan nómade... ¿O es que yo le habré despertado súbitamente otro tipo de interés? Pero, ¿qué interés puede tener esta yanqui en un extranjero como yo y sin un peso? Y no creo que se pueda haber enamorado de mí tan súbitamente; ni siquiera me ha visto a la luz del día."

Ella, quizás adivinando lo que Sarmiento pensaba, agregó:

—Voy hacia allá para poner orden en mis cosas. Muy probablemente venda todo y vuelva aquí con mi madre. Perdí a mi marido hace poco, sabe, quien nos dejó solas a mi hijita —y señaló hacia el asiento opuesto, del que no se veía nada— y a mí.

—Cuánto lo siento —dijo maquinalmente Sarmiento, quien registró con rapidez que la mujer era viuda.

—Cathie tiene nueve años, pobrecita —siguió explicando la mujer—. *Say hello to the gentleman, Cathie darling.* —Del lugar oscuro donde se suponía que estaba Cathie *darling*, surgió un gruñido que, Sarmiento quiso suponer, era un *hello*. De haber habido luz habría visto que la chica lo miraba con extrema desconfianza.

Sarmiento quiso retribuirle el saludo y a tientas intentó acariciarle la cabeza, lo que no consiguió, pues la adorable criatura esquivó su mano. El frustrado Sarmiento, que adivinó la actitud de Cathie, intuitivamente reconoció una enemiga en ella. La reciente viudez de la mujer apartó el mal pensamiento (o no tan malo) que había asomado en su espíritu previamente. "Es la madre, no la mujer, la que ofrece asilo doméstico a un desconocido, que también debe tener madre," se dijo en tono elevado y hasta poético.

La cabeza de la mujer y madre era atravesada por otros pensamientos acerca del mujeriego, pendenciero y jugador de su marido. Sus continuas ausencias por varios días pretextando supuestos negocios. Su aparición aquél día con otra mujer y la pelea que siguió cuando ella la echó y se fue detrás. Esto la decidió a abandonarlo y partir al norte, a Pennsylvania, a la casa de su madre cerca de Chambersburg junto con su hija Cathie. Unas semanas antes había recibido la noticia de la muerte de su marido en un duelo acaecido en Nueva Orleans. "Una trifulca habrá sido, pensó despectivamente la mujer". "Pero, ¿será prudente invitar a mi casa a un extranjero que no conozco? —se preguntó—. Sin embargo, aunque un tanto estrafalario con su barba, parece ser una buena persona. Además, ¿no le ofreció Jesús el agua de la vida a la samaritana, siendo los samaritanos enemigos de los judíos?"

Sarmiento, después de haber santificado la oferta recibida por el carácter de madre de quien la hacía, se despojó de sus reservas y pasó a hablar con su compañera con mayor naturalidad. Como primera medida decidió presentarse: "*Mon nom est Domingo Faustino Sarmiento. Je suis sudaméricain et j'habite au Chili*". También lo hizo ella quien dio su nombre: Marjorie d'Aventour, su extinto marido era de origen francés de Nueva Orleans y ella era yanqui de Pennsylvania, nacida Merryweather, sus padres eran granjeros, de los cuales sólo vivía su madre, cerca de Chambersburg.

Ahora, en rápido descenso, el coche avanzaba de prisa en el irregular camino, con el fragor y bamboleo que ahoga cualquier intento de conversación e impide todo propósito de dormir. Un rato después, pasada la medianoche, la diligencia se detuvo frente a la posta, una casa de dos plantas, de tejuelas de madera, algo tan común en los Estados Unidos, con un corral al costado. Más allá, se alcanzaba a percibir el inmenso y oscuro bosque. Otra diligencia, que había llegado poco antes que la de nuestros amigos, estaba cambiando caballos, sus pasajeros ya dentro de la casa.

—Aquí podremos comer algo antes de seguir viaje toda la noche —informó Marjorie, quien comentó que había hecho ese viaje varias veces—. Es por ahora la forma más directa de viajar entre Filadelfia y Nueva Orleans —agregó.

—¿Y por mar? —preguntó Sarmiento.

—¡Ah! no me hable del mar… —y Marjorie quedó un momento pensativa—. Le voy a contar una historia mientras comemos.

Los pasajeros comenzaron a bajar, y Marjorie despertó a su hija, bastante crecida para su edad. Sarmiento descendió primero y dio la mano a la madre para ayudarla a bajar. Cathie saltó desechando la mano tendida por Sarmiento, quien siguió entonces a ambas al interior de la casa de posta, pisando la espesa alfombra de hojas secas que todo lo cubre en el otoño norteamericano, que por algo se llama *fall* (caída).

Una vez adentro y tras asearse en los muy sucios y malolientes baños, como era normal en el país, los pasajeros, mujeres primero, se sentaron en bancos alrededor de una mesa donde ya se habían ubicado previamente algunos pasajeros de la otra diligencia que viajaba en sentido inverso. Los esperaban las habituales vituallas: roast beef, carne de cordero, jamón, salmón, budines varios, especias, salsa de tomates frescos que, ante el horror de Sarmiento, se servían a punta de cuchillo, puré de manzana, pickles, postres y frutas que se comían sin ningún orden preestablecido. En un plato se servían simultáneamente todo lo que deseaban rellenándolo cuantas veces quisieran y tomaban agua, sidra, té, café o ponches. En los Estados Unidos no había llegado aún la costumbre de origen ruso de servir la comida en diferentes platos consecutivos con diferentes contenidos. Algunos pasajeros habían tomado previamente gin o whisky en el bar, cuyos vasos llevaron a la mesa. Imitando a Marjorie, Sarmiento bebió sidra.

—De modo que es usted sudamericano —dijo Marjorie en un francés en el que ahora sí Sarmiento percibió el acento yanqui—. Es una vergüenza lo poco que conocemos a nuestros vecinos del sur. Por vivir en Luisiana sé algo del Caribe, pero no más allá. Cuénteme un poco, señor.

Sarmiento enumeró con rapidez los países de Sudamérica y luego dijo:

—Yo soy de las dos naciones más australes, las más alejadas de aquí. De la Argentina o Río de la Plata por nacimiento, de Chile por residencia. Están separadas por la cordillera de los Andes, una de las más altas del globo. Yo nací en una provincia, San Juan se llama, situada en la falda oriental de la cordillera. Chile está al oeste, ocupando una angosta y larga faja de tierra entre las montañas y el océano Pacífico. No tantos años antes de la independencia de España, mi provincia y otras vecinas formábamos parte de la gobernación de Chile con quien todavía tenemos muchos lazos comunes. El problema de depender de Chile era que durante más de la mitad del año la nieve y las tormentas impiden toda comunicación. Entonces, cuando se creó el Virreinato del Río de la Plata, hace setenta años, esas provincias pasaron a formar parte del nuevo virreinato, con capital en Buenos Aires.

—Buenos Aires... sí, he escuchado el nombre. ¿Es la capital del Brasil, no?

"Esta mujer no entendió nada de lo que le dije", pensó Sarmiento, un tanto molesto pese a que en Europa ya se había percatado de la confusión geográfica existente respecto de la América del Sud. La corrigió y le repitió con cuidado la explicación anterior, con cierto fastidio. Ella le preguntó entonces:

—Dígame, ¿Buenos Aires realmente tiene tan buenos aires?

—En realidad, señora, no conozco esa ciudad. Buenos Aires está a más de doscientas leguas de mi provincia, ¿sabe?

—¡Doscientas leguas! Pero, entonces, su país es muy grande.

—Sí, lo es. La extensión es nuestro problema. La extensión y la falta de población. La llanura pampeana es chata como un panqueque. Imagínese. Desde Salta, en la frontera norte, hasta Buenos Aires, y de ésta a Mendoza, en la frontera con Chile, hay setecientas leguas sin encontrar obstáculo alguno por caminos en que la mano del hombre apenas ha necesitado cortar algunos árboles y matorrales para que rueden por ellos pesadas carretas. Catorce capitales de provincia están esparcidas aquí y allá en ese enorme desierto —Sarmiento gesticulaba con su brazo para un lado y el otro—, y el desierto entre unas y otras sirve de imprecisos límites entre las distintas provincias. Cada cuatro, ocho o más leguas se encuentra alguna habitación donde vive una familia en la mayor soledad imaginable. El aislamiento impide toda vida social y cultural.

—¿Y los servicios religiosos? —preguntó Marjorie; preocupación típica en una norteamericana.

—Son casi inexistentes. Cuando aparece de tarde en tarde alguna persona decente le presentan niños de meses, de un año y más para que los bauticen, pensando que por su buena educación podrán administrar el sacramento de modo válido. Y no es raro que a la llegada de un sacerdote se le presenten mocetones que vienen domando un potro, a que les ponga el óleo y administre el bautismo. De cualquier manera, los conocimientos religiosos son elementales en esa gente.

Aquí Sarmiento se detuvo y, tras breve pausa, siguió diciendo:

—Debo decir que los rioplatenses en general poco nos preocupamos por la religión, los hombres, no así las mujeres. Y en cuanto a la extensión del país, ésta será aún mayor en el futuro, pues al norte y al sur hay indios salvajes que en algún momento serán exterminados y expulsados lo mismo que se ha hecho en este país. Estos indios, cual enjambres de hienas, caen en las noches de luna sobre las escasas e indefensas poblaciones para robar ganado y cautivar mujeres y niños que son llevados con ellos de vuelta a sus aduares. También atacan las caravanas de carretas o las arrias de mulas que atraviesan la pampa, esa imagen del mar en la tierra, tierra que aguarda que se le mande producir las plantas y toda clase de simiente. Y ello ocurrirá cuando expulsemos completamente a los salvajes —recitó el sanjuanino, que empleó las mismas palabras escritas en Facundo.

—Otra semejanza entonces con América —Marjorie, mujer de mundo al fin, se apercibe de que Sudamérica es también parte de América o de las Américas como las llaman los norteamericanos y agrega: —Me refiero a los Estados Unidos.

—Hay semejanzas, en efecto, pero muchas diferencias también, casi siempre desfavorables para nosotros debo confesar. Pero volviendo a Buenos Aires, por la distancia, como le decía, y otras razones nunca he viajado allá. En este viaje, cuando iba hacia Europa, conocí Montevideo, ciudad que queda sobre la orilla opuesta del río de la Plata.

—Montevideo, río de la Plata... —repitió Marjorie, pensativa. Los nombres sonaban familiares a sus oídos.

—Estuve en verano y debo decir que hay muchos días de calor y humedad inaguantables. Y me cuentan que Montevideo es mejor que Buenos Aires...

—No puede ser nunca peor que Nueva Orleans, eso se lo aseguro, señor —lo interrumpió Marjorie.

—No se lo puedo discutir. Pero creo posible que fuera del verano Buenos Aires haga honor a su nombre. Así lo he escuchado y así ocurre, por lo demás, en las provincias argentinas que conozco, ubicadas en la misma latitud que Buenos Aires, así como en Chile.

—¡Pero ya sé! ¡Qué cabeza la mía, mi Dios! —dijo Marjorie, golpeándose la frente—. Ahora recuerdo donde leí sobre Buenos Aires y Montevideo, y su país. En el libro de un inglés que dio la vuelta al mundo hace pocos años y que pasó por esas ciudades. Se trata de un sabio que estudiaba huesos de animales extinguidos, antediluvianos, y la flora. Lo estuve hojeando en lo de unos amigos, hace pocos días. Al ver el interés que despertó en mí, me lo prestaron. Debo confesar que todo lo relacionado con los huesos no me interesó mucho pero me impresionó en cambio la opinión del autor. ¡Por Dios, como se llama! —exclamó frustrada y chasqueó los dedos como si ello mejorara la memoria—. Con "b" empieza, tengo el nombre en la punta de la lengua —y volvió a chasquear sus dedos—. Bueno, me voy a acordar en el momento menos pensado. La opinión del autor, decía, acerca de los rioplatenses es que son muy dados al juego, indolentes, sensuales..., y corruptos debo agregar. Se burlan de la religión, decía el autor... Banin o algo así... ¡Pero mire las cosas que le estoy diciendo acerca de sus compatriotas! ¡Qué imprudente!

—No se preocupe, señora, ¡por favor! En todas partes se cuecen habas, según el dicho español. Y debo decirle que concuerdo con las opiniones de ese sabio.

—Pero para ser justa, él también tenía opiniones muy favorables acerca de sus compatriotas del Río de la Plata: extremadamente amables con los extranjeros, tolerantes con otras religiones, con una prensa muy libre, preocupados por la educación, aunque muy ignorantes algunos de ellos. El autor... ¡Darwin, Charles Darwin! ¡Me acordé! Así se llama el autor —exclamó con alegría Marjorie, mientras para sí dijo: "No era con 'b' sino con 'd'"—.

¡Qué mala memoria la mía! —Tras el monólogo volvió a decirle a Sarmiento—: Darwin, decía, relataba la sorpresa de los nativos al escucharle decir que la tierra es redonda —y se rió.

—Sí, puede ser, puede ser —asintió Sarmiento, más molesto por no conocer nada acerca del libro ni de su autor, sin querer confesarlo, además, que por las opiniones que relataba la yanqui acerca de sus compatriotas—. Los españoles poco se preocuparon por difundir la instrucción durante los trescientos años que dominaron a nuestros países. Además, desafortunadamente, algunas cosas buenas que halló el sabio del que usted habla, como la libertad de prensa, se han perdido en la Argentina —comentó con amargura.

—¡Qué pena! Pero debo decirle que algunas de las características que le he mencionado encajan perfectamente en los franceses y españoles de Nueva Orleans —y pensó nuevamente en el tarambana de su marido—. Ahora le quisiera preguntar, señor Sarmiento, si no es indiscreto, acerca del motivo de su viaje a nuestro país.

—Ninguna indiscreción, señora, ¡por favor! El gobierno de Chile me encomendó una misión en Europa para interiorizarme de métodos educativos ("y para alejarme de Chile porque mi prédica antirrosista le provocaba problemas con el gobierno de Buenos Aires", pensó, pero no dijo, Sarmiento) y yo la prolongué a los Estados Unidos con igual propósito. Y mi deseo de conocer el único y verdadero país republicano del mundo se ha cumplido plenamente. Dentro de pocas semanas se cumplen dos años de mi partida desde el puerto de Valparaíso.

—¡Dos años! Una larga misión. Debe usted extrañar mucho a su familia —dijo ella mientras pelaba una manzana a su hija. "¿Será casado?", se preguntaba, curiosa. El anular izquierdo de él no ostentaba alianza alguna por lo que se inclinó a pensar, correctamente, que era soltero, sin atreverse a intentar confirmarlo o desmentirlo.

—Bueno, sí —contestó él pensando en Benita y en el hijo de

ambos, Dominguito, nacido meses antes del comienzo de su viaje—. Pero la verdad es que en estos viajes se aprenden tantas cosas nuevas y se conoce a tanta gente interesante —y aquí Sarmiento creyó oportuno lanzar un piropo—, usted por ejemplo, que no queda mucho tiempo para pensar en la familia.

El piropo fue apreciado por Marjorie aunque le trajo la memoria de su difunto marido, también piropeador como correspondía a su ascendencia gala. Pensó si Sarmiento, del mismo tronco latino, sería tan pésimo marido como lo había sido Jean-Pierre.

A esta altura Sarmiento ingirió un pickle y tan amargo le pareció que disimuladamente lo sacó de su boca dejándolo en el plato. Ello no pasó inadvertido a una señora madura y algo regordeta sentada a su lado, que, curiosa, había seguido la conversación entre Marjorie y su vecino de mesa. Sin poder resistir las ganas de participar en ella, se atrevió a preguntar en bastante correcto francés.

—Perdón que me inmiscuya en vuestra conversación, pero he oído que el señor es extranjero, sudamericano. ¿Le puedo preguntar qué clase de comida se come en su país, señor?

—Sí, me puede preguntar lo que quiera, madame. En cuanto a la comida, en el campo se come carne a la mañana, carne a mediodía y carne a la noche. En verdad a mediodía y a la noche. A la mañana no se come nada. En la ciudad, se comen además verduras, choclo, mazamorra, locro, empanadas varias, frutas y dulces varios. Y como bebida tomamos vino, mi provincia es fuerte productora de buenos vinos, y aguardiente de caña de azúcar y de maíz. Es, en suma, una alimentación menos variada que la de acá, pero sana y sabrosa —con lo cual quiso decir que la comida de los Estados Unidos no lo era tanto. Sarmiento tuvo serias dificultades para traducir términos culinarios como mazamorra, locro y empanadas, para lo que precisó el auxilio de Marjorie.

Sarmiento agregó:

—Hace poco se ha comenzado a comer platos servidos en forma sucesiva, al estilo ruso, estilo ya adoptado en Francia y otros países europeos.

—¡Ah, mi marido me comentó que días pasados en el Senado, Jeremy es senador, ¿sabe?, también sirvieron un banquete de esa forma. ¿No es cierto Jeremy Whitetaker?

Pero el senador por Ohio Jeremy Whitetaker Clarke, marido de quien lo interrogaba, hombre de fuerte y amplia contextura física no había oído la conversación con Sarmiento, puesto que había estado hablando con el caballero que se sentaba a su izquierda, pasajero de la otra diligencia y, por lo visto, amigo suyo. Su mujer, Molly, tuvo entonces que ponerlo en antecedentes y cuando finalizó, el senador exclamó:

—¡Sí, es muy cierto! Fue en honor de no recuerdo quién. Pero sí recuerdo lo que se sirvió ya que nunca comí tanto ni tan bien en mi vida, a excepción, claro está de lo que me cocina Molly —dijo dándole cariñosos golpecitos en el brazo, que ella agradeció tomándole su mano—. El senador se detuvo, tomó un largo trago de vino de Madeira, pero no siguió hablando. Cuando se inclinaba hacia su vecino del otro lado para reanudar su interrumpida conversación, Molly, que así se llamaba, le preguntó:

—Bueno, pero contános qué es lo que tanto comiste.

—Ah, sí, lo que comí en ese banquete. Bueno, recuerdo la sopa, un pescado no recuerdo cuál, bife con cebollas, ¡pero no! antes comimos pavo, el bife, carne de cordero, jamón con jalea dulce, faisán, crema helada, lo mejor de todo, gelatina y fruta. Todos ellos servidos en rápida sucesión por unos mucamos negros muy *stilés* y regado profusamente con jerez blanco y oscuro, vino de Madeira y champagne. Tan profusamente, que varios comensales no se podían levantar de sus sillas —explicó el senador, riendo.

—Vos entre ellos, seguramente —conjeturó Molly su mujer.

—No sé cómo podés imaginarlo. Todo lo contrario, monté sin problemas sobre Molly, no ella —dijo señalando a su mujer—, sino sobre Molly, mi yegua, que me llevó a casa sin problemas —relató riendo.

—Sí..., yo estaba en Cincinnati en esos días, de modo que no puedo corroborarlo —dijo desconfiada Molly, su mujer, no la yegua—. Pero quizá vos también hayas estado, Frank —empezó a decirle al amigo de su marido—. Aunque no, ese banquete debe de haber sido dado por alguien de la *high society* quien nunca te invitaría —agregó bromeando en voz alta. Pero dejando de lado el tema, Molly se acordó de Sarmiento—. Dígame, señor...

—Sarmiento, Domingo Sarmiento —dijo, presentándose, el sanjuanino.

—¿Sarmenter? —preguntó, incierta, Molly.

—Sar-mien-to —repitió él, vocalizando las sílabas.

—¡Oh, ya sé: Sarmentree! —dijo ella convencida de haber dado en la tecla.

Marjorie tocó el brazo del argentino a quien miró con gesto de decirle: "Déjelo así", y Sarmiento no la corrigió más a Molly, quien ya le estaba preguntando acerca de qué clase de diversiones, cantos, bailes, juegos, se practicaban en su país.

—A la gente le gusta cantar acompañada con guitarra sobre todo. A los gauchos, habitantes del campo, les gusta payar, es decir, contar largas historias acompañándose con la guitarra. A menudo, otro gaucho replica de la misma manera, y se hacen verdaderos torneos del género. A los gauchos también les gusta correr carreras de caballos, donde apuestan fuerte, así como en las riñas de gallos. En cuanto a bailar, se bailan polkas, valses y bailes locales rioplatenses y chilenos como cuecas, zambas, cielitos y otros. —Molly le pidió entonces que cantara algo después, a lo que Sarmiento se excusó por no tener buena voz. Frank, el tipo que se sentaba al lado del senador, pidió a Molly en voz exageradamene alta y alegre, denunciadora de alcohol, que cantara, acompañada de su banjo, *Push-a-Long Keep Moving* y *Coal Black Rose*, a lo que Molly se negó, excusándose por no tener su banjo con ella.

—Claro que haría un triste papel comparada con Clara Fisher. Ésa sí que sabe cantar, ¡qué voz! ¡qué gestos tan insinuantes, Jesús! Jeremy me llevó al teatro a verla cantar y yo me resistía, los cuáqueros, viste... —le dijo Molly.

El intervalo en que habían dejado de conversar fue aprovechado por Marjorie y Domingo para observarse mutuamente, siendo favorable el resultado de los respectivos exámenes. Sarmiento le pareció a ella un tipo curioso pero no exento de atractivo, con esa barba negra tan inusual en los Estados Unidos por entonces, sus intensos y expresivos ojos pardos. Su prematura calvicie atemperaba un tanto ese conjunto oscuro, y le agregaba edad. Más que español, Sarmiento se le antojó parecido a un árabe, pese a nunca haber visto alguno. A su lado, sus conciudadanos parecían un tanto desteñidos. Le calculó unos cuarenta años, once más que ella.

Aunque de buena estatura, él no era mucho más alto que ella, en parte por estar algo cargado de espaldas. La buena planta y agradables facciones de Marjorie que él había entrevisto en la penumbra, las pudo confirmar ahora plenamente. Cabello castaño espeso y muy enrulado recogido bajo su capelina, chispeantes ojos color miel, algunas pecas, boca grande con labios carnosos y pómulos algo prominentes, su sonrisa se veía agraciada por hileras de blancos y bien alineados dientes. Todo ello conformaba un excelente conjunto que recibió la aprobación del sanjuanino.

Fugazmente la comparó con Benita, comparación de la que Benita no salió bien parada. Benita era una criolla tirando a petiza, comprovinciana de Sarmiento, con regulares facciones de estatua griega, los dientes algo desalineados. Marjorie tenía además un cutis más aterciopelado que a Sarmiento le hubiera gustado acariciar. Y si bien advirtió que tenía vello por demás abundante en sus sonrosadas mejillas, era poco visible por ser rubio, Benita tenía en cambio algo de bozo oscuro en el labio superior. Como ya se dijo, Marjorie era casi tan alta como Sarmiento, tenía un cuerpo delgado, pero, a la vez, conteniendo lo necesario. Cierto que Benita tenía una forma de moverse y una coquetería natural que restaba parte de sus desventajas frente a Marjorie. Pero la imagen de Benita se borró rápidamente cuando Marjorie le preguntó acerca de sus impresiones sobre los Estados Unidos.

—Vea, señora. Le voy a decir que ahora que voy conociendo su país, sus habitantes, sus costumbres e instituciones, la Europa se me ha venido abajo. Creía yo ir hacia la cumbre de la civilización pero descubro que ella está de este lado del Atlántico. Europa, incluso Francia, está tan jerarquizada, hay tanta pobreza... Por no decir de Italia y esa España tan terriblemente decadente desde todo punto de vista, decadencia que por desgracia contagió a sus antiguas colonias americanas. Sin ninguna duda, señora, su país está hoy al frente de la civilización, tanto desde un punto de vista material, como cultural. Encuentro aquí verdadera preocupación por extender la educación popular, la que no existe en Europa. En lo político, los Estados Unidos son la única y verdadera democracia que hay en el mundo. Y la moral ha presidido el pensamiento de vuestros *founding fathers*. Tampoco en este caso debe haber un país sobre la tierra donde su concepción política esté tan apoyada en principios morales —dijo Sarmiento con entusiastas palabras que denotaban plena convicción.

—Se olvida de lo religioso, señor Sarmiento —dijo Marjorie con ironía, al descubrir un blanco en la prolija descripción de Sarmiento.

—¡Ah, vea usted! No he tenido oportunidad de aprender sobre este aspecto de la vida, sin duda tan importante. Será en parte culpa de que no es el que más me atrae. Pero ya que la religión está tan íntimamente relacionada con la moral, también lo religioso tiene importancia grande en este país y en su organización política. De todos modos, tendré que ocuparme más del aspecto religioso. Usted seguramente podrá asesorarme, madame.

—Mm, no creo ser la persona más indicada. Le recomiendo hacerlo con Molly Clarke, la esposa del senador.

—Hubiera preferido hacerlo con usted, madame, pero en fin... —dijo Sarmiento con una sonrisa galante—. Pero permítame agregar que en materia de moral política, dejé Francia asqueado de la corrupción que reina en ese aspecto. El gobierno compra desvergonzadamente a los legisladores que le molestan, y otorga privilegios y puestos a sus amigos y parientes. El caso de un diputado llamado Pieron, por ejemplo, que saltó cuando yo estaba allí. ¡Le acordaron trescientos cuatro empleos y una veintena de estancos de tabaco, se puede imaginar!

—Pero, ¿cómo? Una sola persona no podría ocupar tantos cargos.

—Por supuesto que no. —¡Se los acordaron para que él los distribuyera entre sus amigos políticos, claro está!

—Nunca pensé que se pudieran hacer estas maniobras en política. Me parece terrible, qué quiere que le diga, señor Sarmiento.

—También a mí, por supuesto. Pero aun así, el diputado Pieron desertó del partido del gobierno y se pasó a la oposición, motivo por el cual el gobierno presidido por monsieur Guizot, muy desvergonzadamente dio a conocer esas irregularidades en plena sesión de la rama legislativa. Realmente, la democracia francesa está corrupta hasta el tuétano.

El jefe de la posta interrumpió la conversación cuando a gritos informó que ambos viajes proseguirían.

Betina Martínez Pastoriza
de Castro y Calvo

Capítulo 2

*Travesura de Marjorie.
Vuelco. Benita. Ejecución de Sarmiento.
Llegada a McConellsburgh.*

—¡Qué lástima! Tan interesante lo que decía, aunque creo que exagera en cuanto a los elogios que hace a nuestro país. Por desgracia tiene muchos y muy serios problemas. Y en lo moral, adolecemos de contradicciones importantes. Ya tendrá usted ocasión de conocer todo esto cuando viajemos por el sur —dijo Marjorie mientras se dirigían al coche. Una vez sentados, ella abrigó con una manta a su hija, que, muerta de sueño, no había abierto la boca y entre bostezo y bostezo no había cesado de observar a Sarmiento, clara demostración de lo extraño que le parecía. Marjorie se sonrió y optó por no reprenderla pues también a ella le resultaba un personaje atractivo pero a la vez curioso.

Cathie se había vuelto a sentar enfrente de su madre y de Sarmiento, como antes. Marjorie aconsejó a Sarmiento que tratara de dormir. El coche arrancó y ella cerró los ojos. "Bastante bien el sudamericano, volvió a pensar. La barba muy inusual y lástima tan joven y tan pelado. Debería usar peluca pero hay hombres que les parece que los hace ridículos, no sé por qué. El hombre es culto y tiene buena conversación. Sin buena compañía estos viajes son mortalmente aburridos y parecen no terminar jamás", pensaba Marjorie mientras esperaba que el sueño se apoderara de ella.

Pero el sueño no llegaba. Tenía una extraña inquietud, con él a su lado. Al rato, tras tiempo suficiente como para que se hubiera podido quedar dormida, "a ver cómo reacciona él", se dijo ella, y dejó caer su mano en las entrepiernas del extranjero, dejándola allí, muerta, apoyada en sus genitales. Él pegó un respingo, la miró en la oscuridad y nada pudo ver aunque oyó su respiración regular que lo convenció de que dormía profundamente. Entonces tomó suavemente el brazo de ella y lo depositó sobre su falda. De haber habido luz, habría advertido dibujarse una sonrisa irónica en la boca de ella.

Pero la travesura la desveló del todo. "¡Tanto tiempo sin acostarme con Jean-Pierre! Mujeriego y jugador, sus supuestos viajes por negocios a Baton Rouge y Nueva Orleans lo tenían apartado de la plantación. Y cuando llegaba, se sucedían las discusiones, los retos y las peleas. Pero eso no era nada. Me di cuenta muy temprano que él me engañaba. No se tomaba el trabajo de disimularlo. Era la costumbre en Luisiana por lo visto, según él se justificaba. Pero a diferencia de las francesas y españolas, para mí era inaguantable. Una vez se atrevió a llegar a su casa con esa loca de Hélène Beautemps con no sé qué ridículo pretexto. La eché y él se fue tras ella para volver luego de varias semanas, como si nada hubiera pasado. Pero para mí sí había pasado algo, mucho. Cuando él volvió, le pedí que se fuera de la casa. Como él no atendiera mi pedido, entonces fui yo quien la dejó. Me fui con Cathie a lo de mamá en Chambersburg", el mismo viaje que iniciaba ahora, pero al revés. Poco después supo que era viuda, Jean-Pierre muerto en un duelo afuera de la sala de juegos del hotel Saint Charles de Nueva Orleans, decía el mensaje de su cuñado.

Para su propia sorpresa la noticia no la apesadumbró en absoluto. Al contrario, la alegró. Más fácil viuda que separada, sobre todo en esa época. La viudez las hacía dueñas de la plantación a ella y a Cathie, la cuarta parte a la primera, más otra cuarta parte en usufructo conforme al Código de Luisiana, inspirado en el derecho romano. Además, siendo viuda podría casarse y, como se dice, rehacer mi vida. Le llevó muchos días decidirse a volver a la plantación. Era el largo viaje que iniciaba esa noche.

¿Habrá sido casual? Sarmiento imitaba el movimiento del brazo de Marjorie para comprobar si podía haber sido natural o a propósito. Claro, no podía dejar caer la mano del todo sobre ella, y del otro lado tenía la ventanilla. El episodio lo había excitado. "Desde París, fin de julio, nada. Una abstinencia demasiado larga. Las inglesas y las yanquis son distintas. No sé cómo hacer, no sé cómo abordarlas ni sé cómo reaccionan. Cada país requiere tácticas distintas y él no conocía la correspondiente a los Estados Unidos. No es que no les gusten los hombres. De eso me doy cuenta por el interés con que me miran, mayor que en Europa... bastante mironas las yanquis en verdad. Y si uno las mira fijo, te sonríen. ¿Será interés o será mera curiosidad por un extranjero? Ambas cosas, quizá. Pero me consta que tengo algún atractivo para las mujeres. El problema es que las americanas del norte parecen tan frías y altivas, lejanas, puritanas tal vez. Y el maldito idioma no ayuda. La Marjorie ésta... es flor de mujer, y al hablar francés puedo comunicarme con ella sin problemas. Parece además que es ella quien toma la iniciativa, liberándome del problema del abordaje. Tenerla tan cerca, aquí a mi lado. Si hasta huelo su transpiración..."

El pensamiento de Sarmiento, cruzando raudamente el Atlántico, se trasladó a Italia. "¡Los lupanares de Venecia, Roma y Verona...! Esa romana, Luciana se llamaba, ¡qué formidable! ¡qué pechos y cuánto apasionamiento! —¡Esa orgía! Y pensar que al salir compré en el negocio de enfrente el retrato del Papa. ¡Qué hereje! Todavía me remuerde la conciencia. Y recuerdo que el retrato, un mero impreso, me costó la mitad que el burdel, ¡tan bajo cotizan las mujeres en la sede vaticana! Hube de volver al día siguiente." Sarmiento no pudo reprimir una sonrisa. Sus pensamientos se dirigieron al Papa. *"Un brave type ce Pape Mastai"*, Sarmiento solía pensar en francés tras su larga estadía en Francia. "El primer papa que haya conocido la América. San Juan y Chile incluidos. Se acordaba muy bien de Rivadavia y del general Pinto por quienes me preguntó, debiendo informarle que la administración del primero había caído en el 27 a causa de las resistencias suscitadas por sus reformas políticas y religiosas, y sus partidarios expulsados o exterminados. También preguntó por chilenos como Donoso, Tagle, Pedro Palazuelo, Eyzaguirre, así como por nuestro deudo el obispo Oro. Mastai era al tiempo de su viaje secretario del vicario apostólico monseñor Muzzi, enviado por el Vaticano a Sudamérica para intentar solucionar los problemas surgidos con la Iglesia tras la independencia. Al menos en Chile la misión había fracasado, con lo que los problemas se agravaron pues el gobierno de Ramón Freire intensificó la reforma eclesiástica, ordenando a los sacerdotes rezar públicamente en favor del progreso de la independencia y, mucho más grave para ellos, expropió los bienes de las órdenes religiosas. ¡Bien hecho!", pensó Sarmiento.

"El obispo de Santiago, el realista José Santiago Rodríguez Zorrilla, tío de la madre de Santiago Arcos, había reanudado entonces su prédica antirrepublicana, lo que le valió su segunda expulsión en 1824 —siguió pensando el argentino—. Antes ya lo había expulsado O'Higgins por delatar a los patriotas de la Patria Vieja durante la reconquista española. En realidad, los curas no hacían más que cumplir las instrucciones de la encíclica de Pío VII de 1816 que los exhortaba a 'no perdonar esfuerzo para desarraigar y destruir completamente la funesta cizaña de alborotos', como el Papa llamaba a la revolución independista. ¡La Iglesia siempre a la cabeza de los movimientos liberales!", rió Sarmiento irónicamente. "Supongo que a mi compañero de viaje le pusieron Santiago por el obispo... y Santiago nació creo que en ese mismo año 24 ¡claro! —se dijo Sarmiento atando cabos—. Y por la misma época su padre huyó a Mendoza."

El pensamiento de Sarmiento tornó a su visita al nuevo Papa. "No obstante haberle hecho saber que en un país republicano como Chile, había sido posible gozar de dieciséis años de paz, sin cadalsos ni despotismo, Pío IX aún desconfía de la república. Ello no obstante tiene un espíritu liberal en el fondo. Al asumir y pese a la oposición de sus asesores eclesiásticos (todo está conducido por clérigos en el Estado pontificio) liberó a cientos de presos políticos que sobrevivieron a años de mazmorras pontificias. Un acto bien valiente dadas las circunstancias. También redujo las restricciones a la prensa. Los austríacos, que se habían opuesto a su elección en vista de sus antecedentes liberales, estaban alarmados y veían en Pío IX al líder del nacionalismo italiano", recordaba Sarmiento.

Sarmiento volvió su mirada, ciega por la oscuridad, hacia Marjorie. Ligero ronquido... Y su mente insomne voló hacia la capital chilena y a aquella escena junto a Benita. "El marido, que no se sentía bien, bueno, nunca se sentía bien por cuanto era un hombre enfermo, ¡pobre! ¡Qué pobre! Bien que aprovechaste su enfermedad", su conciencia lo acusó.

Habían salido a caminar. Caminos emparrados, perfume de rosas. "¡Linda la quinta de Yungay! A veces no sé si no me gusta más que la misma Benita —se atrevió a pensar con realismo, pensamiento que rechazó quizá sin razón—. Era una noche tibia de noviembre y una suave luna creciente, o menguante ¡qué sé yo! iluminaba levemente el jardín. Por primera vez me atreví a tomarle la mano con timidez. Una mano chiquita. Lejos de esquivarla, ella asió fuertemente la mía. Parecía que tuviera miedo que yo la dejara. Yo ya había advertido que le gustaba, claro, pero uno nunca sabe, ¿cierto? Todo siguió muy rápido. Le rodeé la cintura, y pronto nos estábamos besando... Llevados por una urgente necesidad pronto también hacíamos el amor en el sofáhamaca de la galería. ¡Cómo chirriaban con el movimiento las malditas cadenas de donde colgaba! Yo tenía miedo de que despertaran al marido. Recuerdo que en medio del ruido y del movimiento que lo provocaba, Benita me dijo:

—No te preocupés, Domingo, Domingo tiene el sueño muy pesado. Yo me hice un lío acerca de a qué Domingo se refería, lo que no me impidió seguir con energía en mi cometido", siguió recordando. El ser tocayo del marido de su amante fue sumamente conveniente para dar nombre a su vástago, Dominguito..., siguió reflexionando el sanjuanino.

"Un caballero don Domingo Castro y Calvo. ¿Cuándo habrá sabido lo de Benita y yo? Hoy no puede dejar de saberlo. Dominguito es la prueba. Si es que es cierto lo que me jura Benita de que no se acuesta con su marido desde hace añares. Es probable, la enfermedad lo tenía muy caído, cada vez más. Un caballerazo entonces don Domingo, hacer toda la escena como si él fuera el padre. A menos que, pese a la enfermedad, pese a lo que dice Benita... Las mujeres son mentirosas... ¡Pero no, no puede ser! Estaba en realidad enfermo. En su posición... ¿qué podría haber hecho? ¿Un escándalo? ¿Retar a duelo al amante? Al menos, no recibir más al amante, como con todo aprecio lo hace conmigo. Creo que realmente me aprecia. Y yo a él. Quizá debido a la prudencia con la que me he portado, que respeta su posición. Además, se da cuenta de que es la mejor solución para Benita. Ella tiene 26 años y él es un viejo ya de sesenta largos. Y enfermo para peor. Podría, y eso he esperado que hiciera, haberme exigido que a su muerte yo me casara con ella y que tomara a mi cargo a Dominguito. Pero él sabe que lo haré. No necesita que se lo confirme. Y de todas maneras, ¿cómo podría él hacer cumplir esas promesas después de muerto?"

Un relámpago lejano iluminó brevemente las boscosas sierras. Un trueno llegó mucho después junto con sus ecos que retumbaron mil veces en las montañas. "¿Lloverá?" Los pensamientos de Sarmiento comenzaron a hacerse confusos y se fue adormeciendo. Su sueño no debió de haber durado mucho. O quizá sí. El vehículo comenzó a bambolearse de un lado al otro. Los caminos norteamericanos eran normalmente malos, y los que no eran malos eran pésimos. Al punto de que en ocasiones los araban o alineaban durmientes para emparejarlos. De repente, una rueda se hundió en un pozo y el carruaje casi vuelca sobre la derecha, lado donde estaba Sarmiento, pero luego, se enderezó en supremo esfuerzo, quizás ayudado por los pasajeros que instintivamente se inclinaron al lado opuesto. Pero al salir las ruedas derechas del pozo y enderezarse el vehículo, coincidió con el hecho de que las ruedas izquierdas cayeron en otro pozo tan hondo como el anterior con lo que el coche continuó con su impulso y, al no encontrar sostén del otro lado, cayó pesadamente sobre el costado izquierdo. Junto con la diligencia, también los pasajeros siguieron los mismos movimientos y, pasada la confusión inicial, Sarmiento descubrió que estaba encima de Marjorie, cara contra cara, sus labios rozando la mejilla de ella. Sin pensarlo más, buscó con sus labios los de ella, los encontró y los besó fuerte aunque brevemente, alcanzando a morderlos. Las circunstancias no daban para más pero, Sarmiento observó, ella no torció la cara para evitar el beso. Musitó un *"I beg your pardon"*, a lo que ella respondió confusamente, lo que fue interpretado por él como que no era su culpa. A su vez, Marjorie cayó sobre su vecino aplastado por el peso de ambos.

En un primer momento hubo un silencio total, los viajeros trataban de determinar si estaban vivos y qué daños habían sufrido. Luego fue Molly Clarke quien pidió a los pasajeros que no se movieran, salvo los de más arriba, que debían tratar de salir por la ventana que, al tumbarse el carromato, ahora estaba en el techo. Luego se oyó el llanto de Cathie llamando frenéticamente a su madre. Ésta le contestó diciéndole que estaba bien y que no se asustara. De allí en más, en plena oscuridad se escucharon imprecaciones contra el postillón y una voz de mujer, la señora de Clarke sin duda, que se quejaba de dolor. Al poco rato se vio al postillón que, provisto de una lámpara caminaba por el costado derecho de la tumbada diligencia, ahora su techo, según se dijo. La luz de la lámpara alumbró el interior del coche a través de los vidrios de la ventana y de la puerta. El cochero abrió esta última y gritó instrucciones a Sarmiento, por ser el que estaba más cerca de ella. La puerta abierta dejó entrar una fina lluvia. Marjorie, que nunca perdió la sangre fría, tradujo las palabras del postillón a Sarmiento que estaba, por cierto, nada incómodo, siempre encima de ella.

—Dice que trate de alcanzar la puerta y que salga —le dijo Marjorie en su oído, que lo tenía al lado de la boca de ella.

Para alcanzar la puerta Sarmiento siguió las instrucciones del cochero y se asió del correaje de cuero que servía de respaldo al ancho asiento del medio y así consiguió, a tientas y tratando de no pisar a nadie, a Marjorie en especial, alcanzar el marco de la puerta con una mano. Conseguido este propósito, el postillón, que se había acostado boca abajo al lado de la puerta, le extendió una mano. Sarmiento la asió con su mano libre y de tal manera, con gran esfuerzo, consiguió sacar medio cuerpo afuera. Aquí se tendió en lo que ahora era el techo del vehículo y, reptando, pudo entonces sacar totalmente el cuerpo y ponerse de pie. Por pocos segundos, pues, se volvió a tender, frente al agujero de la puerta como antes había hecho el cochero. Tendió los brazos hacia abajo y unas manos que reconoció femeninas se aferraron a las de él. La débil luz de la linterna le hizo ver que era Marjorie. Menos cuidadosa que Sarmiento, ella pisoteó sin misericordia al pasajero que había quedado abajo de ella y que en mal momento le había cambiado el asiento. Éste se quejó con voz débil y para sacársela de encima ayudó a proyectarla hacia arriba, empujándole sin pudor el trasero con manos y pies. El cochero había tomado los pies de Sarmiento para que no se fuera boca abajo hacia adentro de la cabina, pues la dama no era liviana y de tal modo, con gran esfuerzo, éste la fue izando. El apoyo del pasajero de abajo le dio tiempo para ponerse de rodillas y tomar a Marjorie por debajo de las axilas y por la cintura luego. Al completar la operación, la apretó con fuerza y sin necesidad hacia sí y hasta le besó el cuello antes de soltarla, ante la sorprendida mirada del postillón. Sin solución de continuidad pasó a extraer a Cathie, lo que resultó muy sencillo.

La operación se fue repitiendo con otros pasajeros, aunque Sarmiento fue por cierto mucho menos solícito que con la dama. Cuando ya eran tres los hombres extraídos de la diligencia, el cochero les pidió que cerraran la puerta y bajaran; una vez allí aseguraron con piedras las ruedas que habían quedado abajo y tirando entre todos de sogas y riendas consiguieron con mucho esfuerzo colocar al coche de nuevo sobre sus cuatro ruedas con gran estrépito, aumentado por los gritos de los zarandeados pasajeros y pasajeras que aún permanecían adentro.

A todo esto, seguía lloviendo. Completada la operación, todos se metieron otra vez adentro y el carruaje que, por casualidad, no había sufrido mayores daños, se puso de nuevo en movimiento. Salvo algunos golpes y magullones, los pasajeros tampoco resultaron damnificados.

—¡Qué barbaridad! —dijo Marjorie que abrazaba a su asustada hija—. No creo que estas cosas ocurran en Europa, ¿no es cierto?

—Debo reconocer que no me ocurrió. Y también que al menos Inglaterra y Francia superan a los Estados Unidos por sus caminos que son excelentes; los ingleses, sobre todo, cubiertos de macadam. Diría que es lo único que he visto hasta ahora en que los europeos los superan a ustedes. Aunque no se crea que los caminos italianos y españoles son mucho mejores. Además, son peligrosos por los bandidos. —Acicateado por ella, Sarmiento comenzó a contar:

—En primer lugar, señora, ha de saber que las diligencias españolas, construidas en Francia, claro, pues los españoles nada saben hacer que no sea vino y aceite, son tiradas por ocho pares de mulas, negras todas ellas, lustrosas, tusadas, con grandes plumeros carmesí que hacen sonar cien campanillas y cascabeles mientras el cochero las anima con una retahíla de horribles blasfemias.

—¿Blasfemias? Yo pensaba que los españoles eran muy católicos...

—Es cierto, pero es paradójico que en los dos países exclusivamente católicos de Europa, Italia y España, el pueblo veje e injurie constantemente a todos los objetos de su adoración, empezando por Dios y siguiendo por los santos y las numerosas vírgenes que se adoran, lo que hace que la religión sea en verdad politeísta. Le aseguro que hasta un ateo se espantaría de oírlos. ¡Un país tan atrasado España! Fíjese que no han descubierto allí el mango todavía —comentó Sarmiento.

—¿Cómo es eso? —preguntó, entre curiosa y divertida, la norteamericana.

—Sí, no conocen el mango de la escoba. Lo que obliga a las españolas a limpiar los pisos arrodilladas por falta de mango en sus cepillos y escobas.

Marjorie se rió con ganas.

—No se ría. No sabe lo penoso que es ver a esas pobres mujeres, viejas algunas, limpiando de rodillas esos fríos pisos de piedra —le dijo Sarmiento.

Marjorie dejó de reír. Notó, con agrado, que Sarmiento era hombre que se apiadaba de los pobres. Luego, le pidió que le contara acerca de los bandidos.

—Bueno, en una posta llamada Manzanares, estaba el postillón de la diligencia que debía embarcar en la que esperábamos. Su diligencia había sido asaltada por una banda de ladrones que los habían aporreado a él y a los pasajeros, a quienes además habían desvalijado. Era de noche, y la diligencia que debíamos abordar no llegaba. Los pasajeros comenzaron a contar historias de asaltos al tiempo que guardaban el dinero en la corbata alrededor del cuello. Me aconsejaron que hiciera lo mismo. ¡Pero si nosotros somos doce!, les dije, acusándolos tácitamente de cobardes. Me dijeron que los bandidos serían muchos más y que si nos resistíamos, nosotros podríamos quizás alcanzar a matar a tres de ellos y ellos a seis de los nuestros y los sobrevivientes quedaríamos malamente golpeados o baleados. Además de robados.

—¿Y qué pasó? —preguntó Marjorie, ansiosa.

—Con tanto cuento, estábamos todos aterrados, yo inclusive, debo admitir. Pero no ocurrió nada, por suerte. Llegó por fin la diligencia que esperábamos y pudimos seguir viaje sin contratiempos.

—Menos mal —dijo Marjorie que contuvo un bostezo—. Bueno, ahora le propongo que tratemos de volver a dormir un poco mientras el camino esté bastante liso. Al advertir que Sarmiento tiritaba, le dijo:

—¡Pero usted está empapado, hombre! Vea, sáquese su casaca y póngase esta manta para no resfriarse. —Y mientras hablaba, ayudaba a Sarmiento a sacarse la levita. De su bolsa extrajo una manta con la que ambos se envolvieron. Ganada más confianza a esta altura de las cosas, Marjorie cruzó su brazo con el de él y le murmuró al oído riendo *"Tell me, who told you to kiss me, ah? You, naughty boy!"*. Él entendió el sentido y también rió. "La ocasión hace al ladrón", replicó también divertido, y le tradujo: *"L' occasion fait le voleur"*. Ella se rió y muy satisfecha apoyó su cabeza en el hombro de él. Éste pensó: "Parece que ya tengo novia, ¿habrá casorio?" Muy pronto, *"bras dessus-bras dessous"* y ambos cobijados por la manta, se quedaron felizmente dormidos, al igual que el resto del pasaje. No tan felizmente Sarmiento, según se verá.

En efecto, un hirsuto jinete se apareó a la diligencia y apuntó a Sarmiento con su pistola. "¡Te viá a dar a vos pa que no sigás escribiendo pasquines contra mi memoria!" le gritó con mirada feroz. Lanzó una carcajada y le disparó un certero tiro al corazón. El ánima de Sarmiento se elevó y apareció ante un tribunal integrado por Facundo Quiroga, su verdugo, Rosas y el fraile Aldao. Este último comenzó el interrogatorio con rebuscadas frases curialescas. Atrás del estrado y escrita en la pared se leía la leyenda escrita con pintura roja: "¡Viva la Santa Confederación Argentina! ¡Mueran los salvajes, asquerosos e inmundos unitarios!" Otro cartel rezaba: "¡Religión o muerte!"

—¿Cómo vas a justificar que andás derrochando la plata que te dio el gobierno chileno pa estudiar métodos educativos, en jaranas, juergas y orgías y corriendo árabes en Argelia? Y ahora, seduciendo a esta gringa, ¿eh? —le preguntó severamente Aldao, que de repente se metamorfoseaba en el coronel chileno Pedro Godoy, con quien tanto Sarmiento había polemizado en Santiago.

El sanjuanino se aprestaba a contestar cuando Facundo tomó la palabra y le dijo:

—Sabéte que ese libelo al que le diste mi nombre está plagado de errores y de patrañas, ¡hij'una gran puta!

—De todos modos, te inmortalizará —respondió el procesado.

Rosas lo atravesaba con sus glaciales ojos celestes y, en un momento dado, garabateó algo en un papelito que pasó a sus dos colegas de tribunal, quienes lo leyeron y asintieron. Rosas chasqueó sus dedos y dos esbirros con gorro frigio aparecieron al punto vestidos de riguroso colorado de la cabeza a los pies. Rosas les hizo una seña con la cabeza y los soldados levantaron a Sarmiento en vilo al tiempo que Rosas pronunciaba el fallo, aplaudido por varios corifeos presentes en la sala del tribunal:

—Por no escribir más que embustes y no llevar chaleco punzó, el reo será ajusticiado —sentenció con sequedad.

Sin más, Sarmiento fue arrastrado a través de un largo corredor flanqueado por celdas con rejas. Detrás de éstas los presos alcoholizados cantaban "La Refalosa" y pegaban grandes risotadas. Llegaron a un patio y el condenado fue colocado contra una pared acribillada a balazos y manchada de sangre ante un piquete de soldados vestidos también de colorado, con sus largos mosquetes listos para disparar.

—¡Antes de disparar, vístanlo de colorado también a él! —ordenó el reaparecido cura Aldao al jefe del piquete. ¡Así vos también infundís *"il terrore e lo spavento nei altri cattivi"*! ¡La idea la diste vos mismo en Facundo! —le gritó a Sarmiento que se metamorfoseaba en soldado federal, para su mayor humillación.

Ya se encomendaba a Dios listo para morir por segunda vez cuando Sarmiento oyó los golpes que asestaba en la cabina el postillón con el mango de su látigo. "—¡McConellsburgh!", gritó.

Medio dormido aún y agradecido de haberse salvado de una segunda muerte, tan verídica había sido la pesadilla, que al descender, con la poca luz de la linterna del carruaje, verificó si tenía puesto el uniforme colorado de los federales. La lluvia arreciaba y el pálido amanecer ponía fin a la larga noche.

San Juan a comienzos del Siglo XIX

Mercado de esclavos en el sur de Estados Unidos

Capítulo 3

*Posta de McConellsburgh.
¡Sarmiento confundido como español!
Discusión sobre la esclavitud.*

En el comedor de la casa de postas, el desayuno esperaba a los pasajeros, lo que no significó cambio alguno en cuanto a los platos puestos a su disposición respecto de los de la noche anterior. Tras incursionar hacia los baños, o para no hacer cola, saliendo los más apurados afuera y dispersándose en el bosque; los cansados viajeros se distribuyeron detrás de las sillas, que aquí reemplazaban a los más comunes bancos. Los pasajeros más sedientos fueron al bar del que volvieron con vasos de whisky, brandy o gin. Alguien pronunció una acción de gracias y a su fin se sentaron con apuro, las mujeres primero, los hombres después, tras lo cual se lanzaron a atacar las viandas como si no hubieran comido en una semana. Si bien Sarmiento intentó ordenar lo que se servía conforme a las convenciones europeas acerca de lo que es propio comer en los desayunos, pronto desistió de ello e imitando a Marjorie y a los demás pasó a servirse *roast beef* y otros platos fuertes como si fuera el almuerzo. Al fin y al cabo, estaba acostumbrado a comer de todo sin demasiados aspavientos.

Quizá porque ya se estaba haciendo de día, los pasajeros se mostraron más comunicativos y comentaron las peripecias del viaje, el vuelco en particular, la actitud de cada uno y quienes las sufrieron, Molly Clarke por ejemplo, las contusiones habidas, escasas por suerte. Ésta agradeció a Sarmiento por su decidida acción. Accidentes parecidos y peores fueron recordados. Jeremy Whitetaker Clarke, el señor con quien habían conversado en la anterior posta donde habían comido horas antes, que contra todo lo que pudiese suponer por su apariencia sencilla e informal era senador por el estado de Ohio, hizo saber que la renguera que lo aquejaba era producto de un vuelco, aunque su pequeña y regordeta mujer, la ya nombrada Molly, lo contradijo al recordarle que era consecuencia de haber caído de su yegua, una noche en la que había bebido por demás, comentario que provocó gran hilaridad en los comensales.

La discusión que se entabló entre ambos por ese motivo divirtió aún más a los demás pasajeros, dedicados a devorar insaciablemente los variados e incompatibles platos que se les ofrecían. Su apetito y sed no parecían satisfacerse así como así. Por ejemplo, Sarmiento se sorprendió al ver al senador Clarke, sentado a su diestra, colocar pickles sobre la gran tajada de tarta de manzanas que se había servido y pasar el horrible conjunto por el garguero empujado por *"mint julep"*, el jarabe de menta tan popular en ese país, que había sucedido al generoso whisky que se había servido en el bar.

—¿Te parece correcto contradecirme ante extraños? Espero que no lo hagas en la próxima campaña electoral porque me harás perder mi banca en el senado —se quejó el marido, divertido.

—Yo siempre sirvo a la verdad, ante cualquier auditorio —replicó la opulenta esposa en tono de sermón de iglesia.

—¿Siempre? —preguntó en tono dubitativo el senador.

—Sí, siempre —ratificó con firmeza su mujer, pero al percibir cierto aire de duda en su marido, le preguntó: —Jeremy, no parecés muy convencido de ello. Si es así, por favor, hacémelo saber.

—No, no, no es el momento oportuno —replicó él para eludir la cuestión.

Pero, ante la insistencia de su esposa, como si hiciera un esfuerzo, dijo el senador, alto y flaco, en tono jovial.

—Pues bien, creo recordar, este..., sí, recuerdo alguna excepción a tus principios, Molly querida —dijo él, grande y flaco, en el mismo tono jovial de antes.

—¡Te conmino a que lo digas delante de todos, Jeremy! —¡Ahora mismo! —dijo intempestivamente Molly, abandonando bruscamente el tono de broma.

—No creo que sea necesario ni que les podrá interesar, pero ante tu insistencia sólo mencionaré un caso: el de la misteriosa, oportuna y muy conveniente desaparicición del testamento de tu tía Priscilla —dijo él con tono muy bajo y mirándola a los ojos. Ahora hablaba con gran seriedad, la misma que la de su mujer. La tensión se apoderó de los pasajeros ante la carga emocional y de acritud que dominaba a los esposos. Se hizo un silencio total.

—¡Qué infundio! Nunca pensé que creerías tamaña patraña, senador Jeremy Whitetaker Clarke —replicó ella con voz que denotaba profunda indignación—. Y si la desaparición me resultó conveniente, lo que debo admitir, sin que yo tuviera ninguna intervención en ello, lo fue más aún para ti, pues te permitió continuar tu carrera política y obtener la senaduría. Pero te advierto que jamás te perdonaré que tus oídos hayan prestado atención a esa calumnia —agregó ella gesticulando con su dedo índice enhiesto a su un tanto intimidada y despareja pareja. Tras lo cual añadió: —Sí, tanto te benefició la desaparición que en algún momento hasta pensé si no habrías participado en el hecho.

Al oír estas palabras, el senador Clarke se hinchó y parecía a punto de estallar, cuando su mujer, ahora con voz calma, le dijo:

—No, no te pongas así, *darling*, después supe que tu participación hubiera sido imposible por ciertos hechos que conocí.

—Este asunto del testamento fue muy comentado años atrás —Marjorie cuchicheó en el oído de Sarmiento, quien pudo percibir con claridad el avinagrado aliento de la mujer, que había estado comiendo pickles. Quedó muy impresionado por tamaña muestra de falta de armonía conyugal como la que había presenciado. "¿Tendría él reyertas semejantes con Benita una vez que ella enviudara y se casaran? Ella tenía carácter fuerte, ya lo había experimentado algunas veces, y debió reconocer que ello no sería imposible. Pero tan dulce que parecía la mujer del senador... En fin, a la gente nunca se la termina de conocer", reflexionó el sanjuanino.

Sarmiento intentó hacerse simpático con Cathie y le preguntó con rebuscada amabilidad y en su mejor inglés acerca de sus estudios. El intento fue frustrante ya que ésta no le entendió. Así al menos adujo a su madre cuando ésta la reprendió por su desatención para con el *foreign gentleman*.

—No se preocupe, señora —dijo tras titubear si llamarla "señora" o "Marjorie", forma esta última natural tras lo ocurrido durante el viaje. Pero, en la duda, optó por "señora"—. Los chicos son así hoy en día en todas partes —le dijo Sarmiento en francés—. No parecen interesarse en la conversación de los mayores.

—No es el caso de mi hija. Por lo general es muy atenta con ellos —replicó Marjorie, molesta por la actitud de Cathie.

—La culpa es de mi pobre pronunciación inglesa. Verá usted. Siempre le concedí gran importancia al conocimiento de los idiomas, del francés, que hoy ocupa el lugar del antiguo latín, y del inglés, que es el idioma del comercio y que con seguridad desplazará al francés de su actual supremacía. En Valparaíso tuve un profesor de inglés, pero pronto debí abandonarlo porque no podía pagarlo. Era recién llegado a Chile por entonces y mis medios eran muy escasos. Lo que hice entonces para aprender el inglés fue leer, con el diccionario al lado, como antes había hecho con el francés. Pero no tenía idea de su pronunciación.

"Se nota", estuvo a punto de decir Marjorie, pero se contuvo y dijo en cambio:

—Que es en exceso complicada. ¡Si habré tenido problemas para enseñársela a Jean-Pierre, mi difunto esposo! —exclamó Marjorie mientras emitía un sentido suspiro. "Por lo visto, estoy condenada a enseñar inglés a mis maridos —pensó. Y de inmediato recapacitó—. ¿Pero por qué se me ha ocurrido pensar que este español será mi marido? ¡Qué ideas cruzan por mi cabeza, mi Dios!"

—La pronunciación inglesa no se aprende. Se nace con ella —afirmó terminante el senador entretanto, deseoso de romper la espesa capa de hielo que se había formado a su alrededor y que continuaba pese a que al término del desayuno los comensales se habían trasladado a una pequeña sala, en torno de la chimenea.

—Creo que usted tiene razón —admitió Sarmiento— aunque considero que recién ahora la estoy comenzando a conocer, apenas, como ustedes lo habrán advertido. —Mientras Marjorie hizo un gesto de conformidad, el de Clarke fue de duda. —No me extraña entonces que la niña no me entienda —dijo Sarmiento señalando a Cathie aunque sabía que no era su acento la verdadera razón—. Por otra parte, he notado que a los niños no les gustan los extranjeros.

—A los niños y a muchos grandes tampoco —añadió la madre con imprudencia.

—A los perros igual.

A Marjorie no le pareció del todo correcto que Sarmiento mezclara y pusiera a su hija en la misma categoría que los perros, pero se abstuvo de hacerlo notar diciendo en cambio con maternal orgullo, mientras acariciaba los rubios rizos de su hija:

—No es el caso de Cathie. Ella está acostumbrada a tratar con extranjeros, en principio con su padre, en verdad americano, pero de origen francés. En Luisiana hay mucha gente que, aunque ciudadanos americanos, son de origen español y francés, como lo era mi difunto marido, y conservan sus respectivos idiomas, ¿sabe?

por lo que no es ninguna novedad para ella. ¿Cierto, *darling*? —preguntó a su hija reanudando sus caricias, que ésta aceptaba de mala gana.

—En Luisiana hay también muchos africanos, según creo —dijo Sarmiento.

—Ésa es otra cosa muy distinta —comentó con sequedad Marjorie.

El comentario de Sarmiento fue el segundo que a Marjorie le pareció fuera de lugar: mezclar a su hija con perros, mezclar españoles y franceses con negros. De allí la sequedad de su réplica que sorprendió en forma desagradable a Sarmiento y que dañó, además, los sutiles hilos que se habían tejido durante la noche entre ambos. Pero no pudo meditar mucho al respecto por cuanto se acercó a la chimenea un caballero bajo y delgado, con largas patillas castañas, con pequeños anteojos con marco redondo de alambre de oro; y que se distinguía por un chaleco de lana con el clásico diseño escocés cruzado por una cadena de oro que su gabán abierto mostraba de manera indiscreta, por tener una mano metida en el bolsillo de su angosto pantalón de franela cuadriculada.

Es del caso advertir que los caballeros se habían provisto otra vez de sendas copas de brandy o whisky. El recién llegado se agachó para calentar sus manos y su copa de coñac cerca del fuego mientras les decía en un francés bastante correcto:

—Disculpen mi intromisión, pero he oído que el caballero (y señaló a Sarmiento) es español y si me permiten desearía participar de la conversación. Me interesa sobremanera conocer acerca de la situación de las colonias sudamericanas.

—Si a mí se refiere, señor, le aclaro que no soy la persona que busca puesto que no soy español —le dijo Sarmiento.

—Sin embargo, perdóneme la insistencia, escuché que había estado en Valparaíso —insistió el del pantalón de franela cuadriculada.

—Sí, en efecto, pero Valparaíso no está en España sino en

Chile —volvió a decir Sarmiento, con sonrisa un tanto burlona.

—De acuerdo. Entonces, ¿es usted americano? ¿del sur?

—Sí, ahora vamos mejor orientados —dijo Sarmiento, sabiendo que la aclaración del individuo confundía más aún a sus contertulios, para quienes ser americano del sur no podía ser otra cosa que nativo de los estados del sur de la Unión.

Marjorie juzgó que ya era hora de aclarar la confusión de quien interrogaba a Sarmiento y que éste no despejaba; dijo que era sudamericano, del Río de la Plata.

—Así es, señor...

—MacKay, Alexandre MacKay. Soy escocés —se presentó.

—Pues, bien, le agradeceré, señor MacKay, no confundirme con nuestros antiguos opresores —agregó con prontitud Sarmiento, mirándolo fijo, tras a su vez haberse presentado—. Por otra parte, España ya no tiene colonias sudamericanas, por fortuna para éstas, desde hace ya más de veinte años —siguió diciendo.

—¡Ah, del Río de la Plata, espléndido! Región bien conocida aunque no bien recordada por los británicos, como usted podrá imaginar —dijo MacKay refiriéndose a las fracasadas invasiones de 1806 y 1807—. Conozco bien a Woodbine Parish, primer representante del gobierno de Su Majestad en las provincias del Plata cuando su gobierno fue reconocido por el primer ministro George Canning. Mi buen amigo Parish me ha hablado mucho de su país, señor Sarmiento, al que le tiene mucha simpatía. Quizás usted lo haya conocido.

—He oído hablar de él, sin duda, pero no lo he podido conocer porque yo nunca viajé desde mi provincia de San Juan a Buenos Aires, ni Parish viajó a San Juan que dista cerca de trescientas leguas. Que yo sepa al menos.

—¡Trescientas leguas!, ¡mil millas! —repitieron varios pasajeros, asombrados por la distancia.

—No veo por qué se asombran ustedes por cuanto en este país hay distancias mucho más considerables —comentó Sarmiento.

—Sí, por cierto —dijo el senador Clarke—, pero no pensamos que las hubiera en Sudamérica.

—Como Sudamérica es casi tan grande como América del Norte, va de suyo que las distancias son tan grandes como en la parte norte del continente —explicó Sarmiento.

—A esta altura, quiero disculparme, señor —dijo el recién llegado dirigiéndose a Sarmiento, por haber creído que era usted español, pero comprenda que para nosotros, los británicos, resulta difícil distinguir entre españoles y sudamericanos.

—Me doy cuenta, sí, pero este tipo de confusiones pueden ser ofensivas para los confundidos —dijo Sarmiento—. Presumo que a muchos ciudadanos de este país tampoco les gustaría ser considerados ingleses. ¿Estoy acaso equivocado? —y miró a Marjorie.

Ella asintió y sin ninguna relación con lo conversado, prueba que no había seguido la conversación, por haber estado en esa situación en la que se oye pero no se escucha, hizo al recién venido la casi automática pregunta:

—MacKay... *How do you spell it?*

Pero antes de que MacKay terminara con su deletreo, un individuo alto y fornido, vestido con pantalón marrón y casaca del mismo color pero más clara, que no llevaba el habitual moño cerrando el cuello de su camisa, lo que extrañó a Sarmiento, se acercó y dijo con énfasis en inglés:

—Entendí la pregunta del señor —dijo señalando a Sarmiento— ¡y le respondo diciéndole que ser confundido con un inglés me resultaría abominable! —Dicho esto con tono solemne, más tranquilo agregó: —Lamento que no haya prosperado en el congreso que declaró la independencia la propuesta de declarar al alemán como idioma oficial de los Estados Unidos.

—Si usted cree que el idioma que se habla aquí es inglés está bastante equivocado —dijo el escocés con estudiada ironía.

Sarmiento pensaba obtener más precisiones acerca de la propuesta de adoptar el alemán como lengua oficial de los Estados

Unidos, que desconocía y mucho le había interesado, pero no pudo hacerlo por cuanto MacKay le preguntó:

—Puesto que habló de africanos, no pude evitar oírlo, perdone, permítame preguntarle, señor Sarmenter, acerca de la esclavitud en Sudamérica.

—Bueno, Sudamérica es muy grande, como dije antes —dijo Sarmiento tras lo cual continuó yendo al grano: —En los países que se liberaron del yugo español la esclavitud ha sido abolida, en forma total o parcial. Por ejemplo, en el Río de la Plata, mi país, los hijos de esclavas nacen libres desde 1813 y los muchos que se unieron a los ejércitos patriotas, es decir, independistas, quedaron manumitidos de manera automática, habiendo algunos ascendido a cargos de oficiales gracias a sus méritos en la lucha. Lo mismo ocurrió durante la guerra contra el Brasil y las numerosas guerras civiles que por desgracia asuelan a mi país.

—¿Los propietarios fueron indemnizados?

Sarmiento sonrió con resignación y dijo:

—Hubo la intención de hacerlo alguna vez, sí. Pero las penurias financieras de las recién independizadas Provincias Unidas del Río de la Plata, hoy más conocidas por Confederación Argentina, no lo permitieron. Apenas, y con grandes atrasos, se pudieron pagar los sueldos de los oficiales, y no siempre, ¡imagínese! Los esclavos fueron requisados, uno de cada tres, como los caballos, mulas y otros elementos para la guerra, con grandes protestas de sus dueños. Pero es menester decir que en ocasiones los amos sustituyeron su propio servicio a las armas por el de sus esclavos. Fue, en definitiva, la contribución de los más ricos a la independencia. El caso de la familia de mi madre que tenía bandadas de esclavos, que perdió en su gran mayoría —dijo Sarmiento no sin cierto orgullo.

Aquí se oyó la musical vocecita de la señora de Clarke, quien dijo:

—Al ser la esclavitud una institución que veja el espíritu humano, en lo que creo que todos concordamos en el fondo, al liberarlos los únicos que deberían ser indemnizados son los esclavos mismos por todo el tiempo de sus vidas perdido por la falta de libertad.

—¿Ah! ¡He allí un muy interesante principio!, al que, si la señora me lo permite, lo hago mío de inmediato —dijo Sarmiento mirando a Molly Clarke, que con la mirada, le concedió el permiso al tiempo que le agradecía vivamente su elogio.

Marjorie, que de nuevo se había distraído, otra vez intervino en la conversación para preguntar algo que nada tenía que ver con ella.

—Permítame una pregunta, señor Sarmiento: ¿Cuál es el apellido de su madre? —fue la inesperada pregunta de Marjorie.

—Albarracín, derivación del árabe Abd El Razin —informó Sarmiento.

"¡Bien imaginaba yo que el hombre es árabe!", pensó Marjorie, contenta con su descubrimiento.

—Miren si se liberaran aquí los esclavos sin pagar indemnización a sus dueños. Los trescientos cincuenta mil sureños dueños de los cuatro millones de esclavos perderían una fortuna. Su valor representa más del tercio de todo el capital de los estados esclavistas —comentó el yanqui que había discutido con MacKay, quien pidió disculpas por no haberse presentado. Dio su nombre: Thomas Edenwood y manifestó ser granjero de Buffalo, en *upstate New York*.

—Edenwood, —¡qué lindo nombre! —exclamó Marjorie, siempre dispuesta a salirse del tema. Sarmiento por su parte comentó que había conocido Buffalo, así como las maravillosas cataratas del Niágara.

Al hablar, Edenwood mostró una dentadura integrada por varias piezas de caucho que no desentonaban demasiado con el resto de sus dientes, amarillentos por efecto de la costumbre de mascar tabaco, a la que se entregaba ahora con fruición. Luego agregó:

—A diferencia de ustedes, durante nuestra guerra de la independencia los sureños se guardaron muy bien de permitir el alistamiento de soldados negros. Para ellos era una pesadilla la posibilidad de que miles de esclavos se rebelaran. Recordaban sin duda el antecedente de la revuelta de esclavos de Nueva York, allá por 1712—, dijo Edenwood quien, al concluir de hablar, escupió al piso el tabaco que mascaba como si fuera lo más natural del mundo y sacó de su bolsillo una bolsa de cuero de la que extrajo otro manojo de tabaco fresco que introdujo en su boca. Pero antes había pasado la bolsa a los demás viajeros. A nadie, salvo Sarmiento, sorprendió el marrón escupitajo lanzado por el granjero Edenwood.

—Sin embargo le recuerdo, señor Edenwood, que durante esa guerra, la promesa de liberación por parte de lord Cornwallis hizo que cerca de treinta mil esclavos pasaran a su ejército —dijo MacKay.

—Diecisiete de ellos eran de George Washington, de los que recuperó dos al hacerse la paz —dijo en voz queda MacKay, como si no quisiera ser oído, lo que consiguió parcialmente.

—Pero veintisiete mil murieron de viruela y otras enfermedades. Muchos de los enfermos fueron devueltos a sus plantaciones con el propósito de diseminar la epidemia —dijo con poca indisimulada indignación el senador Clarke, cuyo disgusto lo remarcó al escupir con fuerza el tabaco que mascaba. Sin haber aceptado la anterior oferta de Edenwood, tomó de su bolsillo su propia bolsa de tabaco que extendió a aquél al tiempo que le decía: —Pruébelo, le va a gustar, se lo aseguro.

Aceptado el convite, los dos hombres retomaron su masticación. Sarmiento, por su parte, encendió un cigarro al tiempo que convidaba con otro a MacKay, que no aceptó, optando por su pipa.

—En cuanto a los restantes tres mil esclavos, fueron canjeados en Jamaica y otras islas del Caribe por azúcar, ron, café y frutas, demostrando la gran propensión al engaño de la pérfida Albión —agregó Edenwood mirando al escocés con ojos desafiantes. Su recio físico podría haber reforzado el temor causado por esa mirada.

—Pero al fin de la guerra, tras la paz de París, fueron llevados a Nueva York, Nueva Escocia y Londres, desde donde algunos fueron transportados otra vez a África donde seguramente lo pasaron mucho peor —replicó MacKay quien luego se dirigió a Sarmiento y dijo: —Volviendo al caso de su país, señor Sarmiento, ¿qué pasó con los negros que permanecieron esclavos?

—Quedan muy pocos esclavos, varones al menos. Es el caso de mi provincia y otras que conozco. Muchas mujeres de soldados siguieron a los ejércitos de sus maridos y las que eran esclavas también se liberaron de hecho. Otras, nacidas antes del año trece, es decir de más de treinta y cuatro años de edad ahora, sobre todo las domésticas, siguen en esa condición formando parte de la familia de los amos si se quiere, situación que no dista mucho en la práctica de la situación de las empleadas libres solteras. Debo añadir que, salvo en Buenos Aires, quedan muy pocos negros en las provincias argentinas. Al incorporarse a los ejércitos las parejas de negros se rompieron en buena medida, ellos y ellas se unieron con otros africanos, mulatos y mestizos, sin faltar blancos.

Al decir esto último, Sarmiento detectó expresiones de desagrado en sus oyentes. Pero no se amilanó y tras una breve pausa para reencender su cigarro, siguió adelante con su disertación:

—En cuanto a Chile, la esclavitud fue abolida hace más de veinte años. Pero los esclavos eran apenas cuatro mil. La liberación tuvo lugar durante la primera independencia, pero cuando los españoles sometieron de nuevo el país entre 1814 y 1817, la esclavitud fue restablecida a instancias de los antiguos amos. Tras la derrota final del ejército real por el del general San Martín se les dio la libertad en forma definitiva. En países como Bolivia y Perú subsisten formas de servidumbre de indios heredadas de los tiempos coloniales.

—¿Y en Brasil? —preguntó MacKay al tiempo que el humo de su pipa era lentamente exhalado con lentitud de su boca y se deslizaba como si fuere un velo por su rubio y ralo bigote, por su delgada nariz, los impertinentes, la frente y el escaso pelo entre castaño y gris que apenas alcanzaba a cubrir su cráneo.

—¡Ah! Eso es otra cosa. La independencia de Brasil fue el resultado de un acto administrativo. El poder pasó casi sin violencia alguna del rey portugués Juan de Braganza a su hijo Pedro, proclamado emperador cuando su padre retornó a Lisboa. En el imperio esclavista, como lo llamamos los rioplatenses, la institución goza de muy buena salud, por desgracia. Lo pude comprobar en Río de Janeiro hace dos años. Como aquí en el sur, en Brasil hay plantaciones de caña de azúcar donde trabajan cantidades de esclavos. Se dan entonces las condiciones para la esclavatura en gran escala y la propiedad de esclavos es parte importante de las fortunas particulares. Una situación muy distinta a la de mi país, donde nadie tenía más que unos pocos esclavos domésticos, más algunos troperos, peones de campo...

—¿Cómo? Nos había dicho que su madre tenía bandadas de esclavos —señaló el escocés, más amigo de la precisión que Sarmiento, a quien observó con cierto aire de desconfianza a través de sus estrechos lentes ovales sujetos por un delgado armazón dorado.

—No mi madre precisamente, que no tenía ayuda ninguna en sus tareas domésticas, salvo la de mis hermanas. Aunque su tía, la de las bandadas, le prestó dos esclavos para trabajar en el telar que tenía de soltera. En cuanto a lo de las bandadas de mi tía, fue un decir. Serían diez, quince a lo sumo —precisó el sanjuanino—. Los esclavos eran muy caros y en un país donde las grandes fortunas eran escasas, pocos eran quienes podían darse el lujo de tenerlos. En los tiempos coloniales un esclavo valía más que una estancia pampeana —explicó Sarmiento—. Pero volviendo a la esclavatura en Brasil, ella degrada toda la estructura social y en el seno de las familias se engendran relaciones licenciosas entre amos y esclavas y en las tertulias hasta se susurra de tal dama que ha tenido un desliz con un esclavo. De tal manera el crimen cometido contra una raza, y consentido por la moral pública, depone lentamente sus gérmenes en el mismo seno de la raza opresora, una forma de equilibrar el mal y desagraviar a los oprimidos.

Se hizo un silencio tras las elocuentes palabras del argentino, como si los norteamericanos reconocieran en el alegato situaciones similares a las del Brasil, aunque inconfesables en los vecinos estados sureños. Sobre todo ello ocurrió en el caso de Marjorie, habitante de Luisiana y ella misma propietaria de esclavos. Sin embargo, nadie hizo comentario alguno. Fue el escocés McKay quien rompió el silencio, al preguntar:

—Me interesa aquello de la libertad de los hijos de esclavos como método gradual de liberación. He oído que aquí sería muy difícil de implantar ya que los amos harían abortar a las esclavas embarazadas pues, ¿qué provecho podría reportarles alimentar a criaturas que no serían de ellos? —observó el escocés.

—Habría que ser muy cruel para llegar a eso —observó Sarmiento—. En mi país la mayoría eran esclavos domésticos que era inusual vender y que eran tratados casi como de la familia.

—En 1799 el sistema de liberar a los nacidos a partir de ese año se adoptó en el estado de Nueva York. Para evitar el peligro que señaló el señor MacKay, los nacidos libres quedaban trabajando como sirvientes hasta los veintiocho años los varones y los veinticinco las mujeres —explicó Edenwood.

—En mi país, y ante el rechazo de los españoles a trabajar con sus manos, la escasez de artesanos llevó a los dueños de esclavos a enseñarles algún oficio. Fue así como muchos esclavos eran artesanos y los amos les permitían dedicar parte de lo que ganaban en su trabajo en comprar su libertad, motivo que disminuía el número de los esclavos. Ese tipo de arreglos desalentaba la fuga de esclavos y convenía a los propietarios porque así bajaban los costos de vigilancia. Además, el odio entre negros e indios, alentado por los españoles, impedía a los primeros fugarse a las tolderías indias.

—¡Qué raro que los artesanos no fueran blancos! —comentó Marjorie.

—El absurdo sistema español coloca en la escala social más baja a quienes trabajan con sus manos, tareas reservadas a individuos de razas consideradas inferiores, como judíos, moros, indios, mulatos y negros —explicó Sarmiento—. Así, mi padre me prohibía usar la azada, aunque mi madre no tuvo empacho en usar sus manos para hacer su casa y, luego, para tejer. Aún hoy, en Chile, la inmensa mayoría de los oficios y pequeñas industrias como panaderías, talabarterías, fundiciones, tejedurías, tapicerías, molinos, peluquerías... —y aquí Sarmiento se explayó al citar inmensa cantidad de actividades, que al tiempo que demostraba su ilustración, de lo que mucho se vanagloriaba, aburrió en extremo a su auditorio—, ...fábricas de mástiles, de barriles, de velas, están en manos de franceses, alemanes e ingleses, pues los chilenos no las consideran ocupaciones propias de caballeros ni, por otra parte, están calificados para desempeñarlas.

—Muy interesante —dijo MacKay—. En este país, Thomas Jefferson, sostenía que antes de liberar a los esclavos, había que educarlos y enseñarles oficios. Ahora bien, si en el Río de la Plata el número de esclavos era tan bajo, ¿cómo se explica que uno de los productos más transados durante la época colonial en el puerto de Buenos Aires fueran negros africanos? —preguntó MacKay—. Así lo he leído en algún documento sobre el tema —agregó, demostrando que sus conocimientos eran mucho mayores a los que delataba.

—Bueno..., muchos esclavos desembarcados en Buenos Aires seguían por tierra rumbo a Chile. A su vez, la mayor parte era reembarcada de nuevo en Valparaíso rumbo a Lima o Arica. Desde este último puerto los negros eran llevados a trabajar en la gran mina de plata del Cerro Rico de Potosí —explicó el sanjuanino, feliz de poder seguir dictando cátedra, su gran vocación—. El frío y húmedo clima de Potosí, a 12.000 pies de altura sobre el mar, se podrán imaginar que no era el más adecuado para estos infelices hijos de los trópicos.

—En cuanto al sistema de abolición gradual y progresiva de la esclavitud llamada liberación de los vientres, ha encontrado enorme resistencia aquí por parte del estado de Virginia, que se ha especializado en la cría de esclavos desde el momento en que se prohibió su importación a comienzos del siglo —comentó el senador.

—¿O sea que hay negras especializadas en la crianza y, por lo tanto, hay verdaderos criadores de esclavos? —preguntó Sarmiento. Y su extrañeza aumentó cuando Marjorie lo confirmó con movimientos afirmativos de su cabeza. —¿Y sus niños les son retirados como los terneros a sus vacas?— La extrañeza se convirtió en horror cuando Marjorie nuevamente le confirmó que estaba en lo cierto, para agregar:

—En Pennsylvania se adoptó en 1780 el sistema de liberar a los hijos de los esclavos nacidos después de esa fecha. Ello por la campaña antiesclavista dirigida por Benjamín Franklin y, sobre todo, Thomas Paine. Pero para eludir la ley, muchas esclavas embarazadas fueron vendidas en los mercados de Maryland, Delaware y Virginia. De tal modo, sus hijos nacidos en esos estados no nacían libres.

—¿Ha visto lo difícil que es gobernar sin prever las consecuencias? —observó MacKay—. El conocimiento de la economía política es muy importante porque a veces las mejores intenciones acarrean las peores consecuencias.

—Eso no podría haber ocurido en el Río de la Plata por cuanto la libertad de vientres abarcó a todas las provincias —razonó Sarmiento no sin satisfacción al comprobar que, en algún aspecto al menos, el sistema había funcionado mejor en la Argentina que en los Estados Unidos.

Se hizo el silencio. Durante la conversación, los dos yanquis habían dado cuerda suelta a su ocupación favorita, el mascado de tabaco, y la salivación consiguiente había ido dejando un círculo de escupitajos alrededor del grupo.

En ese momento el nuevo cochero tocó un gong y anunció a los gritos que seguían viaje. La conversación se interrumpió y los pasajeros se dirigieron al carruaje. Las huellas del vuelco habían desaparecido y aparecía pintura fresca en los lugares cuyos daños habían sido reparados. El escocés trocó su asiento por uno frente a Sarmiento. Como es obvio tenía la intención de seguir interrogándolo, se apercibió éste con cierto fastidio, por dos razones: la primera, porque con el estómago lleno, le había entrado sueño; la segunda, porque aún despierto le habría gustado más dedicar su atención a Marjorie, cuya serena belleza ahora podía apreciar en plenitud a la luz del día y aquel vago e inconfesable pensamiento de un rato antes ahora se le presentaba en forma mucho más clara: la viuda lo atraía con intensidad, y constituía una tentación que difícilmente podría rechazar. Además, ¿en qué forma más ventajosa podría emplear el largo tiempo que insumiría su viaje que enamorándola? Viaje que, por otra parte, y esto él no podía olvidarlo, podría seguir quizás hasta Luisiana, según se lo había propuesto ella. Sarmiento se maldecía una y otra vez por no haber aceptado su propuesta de inmediato en vez de rechazarla en una forma que ahora se le antojaba estúpidamente altanera.

"¡Ese maldito orgullo heredado de los españoles!", se recriminaba. Orgullo que lo había llevado a enfrentarse con el gobernador sanjuanino Benavídez y valido sus dos destierros a Chile. Pero de este episodio no se arrepentía. Sobre todo el segundo le había dado la oportunidad de crecer intelectual y políticamente en Santiago, eso lo tenía muy claro. ¿Qué podría haber hecho en San Juan, a más de atrasada, sometida a la cada vez más estricta dictadura rosista que se enseñoreaba en todo el país? En Santiago, en cambio, en muy pocos años se había abierto camino por sí sólo siendo hoy reconocido como uno de los hombres de letras, educador y periodista más prestigiosos e influyentes, se jactaba con inmodestia Sarmiento. Aparte del crecimiento de su influencia en el partido antirrosista argentino. "En definitiva, mi prédica contra el dictador y los reclamos de éste al gobierno chileno para que la acallara, había influido en parte al menos para el viaje que le costeaba ese gobierno. Forma de tenerme callado entretanto. ¡Pero ya verá Rosas quién soy a mi regreso!", pensó Sarmiento.

—De modo que la esclavitud ha terminado en su país —comentó el escocés Mackay decidido a no abandonar el tema.

—Prácticamente —admitió Sarmiento, con voz que denotaba que el tema le parecía agotado, quien para sí murmuró: —Aunque otra forma de esclavitud mucho peor ha caído ya no sobre los africanos sino sobre los blancos.

—Permítame preguntarle, señor, ¿y los negros libertos, qué trato reciben del resto de la sociedad? ¿Son discriminados en los empleos?

—No en forma manifiesta. La igualdad es norma en nuestro país desde que se independizó aunque no siempre los mejores empleos se dan a los más capaces. Dada su pobreza durante la colonia, el Río de la Plata no fue un lugar atractivo para nobles de los que no hay ejemplo alguno. Pero la poca instrucción de los negros no los hace idóneos para ocupar ciertos empleos, reservados en la práctica a los blancos letrados.

McKay se apercibió de que aunque no lo admitiera Sarmiento, no era la falta de idoneidad sino el color de la piel lo que impedía a los negros acceder al empleo público. Empeñado en conocer más sobre la cuestión, preguntó:

—¿Podrían viajar en un coche como éste?

—No, porque no los hay: no hay ningún medio público de transporte en mi país. ¡Es tan deshabitado y pobre que no genera el tráfico necesario! A lo que cabe agregar que el tirano Rosas no lo fomenta de ningún modo, al igual que tampoco fomenta ninguna expresión de progreso —agregó Sarmiento con tono recriminatorio—. Más deshabitado que pobre en realidad. La verdadera miseria es la que vi en Europa y que afortunadamente es desconocida en la Argentina, donde nadie muere de hambre en vista de la abundancia y baratura de los alimentos. Peor aún, en Europa hay miseria urbana, miseria más grave debido a la dureza del clima. En mi país, en cambio, el clima es bastante suave. Pero retorno a su pregunta, señor MacKay, y me atrevo a asegurarle que si hubiera un servicio regular de diligencias, los negros sí podrían viajar, tanto libertos como esclavos. Creo haber dicho ya que en los ejércitos muchos negros ascienden a grados de oficial. Pero le repito que el principal obstáculo con que tropiezan los negros para elevarse en la jerarquía social no deriva del color de su piel ni del hecho de haber sido esclavos sino de la escasa o nula instrucción recibida.

MacKay dejó pasar la última frase sin refutarla pues Edenwood intervino para decir:

—Lo que no debería extrañarle: en los estados esclavistas de este país está prohibido alfabetizar a los esclavos. En Nueva York en cambio, en 1787, doce años antes de decretarse la libertad de vientres, la Manumission Society fundó la African Free School. A propósito: ¿qué tal es el sistema educativo en su país? —preguntó el agricultor yanqui, con gangoso acento, nacido de la constante lectura de la Biblia, como conjeturaba Sarmiento.

—Pésimo o, mejor dicho, como sistema es inexistente. Con la independencia se fundaron escuelas con el patrocinio de los gobiernos de provincia. Pero hoy estos gobiernos en general se despreocupan por completo de la educación siguiendo el ejemplo de los españoles. Los establecimientos educativos existentes son fruto de la iniciativa privada, bastante numerosos en Buenos Aires. Vea, los españoles no pusieron ningún énfasis en la educación popular. Cierto que fundaron las primeras universidades del continente, mucho antes que Harvard. Pero sólo enseñaban materias como teología, metafísica, filosofía, legislación canónica y seglar, pero sin cuidarse de enseñar ingeniería y agricultura, o medicina, o ciencias, materias mucho más necesarias para el progreso.

Pongo mi caso otra vez como ejemplo. Yo concurrí a la llamada "Escuela de la Patria" fundada en mi provincia tras la independencia, cuando se despertó un genuino deseo de mejorar la instrucción popular, pero tuve serios inconvenientes para seguir estudios más avanzados y lo poco que sé es casi todo fruto no de estudios formales sino de lo que aprendí con la lectura de libros que conseguí en bibliotecas particulares, pues ni bibliotecas públicas había en mi provincia. Junto con un tío mío, yo mismo, teniendo quince años, fundamos una escuela en medio del campo en San Luis, una provincia vecina a la mía. Si tantas dificultades para educarse tienen los blancos, imagínense entonces cuán lejos están negros e indios y aun los blancos de clases inferiores de poder acceder a la educación. Cabe agregar por otra parte, que no existe en nuestras provincias espíritu público. No hay sociedades que funden escuelas ni colegios, ni asociaciones de temperancia para combatir el alcoholismo, problema bastante grave en Chile, o para fomentar el ahorro y apenas si hay hospitales. La gente se dedica por completo a sus negocios particulares y se desentiende de emprender iniciativas útiles a la comunidad.

—Lo mismo ocurre en casi todas las partes fuera del mundo anglosajón —le dijo MacKay—, pero con todo, según lo que he leído de viajeros que han estado en su país, como Charles Darwin a quien mencionamos antes, debo hacer justicia a las provincias del Plata puesto que prevalece en ellas un espíritu igualitario y republicano que en pocas partes del mundo es igualado —añadió el escocés confirmando así sus grandes conocimientos sobre la Argentina.

Sarmiento se sintió halagado por los elogios de Darwin a sus compatriotas, y por su parte, añadió:

—Debo concordar con usted, señor MacKay, y ello es así en parte porque habiendo sido la más pobre de las colonias españolas no se radicaron allí nobles, como ya dije, ni se conoció el mayorazgo como en Chile. A los viajeros chilenos que han atravesado la pampa les ha llamado la atención el trato igualitario recibido de los gauchos, considerados sus iguales como cualquier compadre pampeano. En nuestro país prevalece también el sentimiento liberal, y los protestantes pueden practicar su culto sin traba alguna (y aquí Sarmiento debió reconocer que esto era cierto inclusive bajo el régimen rosista, aunque se guardó de decirlo). Hasta las mujeres argentinas son libres de casarse con extranjeros, a diferencia de muchas otras ex colonias españolas que cuidan la propiedad sobre sus mujeres como si fueran ganado.

—También he leído —siguió diciendo MacKay— que entre los hombres es de buen tino no concurrir a los oficios religiosos, que es considerado como cosa de mujeres, y que, inclusive, llegan a mofarse de las cuestiones de la religión.

—Y, sí, ello es así. Los rioplatenses no son atraídos por la religión. El papel de la Iglesia Católica durante la larga dominación española fue de gran oscurantismo, que se instrumentó a través de la Inquisición. La lectura de muchos libros era considerada delito y reprimida. Al estallar la revolución en Buenos Aires en 1810, se produjo entonces una fuerte reacción anticlerical, y lo mismo ocurrió poco después en Chile, sobre todo por el generalizado apoyo del clero católico a los godos, es decir, a los españoles, de donde surgieron cantidad de conflictos que dañaron, interrumpieron cabría decir, las relaciones entre el Estado y la Iglesia. Aunque justo es expresar que hubo prelados, pocos, que apoyaron la causa independista y liberal con gran entusiasmo. Debo también agregar que en mi país, en Chile tampoco, no existe el gran espíritu religioso, casi místico, que tiene lugar aquí, al igual que en los pueblos del norte de Europa. La gente, salvo el caso de enfermedad, no piensa a diario en Dios, ni examina su conducta ni es atraída por las especulaciones morales o éticas.

—Pero entonces, como no hay diferencias acentuadas de clases y al tratarse de un pueblo que no discrimina contra el extranjero, más, donde la inmigración extranjera ya es importante por lo que me ha relatado mi amigo Woodbine Parish, la población de Entre Ríos ha aumentado de treinta mil a cincuenta mil almas bajo el gobierno del general Urquiza, no hay tampoco prejuicios religiosos, su país es muy parecido a éste —concluyó MacKay.

—Sí, de no ser por el tirano Juan Manuel de Rosas, que desconoce las libertades de los ciudadanos y que persigue sangrientamente a sus opositores. Pero Rosas no gobernará siempre y entonces, desaparecido de la escena política, estoy seguro de que una nueva generación de argentinos, en la que me cuento, haremos de la Argentina uno de los países más ilustrados y prósperos del mundo —aseveró Sarmiento. Tras una pausa, se dirigió a MacKay, preguntándole: —Dígame, señor MacKay, debo suponer por sus preguntas que usted considera la igualdad de clases y la falta de privilegios como virtudes, ¿es así?

—Sin duda —respondió MacKay.

—Entonces usted debe estar poco a gusto con el régimen político y social vigente en Gran Bretaña.

—Le ruego que se explique —pidió el interrogado.

—Verá, antes de embarcarme en Liverpool hacia Nueva York, estuve en Inglaterra durante mes y medio, y viajé entre Londres, Birmingham, Manchester y Liverpool y debo decirle que me molestó mucho la pobreza. Chicos descalzos que mendigan en medio del barro bajo la lluvia. Recuerdo en especial a una mujer vestida con harapos con una criatura en brazos de la edad de mi hijo, que mendigaba en la puerta de mi casa. Ello aparte de las diferencias monstruosas de fortuna. El marqués de Breadalbane cabalga cien millas desde su casa al mar sin abandonar su propiedad. El duque de Sutherland posee el condado de Sutherland que cruza Inglaterra de mar a mar.

—Cruzará Escocia puesto que el condado es escocés y no inglés —aclaró MacKay—. Lo de la pobreza es cierto y para mitigarla el gobierno fomenta la emigración hacia sus dominios, Canadá y Australia por ejemplo.

—Pero la mayoría de quienes emigran a Canadá, cruzan la frontera para establecerse entre nosotros por cuanto las condiciones para prosperar son mucho mayores —dijo Edenwood.

—No se lo puedo discutir por cuanto no tengo datos —reconoció MacKay, quien para desviar la conversación hacia temas menos desfavorables para la Gran Bretaña, agregó: —Les quiero comentar algo interesante: el primero de diciembre próximo la hora en toda Inglaterra se va a estandarizar, adoptando la de Greenwich. Ya no habrá tantas horas distintas como pueblos donde el sol pase mediodía en distinto momento marcando las doce.

Sarmiento con destreza no admitió que el nuevo tema que traía el escocés suplantara al anterior, al decir:

—Gracias al telégrafo será fácil la uniformidad de la hora, uniformidad que quizá debiera ser imitada en su país en otras cosas, como terminar con la primogenitura.

—Permítanme un chiste sobre este tema —propuso MacKay—. Un personaje conocido por sus ocurrencias, el coronel Thomas, sostiene que la primogenitura tiene por fin fortalecer al hijo mayor en tal medida, como para que pueda forzar al público a sostener a sus hermanos menores.

Los pasajeros estaban cansados y la ocurrencia no fue muy celebrada. Para poner punto final, Sarmiento dijo:

—Menos gracioso, señor MacKay, es que el sesenta por ciento de los ingleses no sepan escribir su nombre, contra el medio por ciento en Massachusetts, según me dijo Horace Mann —añadió Sarmiento, citando al conocido educador de ese estado, a quien había visitado en su casa en Newton, cerca de Boston y de quien sería gran amigo, así como de su esposa.

Sarmiento creyó que con esta frase había quedado con la última palabra, pero no fue así. En efecto, el talentoso escocés retomó la palabra para decir:

—En cuanto a sus comentarios, le voy a decir, señor Sarmenter, que los británicos somos partidarios de los cambios lentos y graduales en nuestras costumbres y constitución política, pero la dirección está definida con claridad y quizá más tarde que temprano obtendremos resultados semejantes a los logrados aquí, con la posible diferencia de que serán más duraderos. Es lo que nos distingue con lo que ocurre en Francia, donde hay cambios políticos trascendentales, se guillotinan monarcas y a los pocos años los franceses caen en manos de otro individuo con poderes mucho más despóticos que el guillotinado. De donde el refrán: *"Plus ça change, plus c'est la même chose"* —agregó el escocés.

MacKay hizo una pausa para remover el tabaco de su pipa, tras lo cual agregó:

—Los franceses actúan conforme al método racionalista aprendido de Descartes. Adoptan un plan que deductivamente consideran el mejor y tratan de comportarse en consonancia con él. Pero como éste no se ajusta a su idiosincrasia, se apartan de él incurriendo en las mayores desviaciones, como guillotinar a sus reyes. No es que en Inglaterra no se hayan cometido regicidios pero al menos no reñidos con grandes ideales proclamados poco antes. También este país peca de racionalismo que inspira grandes principios que después no se pueden poner en vigor, como aquel de que todos los hombres nacen iguales. ¡Y en el ínterin cientos de miles de esclavos muestran al mundo su falsedad! De allí mi preferencia por el método experimental de los cambios lentos y graduales que se van ajustando a la naturaleza de los habitantes y que evita las hecatombes políticas a las que son afectos los franceses.

—Con todo, y salvo el caso de la esclavatura, la constitución norteamericana es respetada en forma bien estricta, diría —replicó el sanjuanino, no dispuesto a admitir una crítica tan fuerte al admirado modelo político de los Estados Unidos.

—Es posible. Tienen la ventaja de nacer casi de cero, o mejor dicho, con las instituciones heredadas de la antigua metrópoli que se ajustaban a sus ideales. Pero aun a las nuevas naciones liberadas de los españoles entiendo que no les faltaron constituciones inspiradas en principios republicanos y liberales que, por lo poco que sé, no tienen ninguna aplicación práctica.

—Es muy cierto, si algo no falta en las antiguas colonias españolas son redactores de constituciones bien inspiradas y que no se aplican —hubo de admitir Sarmiento.

—De donde, insisto, mi preferencia por el sistema británico de cambios institucionales graduales, que requieren de gran paciencia para quienes sientan que el cambio debe acelerarse. Según enseñó David Hume, el gran filósofo escocés, cuando los hombres se dieron cuenta por su propia experiencia que su egoísmo y escasa generosidad actuando en libertad les impedía toda vida social, la cual les era indispensable para satisfacer sus pasiones, entonces decidieron actuar en consonancia con leyes que les permitieran la vida en sociedad. Cuando ustedes los hispanoamericanos lleguen a este punto entonces decidirán someterse a reglas que les hagan posible la vida en sociedad. Por lo visto así lo hicieron a poco de independizarse en el Río de la Plata, conforme a vuestro temperamento proclive a la libertad, ausencia de privilegios y de prejuicios.

Durante la perorata de MacKay el argentino con disimulo le había preguntado en el oído de Marjorie: *"Qui c'est ce David Hume?"*. A lo que ella contestó *"Aucune idée"*.

—Por desgracia el gobernador de Buenos Aires, Juan Manuel de Rosas, prefirió restaurar el sistema represivo a la libertad de origen español —dijo Sarmiento.

—Pero Rosas es un hombre que pasará, y tras su paso por el gobierno estoy seguro que ustedes podrán en Sudamérica repetir lo que hicieron aquí los descendientes de los británicos —dijo MacKay en tono profético, lo que no dejó de agradar a Sarmiento quien depuso la animosidad que había ido alimentando contra MacKay en el curso de la discusión.

—Espero que esté usted en lo cierto —le dijo el sanjuanino.

—No tenga ninguna duda —contestó MacKay.

Se hizo una pausa en la conversación, que Sarmiento interrumpió al decir:

—En mi país, en la zona pampeana, hay una situación de

guerra crónica con los indios que dura varios siglos. Estos salvajes, que no respetan las leyes ni el derecho de propiedad ni se someten a regla alguna, roban ganado de las estancias próximas a la frontera para venderlo en Chile. Con los indios del oeste y del norte, más dóciles, y que antes de la llegada de los españoles ya cultivaban la tierra, fue más fácil repartirlos para hacerlos trabajar. Luego llegaron los negros, de los que ya he hablado. Los primeros españoles no habían traído sus mujeres con ellos, por lo que en las provincias del oeste y del norte se unieron con indias; de allí nació la raza mestiza, como ya había ocurrido antes en el Perú, donde uno de los conquistadores se casó con una ñusta, es decir, una princesa incaica —dato que interesó a Marjorie. "Bueno, tratándose de una princesa es más aceptable" pensó ella, de acuerdo con esa generalizada tendencia a perdonar a las familias reales, aun siendo indias, lo que no se perdonaría a otras.

—Ese espíritu igualitario del Río de la Plata que usted menciona —siguió diciendo MacKay—, lo confirmaron el inglés Charles Darwin —aquí Marjorie, clavó su índice en las costillas de Sarmiento y le murmuró: "Es el inglés del que le había hablado" al tiempo que chasqueba sus dedos. Marjorie, es obvio, había estado distraída la otra oportunidad en la que el sabio había sido mencionado— y mi compatriota William MacCann. A Darwin le llamó la atención que en su campamento del río Colorado el general Rosas compartiera la mesa con mercachifles, que un miembro de la legislatura de la provincia de Entre los Ríos fuera el dueño de un almacén de ramos generales, y que el hijo de un alto oficial del ejército se ganara la vida fabricando cigarros de papel. Lo que en cierto modo, y si me permite decirlo, contradice lo que nos decía antes acerca del prejuicio contra los trabajos manuales en su país.

La observación del escocés provocó la imaginable contrariedad a Sarmiento, sobre todo la mención de Rosas y su implícito elogio. Con todo, se las arregló para contener su enojo y contestar en forma muy educada y gentil:

—Yo ya dije, quizá no me haya escuchado, señor MacKay, que en el Río de la Plata, por falta de títulos nobiliarios, prevalece un espíritu igualitario, a diferencia de Chile. Por el mismo motivo los nativos ejercen oficios que no soñarían en Chile. Quizá no fui lo suficientemente claro en marcar la diferencia entre la Argentina y Chile en este aspecto. Cuando me refería a la resistencia a ejercer determinados oficios y manufacturas lo relacionaba más con Chile que con el Río de la Plata. ¡Cómo podría haber incluido a la Argentina en ese comentario si de soltera mi madre se ocupaba de tejer tela para frailes! Y hasta construyó su casa con sus propias manos como ya dije. Yo mismo he trabajado de minero en Chile, pesadísimo trabajo que no le recomiendo a nadie. También es cierto que entre los campesinos, los gauchos como los llamamos, no se hacen mayores diferencias sociales entre el patrón y sus peones. Todos se sientan a la misma mesa, cuando existe, para comer, beber o jugar a las cartas. No ocurre lo mismo en Chile donde, como efecto de un sistema feudal que aún perdura, la diferencia de clases es manifiesta y la clase inferior, la de los llamados rotos, es tratada con el mayor desprecio.

—Yo no me quiero referir al espíritu igualitario, que apruebo, sino a los casamientos interraciales, que me parecen intolerables —aclaró Marjorie, mientras recordaba con espanto esa calurosa noche de verano en que sorprendió a Jean-Pierre entretenido en fogosa fornicación con su sirvienta negra Mary-Loo, en el templete griego que adornaba el jardín de su casa en la plantación. Había pasado apenas un año de su casamiento y su amenaza de abandonarlo y volver a Pennsylvania pronto se esfumó. ¡Él era tan zalamero y encantador! Recordaba que también Jean-Pierre había esgrimido argumentos acerca de la igualdad de razas, lo que no le impedía ser un esclavista convencido.

—Bueno, nos guste o no, la realidad es que gran parte de la población sudamericana está formada por mestizos y mulatos —dijo Sarmiento quien, en el fondo, tampoco aprobaba las uniones interraciales.

—Pero pueden ser el fruto de uniones clandestinas y no de casamientos propiamente dichos —objetó Marjorie—. También tenemos mulatos en América, pero no podrían jamás ser el fruto de casamientos antinatura y que están con toda justicia prohibidos.

—Tan antinaturales no son esas uniones puesto que procrean —comentó Edenwood refiriéndose al dicho de Marjorie—. Vea si no el caso de Jefferson —agregó.

Pittsburgh en 1848

Capítulo 4

*La supuesta relación entre Jefferson
y su esclava Sally.
Héroes prefabricados.
Recuerdos de San Martín.
La diligencia se encaja.*

A esta altura, el matrimonio Clarke dormitaba o dormía, pero la mención de Jefferson fue como una campanada que despertó la atención de estos últimos. Molly Clarke, la esposa del senador, sentada en el fondo del coche, se indignó y con voz quebrada por la emoción amonestó a Edenwood al que dijo:

—Nunca hubiera creído que una persona como usted, mister Edenwood, haya podido prestar oídos a esa calumnia acerca del presidente Jefferson. Y menos aún difundirla. Sepa usted que tuve el honor de conocer al presidente y puedo asegurar que no pudo haber tenido jamás nada que ver con su esclava Sally Hemings. Como el que más, Thomas Jefferson odiaba la mezcla racial.

—Discúlpeme señora. De ninguna manera quise ofender la memoria del presidente Jefferson. Ocurre sin embargo que conozco mucha gente que es en extremo virtuosa de día pero que es incapaz de resistir a los demonios nocturnos —dijo Edenwood—. —¡Tan fuerte es el instinto de reproducción! Los sacerdotes católicos, impedidos de casarse, son víctimas de ellos a menudo, y hasta papas han sido tentados por el pecado de la carne, según entiendo. Usted que es de países católicos lo debe saber, ¿cierto? —y lo miró a Sarmiento, que en silencio asintió—. Dios hizo tan fuerte la atracción entre los sexos para asegurar la supervivencia de la raza humana, atracción capaz de superar enormes barreras y prejuicios, y de producir grandes escándalos. Me imagino que Jefferson, una persona bastante tímida, y prematuramente viudo, se debe haber sentido aislado y nostálgico en París siendo embajador... y la joven Sally debe de haber sido bastante atractiva por entonces. Siendo cuarterona, su piel era lo suficientemente clara como para pasar por blanca.

—Su padre debe de haber tenido menos prejuicios raciales que Jefferson, pues la tuvo a Sally de su madre mulata...

—En efecto el padre de Sally era John Wayles, muerto el mismo año del nacimiento de ella —dijo Edenwood interrumpiendo y aclarando a Sarmiento.

—Y aun menos los debe de haber tenido el abuelo de Sally, que la tuvo a su madre de una negra pura —agregó Sarmiento.

—Sí, por cierto. Padre y abuelo, ambos blancos, ya antes también habían derribado las barreras raciales por lo visto ante su madre mulata y su abuela negra pura —comentó Edenwood con cierto deleite ante la expresión de disgusto de Molly Clarke—. Es que, como admitió el mismo Jefferson en sus *Notas sobre el estado de Virginia*, "*las negras son más ardientes que las blancas*", lo que delata conocimiento del tema. Jefferson no era una persona que escribiera sin conocimiento de causa.

Esto, más los comentarios anteriores, colmaron la paciencia de Molly, quien estalló exclamando:

—¡Por favor, señor Edenwood, evíteme el disgusto de entrar en detalles! ¿Quiere? ¿No se da cuenta de que son versiones que hicieron correr los abolicionistas enemigos de Jefferson? No entiendo cómo una persona inteligente como usted ha podido prestarles atención —exclamó Molly, indignada.

—Perdón, pero la primera versión no fue de ningún abolicionista sino del escocés James Callender a quien le debió haber dado algún crédito el diario *Richmond Recorder* que la publicó, diario de ningún modo abolicionista por cierto, puesto que difícil sería encontrar uno solo en la capital de Virginia —replicó Edenwood—. Y es del caso agregar que Jefferson jamás desmintió el hecho.

—No se rebajó a hacerlo, pero sí lo hicieron amigos suyos como Merrill Peterson, Virginius Dabney, eh... Willard Sterne Randall también y algunos otros cuyos nombres no recuerdo —dijo Marjorie, saliendo en defensa de Molly Clarke y demostrando que estaba bien interiorizada del supuesto episodio.

—Escúchenme, muchos visitantes de Monticello notaron el gran parecido que gente de la servidumbre tenía con el dueño de casa. Estos esclavos fueron manumitidos por Jefferson poco antes de morir, beneficio que, vaya a saber por qué, no extendió a Sally. Más aún, a un francés amigo de Jefferson que visitó Monticello, le llamó la atención la cantidad de chicos tan blancos como él que eran tratados como si fueran esclavos negros —dijo Edenwood insistiendo en el tema.

—Lo que yo he escuchado acerca de este asunto y del parecido a que se refiere usted es que Monticello solía ser visitado por un sobrino de Jefferson y a él se le adjudicaba la relación con la esclava Sally y la paternidad de sus hijos. Creo también, señor Edenwood —agregó en tono admonitorio el senador Clarke— que debemos ser muy prudentes en atribuir, sin más ni más, hechos repudiables a nuestros patricios más preciados para con quienes todos los americanos y la nación entera somos deudores por el gran país que nos legaron —dijo con voz de orador de púlpito el senador Clarke.

—El hecho que he mencionado es tan público que varios de entre nosotros lo conocíamos y quien lo divulgó tiene nombre y fue publicado por un diario de Richmond como he dicho, capital del mismo estado de Jefferson —se defendió Edenwood, sin amedrentarse por la calidad de su contendor.

—¡Jim Callender era difamador conocido y no hizo más que recoger versiones vertidas durante la campaña presidencial de 1800, que tuvieron un claro propósito electoral —dijo el senador Clarke, con voz de hastío.

—Y bien, si no quieren reconocer tantas evidencias, allá ustedes —dijo Edenwood, optando por abandonar el tema.

Se hizo un silencio incómodo. Tras un tiempo prudencial para dejar ceder la tensión provocada por la discusión, Sarmiento se atrevió a decir al senador:

—Una tesis interesante la suya, señor senador. Pero temo que el cuidado que usted recomienda para tratar a los héroes, al exaltar sus virtudes y al disimular sus defectos haga caer al historiador en el defecto de tergiversar la historia para enaltecer a los próceres en exceso o para crear héroes falsos. Me pregunto si los verdaderos héroes, como lo es sin duda alguna Thomas Jefferson, podrían ver menoscabada su fama por supuestas relaciones interraciales que por lo visto no son tan raras en este país, inclusive, según he escuchado, no sólo entre blancos y negras sino también a la inversa.

¡Para qué habrá hablado Sarmiento así! Al hablar miraba al senador sin percatarse de la cara de creciente disgusto que se dibujaba en el rostro de su esposa, quien apenas terminó le dijo con acritud en tono casi amenzante:

—Permítame decirle, señor Serment, que su comentario es en exceso ofensivo para la mujer americana. Y sepa también que en los pocos casos que han existido, es por violación de blancas por negros, a quienes las blancas parecen gustarles más que las mujeres de su propia raza.

—Discúlpeme que me permita contradecirla otra vez, señora Clarke. El caso es que yo conozco algún caso de blanca que ha tenido relaciones no forzadas con negro —le dijo Edenwood, a quien tampoco lo inhibía la calidad de esposa de un senador.

El comentario de Edenwood hizo pensar involuntariamente

a Marjorie en Bob, ese joven esclavo que Jean-Pierre había llevado a la plantación, que le provocó preocupantes sueños eróticos. Por alguna razón, el recuerdo del musculoso cuan sudoroso cuerpo de ébano del muchacho, apenas cubierto por un rotoso pantalón, cargando sobre sus hombros fardos de algodón del carromato y descargándolos luego en la bodega del barco, le hizo estrecharse contra Sarmiento, que no dejó de registrar el contacto. Esto, unido a la clavada del dedo índice de ella para que registrara lo que se decía a propósito de Darwin, le hizo pensar con altanería machista: "Esta hembra está definitivamente conmigo, no cabe ninguna duda".

—¡Hay mujeres blancas de todas las clases, sin duda! La que usted menciona ha de ser una mujer de la vida sin duda. ¿Pero cuántas son? ¿Cuántos casos conoce? —replicó Molly con voz que denotaba su extremo disgusto.

Ante la gran contrariedad que su comentario produjo en Molly Clarke, Edenwood optó por segunda vez en abandonar el tema, pero fue Sarmiento quien con imprudencia lo siguió al decir:

—Veo que el tema no es apto para ser discutido, pero me pregunto cuál sería la reacción de ustedes ante relaciones siempre sexuales interraciales entre blanco y negro o entre blanca y negra...

—¡No le permito señ... —ya se levantaba agitado el senador Clarke, cuando Sarmiento, alzó la voz y terminó de decir su frase:

—... que creo mejor no plantear la discusión ni hablar de ellas siquiera, en vista de la susceptibilidad de ustedes.

Al escuchar esto, el senador se volvió a sentar, murmurando:

—Sí, mejor no hablemos de un asunto tan infame.

Se hizo un silencio que nadie se animaba a quebrar. MacKay que pensó en comentar que esas relaciones tenían ilustre antigüedad y mencionar casos en la antigua Grecia, desistió y prefirió aprovechar para volver sobre el tema de la historia de los héroes.

—Los historiadores británicos son más objetivos y, como dice el señor Sarmenter, los defectos de nuestros héroes no son escondidos. Y aunque puedan existir versiones no confirmadas de hechos negativos, no creo que se deban rechazar en absoluto aunque eso sí, mencionarlos como simples rumores no confirmados.

El planteamiento de MacKay fue escuchado con gran interés como forma de salir de la anterior discusión que había demostrado la extrema sensibilidad de los yanquis sobre el tema de las relaciones interraciales.

—Quizá sea porque los héroes ingleses fueron mucho menos virtuosos que los norteamericanos —dijo Edenwood con ironía, llevado por su celo antibritánico aun cuando significara debilitar su argumentación anterior.

—Son puntos de vista —dijo el senador contestando a MacKay y sin prestar atención al malévolo comentario de Edenwood—. Yo creo que nuestro país es demasiado nuevo y sus tradiciones demasiado breves y, como también creo que un país como el nuestro debe fortalecer sus instituciones y los hombres que las crearon, hay que acumular los buenos aspectos y dejarlos sedimentar. Ya vendrá el momento, dentro de cien años, con la Unión fortalecida y el tremendo problema de la esclavitud resuelto, para que los investigadores escarben y reescriban la historia. Pero honestamente, creo que ese momento no ha llegado aún.

—¿Mas cuándo llegará ese momento y quién dispondrá que es tiempo de que los historiadores investiguen y reescriban la historia, levantando así la censura? ¿Será un *úcase* presidencial y habrá una comisión nombrada por el Congreso encargada de supervisar lo que se escriba? —preguntó Sarmiento con voz preocupada ante el riesgo de que se restringiera la libertad de investigar y opinar.

—No creo que deba ser así, y por supuesto el gobierno no tiene por qué intervenir. El momento adecuado resultará del consenso de los profesores de historia y de los investigadores, y de la demanda que haya de las universidades y del público de libros y ensayos sobre el tema —dijo el senador Clarke—. Habrá entonces países, como Canadá, que comprobarán que tienen demasiada geografía y muy poca historia, como dijera un primer ministro. A los historiadores australianos les resultará por demás difícil construir una historia digna sobre las genealogías de sus primeros habitantes. En fin, más de un país descubrirá que, como ocurre con muchas damas, se es más feliz no teniendo historia.

Mientras así disertaba el senador Clarke, Sarmiento, sin dejar de escucharlo con atención, pensaba sobre cómo se escribiría la historia argentina. Recordó que su amigo Juan Bautista Alberdi opinaba la inconveniencia de erigir como héroe máximo del país a un militar, ausentista para peor, refiriéndose a San Martín. También advirtió el peligro de que así como San Martín defendía a Rosas por defender el país de las intervenciones francesa e inglesa, habría otros historiadores que adoptarían la misma posición. Eso debería ser evitado a toda costa y él se ocuparía de que apenas expulsado Rosas, se escribiera la historia de los horrores de su tiranía, de sus crímenes, de sus tropelías sin número y de sus arbitrariedades de toda clase desde el punto de vista de quienes las sufrieron, él personalmente. "El ideario de Mayo debería contener los principios de la nueva nacionalidad nacida espontáneamente el 25 de Mayo y no en ese congreso del 9 de julio en el que afloraron demasiadas ideas monarquizantes y al que tantas provincias dominadas por el anarquista Artigas faltaron. Y en cuanto a la historia de Chile, obviamente los chilenos minimizarían la importancia de San Martín al tiempo que exaltarían la gloria de O'Higgins y hasta la memoria de los funestos hermanos Carrera. Aunque incierto, lógico para construir su imagen nacional", reflexionó el sanjuanino.

Terminada la disertación del senador, Sarmiento se dirigió a él preguntándole:

—¿Pero cómo harán los historiadores norteamericanos para conciliar la declaración de que "todos los hombres nacen iguales" con el hecho de que la supuestamente libérrima constitución federal apaña la esclavitud?

El senador se acomodó en su asiento, se pasó la mano por la frente como si el gesto lo ayudara a pensar y, de paso, se sacó la galera que apoyó en sus piernas. Luego habló así:

—Creo que habrá, antes que todo, que situarse en el espíritu del tiempo en que se escribieron esos documentos y reconocer con ingenuidad que muchos padres de la patria eran dueños de esclavos, lo que entonces era la cosa más natural del mundo, inclusive en los estados del norte. No se pensaba que los africanos pertenecieran al género humano así como así y más bien se pensaba que Dios los había creado para servir a los blancos con su fuerte contextura física y su escasa inteligencia. Todos los países tienen manchas en su historia. Su país, como usted dijo, el ludibrio de ser dominado durante largos años por un dictador sangriento. De Gran Bretaña, mejor ni intentar contar sus manchas oscuras, y Francia pasó de una revolución libertaria que pareció gloriosa pero que a poco se embarró en matanzas sin cuento, para concluir en un dictador megalómano que quiso, y casi lo consigue, conquistar toda Europa. En cuanto a España, ya se encargó usted de explicar su larga e interminable decadencia en todos los órdenes. Pues bien, nuestra historia no podrá desconocer la existencia de la esclavitud y de tantos quienes la sostuvieron y la sostienen de una u otra forma.

—Sin olvidar la ignominiosa "Fugitive Slave Act" —lo interrumpió con énfasis Molly, su mujer, refiriéndose a la ley que discutía el congreso por la que se ponía a cargo de agentes federales la persecución a los esclavos fugitivos aun en estados donde la esclavitud había sido abolida, so pretexto de defender la propiedad privada.

—Para opinar esperaría a que se aprobara, lo que todavía no ha ocurrido —la reprendió su marido.

—Sabés que va a ser aprobada. Los esclavistas lo han convencido hasta al mismo Daniel Webster de votar la ley con lo que lo han atado al carro de los plantadores. Como dijo Emerson "el más preciado nombre americano termina en esta sucia ley".

—Bueno, no nos adelantemos, por favor querida —le pidió su marido, por cierto que más contemplativo que ella.

—Cuando se nos reconozca a las mujeres los derechos ciudadanos y a administrar nuestra propiedad, la actual debilidad que muestran los hombres en defender la libertad se habrá terminado. Mujeres como Paulina Davis, Lucy Stone, Antoinette Brown, de estar en el congreso, nunca permitirían la sanción de esa vergonzosa ley. Antoinette Brown ya fue ordenada ministra de la secta unitaria, y tras esta conquista vendrán muchas más. ¿Qué le parece a usted Marjorie? —le preguntó la mujer del senador.

—La verdad es que no le he prestado mucha atención al tema. Yo he vivido en Luisiana desde que me casé. Allí estas cosas ni se discuten y los hombres no están dispuestos a ceder su actual dominio absoluto sobre nuestro sexo. Durante mi estadía en lo de mi madre alcancé a escuchar algo sobre el tema pero no lo pude hablar con mi madre, mujer muy conservadora. Aun así, al escuchar lo que usted relató, señora Molly, no pude dejar de simpatizar con las ideas de esas mujeres que nombró y cuando vuelva a vivir en Pennsylvania, como planeo, voy a ponerme en contacto con ellas —dijo Marjorie, quien agregó con énfasis: —En realidad el dominio de los hombres sobre nosotras es intolerable. —Esta declaración hizo suponer a Molly y a varios que la oyeron, Sarmiento entre ellos, que las relaciones de Marjorie con su difunto marido no debían de haber sido las mejores.

—Le tomo la palabra —le dijo Molly, quien añadió, extendiéndole una tarjeta: —Aquí le dejo mi dirección para que podamos seguir en contacto. Y a su vez tomó la que le daba Marjorie.

Al rato, no se sabe cómo, la conversación volvió al ya remanido tema de la esclavitud, y Sarmiento oyó a Marjorie decir:

—... para ser justos debemos reconocer que aún en los estados que han abolido la esclavitud, como lo es Pennsylvania, el sentimiento antiafricano sigue siendo muy fuerte y de ningún modo tratamos a los negros libres como a los blancos: no votan, no tienen acceso a la educación. Le digo más, señor Sarmiento, los partidarios de la esclavitud son numerosos y han chocado muchas veces con los abolicionistas. No hace mucho, un motín de esclavistas quemó el Pennsylvania Hall, ustedes recordarán seguramente..

—Se puede ser antiesclavista y al mismo tiempo no gustar de la raza africana —dijo Sarmiento, quizá revelando de modo inconsciente su opinión sobre el tema—. El prejuicio antiafricano también existe en nuestro país. Recuerdo que el propósito inicial del general San Martín de mezclar blancos y negros en los mismos batallones, cuando organizaba el ejército que cruzó los Andes y derrotó a los españoles en Chile, hubo de ser abandonado ya que los amos no querían luchar junto con sus esclavos —dijo Sarmiento, quien se detuvo para verificar si era escuchado y al comprobar que así era, prosiguió: —Yo reconozco que los negros son incapaces de elevarse a las altas esferas de la civilización aunque negros talentosos y despejados los hay sin duda a diferencia de los indios que se muestran incapaces, aun por medio de la compulsión, de dedicarse a un trabajo duro y continuado — agregó en forma contradictoria pero a la vez satisfactoria para todos.

—Los indios aprecian más la libertad que los negros y no admiten estar sujetos a la esclavitud de modo alguno —comentó Edenwood—. Por ello fue que el sacerdote español De las Casas recomendó sustituirlos por los más dóciles y fuertes esclavos africanos —agregó.

—Es posible. Quiero dar testimonio de que en las Provincias Unidas argentinas la esclavitud no envilecía las buenas calidades del fiel negro. Su raza peleó con valentía por la independencia. En la batalla de Chacabuco que permitió lograr la segunda independencia de Chile, el regimiento 8 de negros se lució por su coraje y dejó el tendal de muertos en el campo de batalla —dijo Sarmiento quien atisbó vagamente cierta incoherencia en sus opiniones acerca de los negros. Su relato sobre la batalla publicado por *El Mercurio*, a poco de llegar a Santiago, había sido el comienzo de su fama de literato y periodista.

—Dígame, ¿qué trato se dispensaba a los esclavos? —preguntó MacKay.

—Bueno, ya lo dije, eran artesanos en las ciudades. Y en el campo, a falta de grandes plantaciones, los negros esclavos trabajaban como troperos conduciendo arrias de mulas y burros cargados de productos que se enviaban a otras provincias, vino por ejemplo. Recuerdo que siendo yo chico una tía de mi madre, Antonia Irarrázabal se llamaba, tenía una orquesta de arpas y violines integrada por seis esclavos negros que tocaban sonatas para alegrar las comidas de su ama —comentó Sarmiento—. Cuando el general San Martín organizó su ejército ellos pasaron a la banda de un regimiento.

—¿Una banda militar compuesta de arpas y violines? ¡Qué extraño! —comentó con simulada sorpresa Marjorie, que no pudo reprimir la risa mientras hablaba.

La risa de Marjorie fue contagiosa, y hasta Cathie rió con ganas, lo que enojó al sanjuanino, quien le dijo muy quedo a Marjorie: "Muy graciosa, muy graciosa" y replicó en tono seco y poco cortés:

—Que tocaran el violín y el arpa no significa, señora, que no supieran tocar instrumentos de viento más propios de una fanfarria militar.

—Lo comprendo. Discúlpeme si lo ofendí —respondió Marjorie de modo sincero con un murmullo y tocando el brazo de Sarmiento, quien aceptó la disculpa dando dos golpecitos en la mano de ella.

—San Martín es el equivalente de nuestro George Washington, ¿no es cierto? —preguntó Edenwood, el yanqui gangoso, que se sentaba en el asiento trasero.

—No, de ninguna manera. Las actuales provincias argentinas se unieron de inmediato a la revolución iniciada en Buenos Aires en 1810 y ya estaban liberadas de los realistas, es decir, de los españoles cuando comenzó la actuación militar de San Martín. Éstos tan sólo se defendían sitiados en Montevideo. El gran mérito de San Martín fue percibir que para asegurar de manera definitiva la independencia de las provincias platinas era preciso derrotar a los españoles en el Perú, donde tenían su base principal. Ahora bien, los intentos de avanzar hacia el Perú por tierra habían fracasado. Fue por ello que, tras liberar a Chile, su ejército argentino-chileno fue trasladado en barcos y desembarcó en la costa peruana.

—La flota estaba al mando del almirante Thomas Cochrane, hoy décimo duque de Dundonald y escocés como yo —dijo MacKay satisfecho de poder demostrar sus conocimientos—. Persona muy discutida. Estuvo preso un año por haber sido hallado autor de un fraude en la Bolsa de Londres. Como verán, los héroes ingleses distan de ser impolutos. ¿Sabe por casualidad, señor Sarmiento, de qué se trataba el fraude?

Sarmiento reconoció su ignorancia y el escocés pudo así demostrar otra vez su conocimiento del tema.

—Pues bien, tenemos tiempo por lo que puedo hacer la historia larga. En Basque Roads, en el Mar Cantábrico, había una flota francesa bloqueada, y a Cochrane se le encomendó destruirla. El 11 de abril de 1809 él en persona piloteó varios barcos cargados con explosivos que entraron en el puerto donde sembraron tanto terror que siete fragatas francesas encallaron, cinco de las cuales fueron luego destruidas. Pero el comandante de la flota bloqueadora, Lord Gambier, rehusó satisfacer los vehementes pedidos del hoy duque de ordenar un ataque general, con lo que se perdió la oportunidad de destruir la flota francesa en su totalidad. Lord Cochrane, que por su valiente acción había sido premiado con el título de caballero de la orden de Bath, no se privó de criticar a su jefe, obligándolo entonces a éste a pedir una corte marcial. Pero los miembros del tribunal, amigos de Gambier, lo declararon inocente entonces acusando de manera indirecta a

Cochrane por falsa denuncia. Como consecuencia, durante cuatro años el almirantazgo lo privó del comando de nave alguna.

MacKay hizo una pausa, que el senador aprovechó para ofrecerle un trago de su whiskera, que fue aceptado y le permitió refrescar el garguero, tras lo cual recomenzó su interrumpido relato después de secarse con un gran pañuelo de seda la boca y la ropa, pues había derramado parte del whisky tragado. Tras esto, MacKay reanudó su relato:

—En 1814, en tan difícil situación, Lord Cochrane fue involucrado junto con muchas otras personas en una conspiración contra la Bolsa de Valores de Londres consistente en hacer correr la falsa versión de un importante triunfo militar inglés y de la muerte de Napoleón. Todos los acusados fueron condenados, en el caso de Lord Cochrane, a una multa de mil libras esterlinas, doce meses de prisión y una hora de exposición en la *pillory* —y dirigiéndose a Marjorie le preguntó por la traducción francesa de la palabra. MacKay hablaba en francés para la mejor comprensión de Sarmiento, y, también, un poco, para demostrar su dominio sobre la lengua.

—Bueno, significa estar expuesto en posición ridícula a la mofa del pueblo —ella explicó—. Una pena por demás infamante.

—Picota en castellano, creo —conjeturó Sarmiento.

—Pero además, la sentencia le acarreó la expulsión de la Cámara de los Comunes, de la que era miembro, y la pérdida del título de caballero de Bath, honor que le había sido conferido por su conducta heroica en el mencionado combate naval de Basque Roads, según ya relaté, con la consiguiente ceremonia humillante. Pero Lord Cochrane, desde 1831 duque de Dundonald por muerte de su padre, encontró fuerte apoyo popular y la *pillory* fue omitida. Lord Cochrane siempre mantuvo su inocencia, pero al final de su prisión, vio claro que no podría retornar a la marina, pues su nombre había sido borrado del rol. De allí que cuando el gobierno de Chile le ofreció el comando de su flota, aceptó de inmediato, llegando a Valparaíso a fines de 1818. Para terminar esta historia, y tras sus grandes proezas en la guerra del Pacífico contra España, y contra Portugal mientras estaba al servicio del Imperio del Brasil, después de haber servido además al gobierno griego en la lucha de liberación contra la Sublime Puerta, los turcos —aclaró innecesariamente—, fue reivindicado al acceso al trono del rey Guillermo por el gabinete liberal. Su Majestad lo perdonó y fue readmitido en el Almirantazgo y hace poco, este mismo año, le fue restituido el honor de ser caballero de la Orden de Bath.

—*Happy ending* —comentó Marjorie sonriendo.

—Es indudable que Cochrane es un gran marino —dijo Sarmiento—. Su osadía permitió que las fuerzas de San Martín conquistaran la región costera del Perú y entraran en Lima, donde fue declarada la independencia peruana. Pero les tocó al general venezolano Simón Bolívar y a su lugarteniente colombiano José Antonio de Sucre la gloria de derrotar en forma definitiva a los españoles en Sudamérica. Se necesitó un gran esfuerzo cooperativo de seis o siete antiguas colonias para terminar con el poderío español en el continente. Pero me quedé con una duda, señor MacKay: la maniobra bursátil de Cochrane y otros, ¿resultó exitosa?

—Por cierto que no, puesto que fueron condenados, lo que perjudicó la carrera naval del almirante.

—Eso ya se sabe. Lo que interpreto que quiere saber el señor Sertrem es si la maniobra provocó la suba del precio de las acciones permitiendo a los implicados vender sus tenencias a alto precio —preguntó Edenwood.

—Que la conspiración haya tenido o no lo que ustedes llaman éxito no fue tema de la decisión del tribunal. El crimen por el que fueron condenados consistió en la divulgación de falsos rumores, sin tener en cuenta su resultado —explicó MacKay con cierto desprecio por el contenido materialista de las preguntas del sanjuanino y Edenwood, que provocó en éste un comentario casi inaudible que se podría traducir como "¡Andá!"

—Permítame una pregunta, señor Sermentree —dijo el senador, para quien también el nombre del argentino era impronunciable—: ¿Quienes peleaban en los ejércitos españoles eran todos de esa nacionalidad o también había nativos?

—Había españoles y nativos también. Mucho más de los últimos seguramente puesto que los españoles no eran tantos, pero los oficiales sí eran en su mayoría españoles, aunque los hubo criollos, también partidarios del rey —explicó Sarmiento.

—Me lo sospechaba. Lo mismo ocurrió en nuestra guerra de la independencia. Miles de americanos partidarios del rey no aceptaron la independencia y emigraron a Canadá, los *loyalists* como los llamamos. Muchos de los habitantes de Nueva York lo fueron y acompañaron al ejército inglés cuando se embarcó en 1783 evacuando la ciudad. La ley de 1784 que despojó del voto a los leales provocó la inhabilitación de dos tercios de los neoyorkinos. El caso de los balleneros de Nantucket fue por demás interesante. Durante la guerra pretendieron ser neutrales, lo que motivó su exilio terminada la guerra. Pero permítame, señor Sermentree, otra pregunta: ¿Por qué tantos nativos luchaban junto a los españoles en su país?

—¡Ah! En primer lugar, a los soldados no se les preguntaba su voluntad y eran enganchados a la fuerza. En cuanto a los oficiales, ellos formaban parte de los elementos más conservadores, influidos muchos de ellos por el clero, prorrealista en su mayoría, que veía en los patriotas a los enemigos de la religión, ateos, liberales, peligrosos para el orden establecido, ¿entiende? Los absolutistas siempre se encuentran, ¿vio?

—¿Tenían razón? —preguntó Marjorie.

—¡Mm! Una buena pregunta. Diría que en parte sí. Hubo excesos entre los patriotas, sobre todo al comienzo de la revolución. Los argentinos no nos destacamos por nuestra religiosidad ni por nuestra devoción, quizás una reacción natural contra las arbitrariedades de la Inquisición española, como ya comenté. Pero, fíjese, los elementos conservadores no fueron del todo derrotados, por desgracia, y hoy forman el núcleo del partido que gobierna mi país, que por su desconfianza hacia la libertad, además de su espíritu intolerante, recuerda al espíritu clerical y absolutista español cerrado a las ideas modernas y progresistas que impulsaron nuestra revolución. Los métodos de Rosas recuerdan los de la Inquisición española, cuando, como expresó Juan Luis Vives, un gran educador español, "es tan peligroso hablar como mantenerse callado" —dijo Sarmiento.

—El informe de mi compatriota William MacCann es por demás ilustrativo. Se refiere al carácter de los habitantes de las pampas argentinas que es tan liberal que tiene propensión a caer en la anarquía y dice que el gobernador de Buenos Aires, ¿Rosas se llama, no es cierto?

—Juan Manuel de Rosas —confirmó Sarmiento, quien pronunció el nombre completo del gobernador con visible disgusto.

—Gracias. Pues bien, MacCann justifica los excesos dictatoriales de Rosas en ese carácter anárquico de los argentinos y sostiene que la necesidad de imponer disciplina es indispensable para evitar el caos —dijo MacKay—. Tuve oportunidad de conversar con MacCann, un tipo muy interesante que me habló en extenso de su país. Él está escribiendo ahora un libro con el relato de su viaje a través de las provincias argentinas. Dos mil millas dice haber recorrido a caballo, bastante, ¿no? Deja a sus compatriotas, señor Sarment, muy bien parados en general, inclusive al gobernador Rosas y pese a estar en pleno enfrentamiento militar con el gobierno de Nuestra Majestad. Le llamó en especial la atención el exquisito trato que recibió de los argentinos de todas las clases sociales, pese a esas difíciles circunstancias, y su gran generosidad, pues no se le permitió pagar casi nada durante su extenso viaje. Aun las casas más pobres le brindaron alojamiento y comida sin exigirle nada a cambio y rechazaron sus ofrecimientos de compensarlos por las molestias que les ocasionaba. Algo en absoluto inédito en mi país.

—Los argentinos hacemos culto de la hospitalidad y la cortesía; lo que informó MacCann no me extraña en absoluto. Por otra parte, en el Río de la Plata los alimentos son muy abundantes y, por tanto, baratos, como ya dije. No faltan en ninguna mesa. Aunque en verdad, los alimentos son más fáciles de encontrar que las mesas, tan grande es el atraso de nuestra población. Esa abundancia es un problema para los capitanes de los barcos que arriban al Río de la Plata, pues muchos marineros, al descubrirla, desertan. Pero en cuanto a la justificación del autoritarismo de Rosas, vea, señor MacKay, conozco esa argumentación pero debo decirle que mi opinión difiere totalmente de la de MacCann quien es seguro que ha estado influenciado por los comerciantes ingleses deseosos de que muy pronto se acabara el bloqueo anglofrancés para poder seguir con sus negocios —dijo Sarmiento que, cuando se aprestaba a continuar fue interrumpido por el yanqui Edenwood quien también dirigiéndose al escocés y agitando su índice le dijo:

—¡Ahá! ¡De modo que también en el Río de la Plata está guerreando la pérfida Albión! Claro, para no perder la costumbre. En cuanto al gobierno de "Nuestra" Majestad —dijo Edenwood poniendo énfasis en "Nuestra"— será suya pero de ninguna manera es "Nuestra" —se mofó con la expresa aprobación de Marjorie manifestada a través de movimientos de su cabeza mientras el otro hablaba—. Esto quiero dejarlo bien en claro por cuanto el asunto de Oregon puede volver a enfrentarnos en cualquier momento.

—Debo informarle que felizmente su esperanza quedará frustrada por cuanto el gobierno del presidente Polk ha aceptado como línea demarcatoria en Oregon la del paralelo 49°, bastante más al sur que la antes pretendida por su gobierno del paralelo 54° 40'. Y mi gobierno la ha aceptado también, por lo que gracias a Dios no habrá guerra entre nuestras dos naciones —informó el escocés MacKay.

—¡No puede ser! —gritó indignado Edenwood—. ¿Cómo es

que usted lo puede afirmar tan categóricamente? En el *slogan Fifty four-forty or fight*(*) se basó la campaña de Polk por quien yo voté en el 44 y no puedo creer que haya sido abandonada sin razones muy fuertes.

—La razón es que ni mi gobierno ni el del presidente Polk estaban dispuestos a ir a la guerra por Oregon teniendo ambos gobiernos, al norte y al sur de esa línea inmensos territorios todavía desocupados. Y lo que digo lo sé, señor Edenwood, por cuanto integré la comisión negociadora británica. He ahí la razón de estar yo en vuestro país viajando con tan interesante compañía. A ustedes no les convenía de ningún modo verse en situación de estar guerreando en el norte con los británicos y en el sur con los mexicanos aliados, eventualmente, a los franceses.

—¿A los franceses? Desde que nos vendieron la Luisiana los franceses se han desentendido por completo de este continente —dijo Edenwood, cuya crecida barba mostraba que había omitido afeitarse desde el comienzo del viaje.

—No lo crea. No faltan quienes quieren hacer de Montevideo una colonia francesa —dijo MacKay.

—¡Son todas argucias inventadas por la astuta diplomacia de su país! ¿Quizá por usted mismo? —sugirió el yanqui Edenwood, muy poco amigo de los británicos por lo visto, y aún menos de MacKay.

—Sepa disculparme, caballero, por no poder responder a su injusta suposición. El secreto diplomático me impide entrar en mayores precisiones —dijo MacKay que con un sutil cambio en su voz adoptó la reserva propia de un diplomático.

—¡Secreto diplomático!... —dijo el yanqui con desprecio—. Si lo que usted dice es cierto, y espero que no lo sea, el presidente Polk los ha salvado de un segundo Yorktown —agregó el yanqui con gran aplomo quien, dicho esto, extrajo de su levita una licorera y, tras ofrecer a todos un trago, lo que ninguno aceptó, él ingirió uno inusitadamente largo. El olor denunció que se trataba de whisky.

—O a Washington de un segundo incendio —replicó entretanto el escocés con tono burlón.

El sanguíneo Edenwood no pudo soportar la burla e intentó incorporarse bruscamente con propósitos que no parecieron demasiado amables en relación con el escocés, pero no pudo ponerse de pie al chocar con fuerza su cabeza contra el techo del vehículo, golpe que lo devolvió bruscamente a su asiento de nuevo sin que su galera morigerara el golpe a juzgar por la expresión de dolor del frustrado agresor. La maniobra provocó hilaridad por parte de los demás, pronto reprimida. En ese momento, Molly Clarke, que estaba a su lado, emitió un chistido y se quejó por cuanto la agitada conversación no la dejaba dormir.

—Perdón, señora, pero es de día —observó Edenwood con notorio mal tono mientras se tocaba la cabeza para verificar si le salía sangre, lo que no ocurría.

—No es necesario que me lo diga; no soy ciega, señor —contestó la opulenta señora con disgusto. La discusión por el asunto de Jefferson la había indispuesto con Edenwood—. Lo que me ocurre es que con el vuelco de anoche, y el dolor por el golpe que sufrí, casi no pude dormir y me gustaría hacerlo ahora si usted y los otros señores me lo permiten. Y la señora quizá también —agregó mirándola a Marjorie, quien se apresuró a darle la razón y a proponer a los demás a seguir el consejo de la senadora. Pero olvidando su deseo de dormir, de improviso hizo la siguiente pregunta al pasaje: —¿Saben ustedes qué es lo mejor de Inglaterra?
—Sin esperar respuesta, se autorrespondió: —Ser el país del mundo más parecido a los Estados Unidos.

El inesperado comentario provocó risa, inclusive en MacKay, y la señora agregó:

—Lo dijo Ralph Waldo Emerson, quien acaba de regresar de Inglaterra.

Molly se arrebujó en su manta y cerró los ojos. Ello y la fuerte lluvia que comenzó a caer dieron fin a la conversación. Marjorie también se aprontó para dormir, Sarmiento la imitó. Pero antes miró por la ventanilla y vio que el inmenso bosque oscuro continuaba sin solución de continuidad. ¡Con razón los ingleses habían avanzado tan poco sus colonias desde la costa! El bosque era la mejor protección de los pieles rojas contra los británicos. Los españoles, desde Ecuador hacia el sur y hasta el Plata no habían tropezado con tan insuperable obstáculo, aún más formidable que las cordilleras y desierto andinos, o la inmensidad de la pampa argentina.

El pensamiento de Sarmiento lo llevó a recordar *El último de los mohicanos*, la novela de Fenimore Cooper que había leído con tanta fruición pero que sólo ahora, al conocer la difícil geografía de la región en donde habían ocurrido las hazañas de Uncas, Ojo de Halcón y Chingachguk, el padre de Uncas, podía interpretar en plenitud.

Sarmiento no podía conciliar el sueño como solía ocurrirle tras grandes esfuerzos mentales, redacción de artículos para *El Mercurio* u otros diarios para los que escribía, o de trabajar en sus recientes libros *Facundo* y *Recuerdos de provincia*, por ejemplo. El esfuerzo para sostener esa conversación casi toda en inglés lo había agotado. Además, estaba disgustado por no haber encontrado las palabras adecuadas para abundar en argumentos contra el régimen rosista. "¿Quién será ese hijo de puta de MacCann que defiende tanto a Rosas? Me gustaría discutir el tema con él en persona y no con este MacKay que repite lo que dice el otro como loro, tan parado en la loma que no sé quién se cree que es. —Así pensaba Sarmiento—. Y en cuanto a Marjorie, no negó ser partidaria de la esclavitud. Es que es obvio que debe ser dueña de esclavos si tiene una plantación en Luisiana. Debo preguntárselo apenas se despierte," siguió reflexionando mientras le echaba una mirada para cerciorarse de que dormía.

Recordó que en la larga conversación se había mencionado al general San Martín y ello lo hizo transportarse a ese día de agosto de… ya se le confundían los años, pero sí recordaba el costo del pasaje: un franco y trece *sous*. "El viaje arrancaba en la estación

París-Orleans, atrás del Jardin des Plantes, rumbo a Mainville. De la estación Mainville, el *fiacre* hasta Grand Bourg, no lejos de la margen del Sena, una legua de distancia donde está la importante casona del general. "¡Flor de caserón! —pensó Sarmiento al verlo—. No sé quién me dijo que el general vivía pobremente". Pocos minutos más y ya estaba yo frente al olvidado general San Martín, el primero y el más noble de los emigrados que han abandonado su patria, su porvenir, huyendo de la ovación que los pueblos americanos reservan para todos los que los sirven.

"Hay en el corazón de este hombre una llaga profunda que oculta a las miradas extrañas pero que no escapa a la de los que la escudriñan. ¡Tanta gloria y tanto olvido! ¡Tan grandes hechos y silencio tan profundo! Treinta años de espera por la justicia de aquella posteridad a quien apelaba en sus últimos momentos de vida pública. Los pequeños ojos, nublados ya por la vejez, el general tiene 75 años, se animan cuando describe la batalla, volviéndose luminosos y dominantes; su espalda encorvada por los años se endereza, la cabeza se echa para atrás, y sus movimientos rápidos, decisivos, semejan al del brioso corcel que sacude su ensortijada crin, tasca el freno y estropea la tierra. Entonces la reducida habitación se dilata convirtiéndose en país, nación; los españoles allá; el cuartel general aquí; tal ciudad acullá; tal hacienda, testigo de una escena, muestra sus galpones, sus caseríos y arboledas en derredor de nosotros."

Sarmiento rememoraba casi textualmente la larga carta que había escrito a Demetrio Peña, cuya copia había releído durante el cruce del Atlántico. El sanjuanino continuaba con su recordatorio:

"¡Ilusión! Un momento después, toda aquella fantasmagoría desaparece, reapareciendo el viejo general San Martín. Su inteligencia declina, de lo cual da prueba acabada su insólita defensa de Rosas, por proteger la patria de extranjeros. Todas sus ideas se confunden, los españoles, las potencias extranjeras, la patria antigua, la independencia y la restauración de la colonia por Rosas."

Es sólo a esa confusión de ideas efecto de la chochera que Sarmiento adjudica la defensa de Rosas. ¿A qué otra causa si no?

"Pero la recaída del general a esa confusión de ideas me impidió hacerle tantas preguntas —siguió pensando Sarmiento—, sobre la entrevista de Guayaquil, en primer lugar; sobre ese misterioso retorno en el Condesa de Chichester a la rada de Buenos Aires en 1829, cuando encontró a la ciudad en plena revolución decembrista, Lavalle ausente combatiendo contra Estanislao López en Santa Fe. San Martín no quiso bajar a tierra y optó por hacerlo en Montevideo. Antes, no había aceptado el gobierno que con generosidad le ofreció Lavalle. ¿Pero cuál habrá sido la real intención del Libertador para hacer la larga, costosa, penosa y, para peor, inútil travesía desde Europa? Y otra pregunta que quedaría en el tintero fue acerca del porqué de la pensión que con puntualidad recibía del banquero español Alejandro María de Aguado. ¿Seguiría instrucciones de la masonería escocesa que podría haber asignado una pensión al general en compensación por sus muy útiles servicios en procura de destruir el poder español en Sudamérica? Rumores de esta especie había escuchado en París. Sarmiento opinó que sería una retribución más que justificada."

Se volvió hacia su compañera de viaje. "¿Dormirá o se hará la dormida?" Sarmiento decidió corroborarlo y tras cerciorarse de que todos los demás tenían los ojos bien cerrados, su hija Cathie sobre todo, le rozó suavemente la mejilla con sus labios. Dormida o no, ella lo sintió pues emitió una brevísima sonrisa de placer que Sarmiento percibió. El levísimo contacto fue suficiente para excitarlo. Es que había podido percibir su aroma, inconfundible mezcla de perfume y suave olor a transpiración. Estuvo a punto de tocar los labios de ella con los suyos, pero temió ser visto y, además, no le pareció correcto aprovecharse de su inconsciencia. De haber sabido que no lo estaba y que justamente ella lo estaba esperando, otra habría sido su conducta, aunque lo estuvieran mirando todos los demás pasajeros. Pero Sarmiento se reclinó en el respaldo del asiento y decidió intentar dormir.

"¡Maricón! ¡No te atreviste a besarme, eh! No sé si me hubiera gustado, con ese bigote tan negro —pensaba Marjorie entretanto—. Pero de haberme gustado, ¿qué habría hecho yo? ¿abrazarlo y atraerlo sobre mí, delante de todos? Y aun asumiendo que en realidad duerman, ¿qué más habría ocurrido? No mucho más en vista de las circunstancias. Mirá si se despertaba Cathie y nos hubiera visto abrazados y besándonos, ¡me moriría de vergüenza!, ¡qué ejemplo para ella! Pero la verdad es que me hace falta un hombre. A ver... sí, hace dos años largos que me acosté por última vez con Jean-Pierre. Estaba borracho perdido. Bueno, como casi siempre. Y sin embargo no lo hizo mal. Era un buen amante sin duda y me hacía gozar. ¿Y este sudamericano con aspecto no de español, sino más bien de árabe... como lo confirmó el apellido de la madre? Pensar que estamos durmiendo juntos. ¡Lástima que no sea en una cama hecha y derecha en vez de este maldito carromato! Tendré que esperar a que nos encontremos en la cabina del barco. "Y se ruborizó tras este pensamiento. "¡Estoy hecha una perdida!", pensó mientras apoyaba su cabeza en el ancho hombro de Sarmiento."

El sanjuanino tuvo la audacia de pasar el brazo por encima del hombro de ella con lo que la cabeza de Marjorie se desplazó hacia su pecho. Mucho más confortable y tibio, lo que facilitó que ella por fin pudiera dormir, a diferencia de él enredado en toda suerte de pensamientos de alto voltaje erótico, por no decir directamente pornográficos donde se entremezclaron Benita Martínez Pastoriza de Castro y Calvo, madre de su hijo Dominguito, nacido poco antes del comienzo de su viaje; María de Jesús Canto, su tierna alumna de Pocuro que una tarde, paseando a la vera de un arroyo cordillerano y al término de la clase, había desflorado y embarazado dándole su hija Emilia Faustina; las bien dispuestas putas de los lupanares de París, Madrid, Roma, Venecia. Entre las voluptuosas escenas que evocaba e inventaba la febril imaginación sarmientina, se entremezclaban las espantables del pequeño monstruo que en mal momento se le había ocurrido ir a ver en aquella feria de Madrid (para peor, tres reales debió pagar para ello), con sus dos cabezas, tres piernas, tres brazos y ocho dedos en una mano. A esta altura ¡audacia suprema! se atrevió a tomar una mano de Marjorie cuyos dedos, por las dudas contó. La comprobación de que no eran más que cinco lo tranquilizó. Con pudicia encubrió su fechoría con la manta. De tal modo, y pensando otra vez en sus primeras aventuras en Pocuro, finalmente se durmió.

Nadie supo nunca cuánto tiempo había transcurrido cuando los fuertes golpes propinados en el techo del vehículo con el cabo del látigo por el cochero, sacaron de su sueño al pasaje. La lluvia seguía, y el vehículo estaba detenido.

—¡Me imagino lo peor! —gritó Edenwood al tiempo que bostezaba y se desperezaba. Marjorie se apercibió de que estaba virtualmente acostada sobre el sudamericano e, incluso, agarrada a su mano. A toda velocidad corrigió su situación sentándose en forma decorosa preguntándose, mientras bostezaba, si la habrían visto. También pedía de manera confusa perdón a Sarmiento, que medio dormido, no sabía el porqué.

—¡Estamos encajados y necesito voluntarios para empujar el coche! —gritaba entretanto el cochero, mientras seguía golpeando.

—¡Ya vamos, ya vamos! —respondía el yanqui Edenwood de mal talante.

—¡Yo también voy! —dijo Sarmiento con decisión y el escocés MacKay también se plegó. Sólo Clarke no se ofreció a ayudar. Su cojera lo explicaba.

Los tres voluntarios salieron bajo la lluvia y en medio del barro cubierto por una espesa capa de hojas. El otoño en ninguna parte es más marcado que en el este de los Estados Unidos, donde las hojas caídas al unísono, todo lo cubren. Los desgraciados viajeros pudieron ver que las ruedas traseras estaban en el aire pues las huellas eran tan profundas en ese sitio que el coche descansaba sobre el eje en medio del camino. El postillón se internó en el espeso bosque en busca de un palo lo bastante largo y fuerte para usarlo de polea para levantar el coche, hacerlo avanzar y depositar las ruedas traseras fuera del pantano. Los tres pasajeros lo siguieron y fue Edenwood quien descubrió el palo apropiado. Volvieron a lo que, incorrectamente, era llamado camino y se colocaron atrás del vehículo, deslizaron la polea abajo del eje trasero, la punta hacia adelante y, cuando el cochero les avisó, comenzaron a levantar la improvisada polea, lo que suponía levantar también la parte trasera del coche, con su carga humana y el pesado equipaje, un esfuerzo más que considerable. El barro les impedía hacer mucha fuerza pues se resbalaban y en una ocasión el escocés MacKay resbaló y fue a caer de bruces en el barro. Edenwood festejó ruidosamente el suceso no pudiendo disimular el placer que el accidente le causó. Aunque cubierto por el follaje, el barro manchó las ropas del escocés. "Bien merecido, por justificar a Rosas", pensó Sarmiento. "Bien merecido por haber impedido que se impusiera la línea *fifty four-forty*", murmuró Edenwood, que demostró ser el más forzudo y hábil de los tres. Estimulados los caballos por los gritos y latigazos del cochero, y las ruedas traseras levantadas por la polea el coche avanzó lo suficiente como para que las ruedas traseras se deslizaran fuera de la huella, cayeran en medio del barro y salpicaran más si cabe a los tres esforzados pasajeros. Incitados por los gritos y latigazos del cochero, los caballos reanudaron la penosa marcha y, a poco, retomaron un esforzado trote. El postillón les gritó que lo siguieran y que llevaran la polea pues podrían necesitarla de nuevo. Los tres pasajeros quedaron en medio del barro, el bosque y la lluvia. En una vuelta del camino el coche se perdió en la arboleda. Sortearon quién llevaría primero la polea tocándole en mala suerte a Sarmiento. Caminaron como pudieron entre las hojarasca, el barro y la lluvia, el sanjuanino cerrando la marcha arrastrando el pesado madero. Llegaron hasta el coche detenido un poco más adelante en terreno no más seco pero sí más firme.

—¡Sigan el coche caminando porque acá a la vuelta está el Licking Creek y quiero ver si está desbordado! —les gritó el cochero mientras incitaba a los caballos a reanudar la marcha.

Siguieron su marcha por el estrecho camino siempre flanqueado por el espeso y sombrío bosque donde se veían las abundantes colas de cantidad de nerviosas ardillas que subían y bajaban entre las ramas. "¿No nos atacará el malvado Zorro Sutil? —se preguntó Sarmiento aludiendo al indio malo de *El último mohicano*, a quien Fenimore Cooper omitió matar al final de su famoso libro—. Un final en verdad confuso. Cooper debía de estar apurado para entregar el libro porque la última escena no se entiende nada. Ni acerca de cómo murió Uncas, el último de los mohicanos, ni menos aun por qué mataron a Cora los hurones que querían castigar a Zorro Sutil. Y en cuanto a la suerte de este último, ni una palabra. Puesto que no se habla de su cadáver, fuerza es pensar que escapó y que podría andar por estos bosques, no muy distintos de los que rodean al lago Champlain donde suceden los acontecimientos relatados por Cooper, casi cien años atrás. Pero la muerte de Cora y de su enamorado Uncas ahorró a Cooper dar alguna solución al problema que surgiría de un eventual casamiento interracial entre uno y otra. "Aunque creo que Cora nunca se enteró del amor del indio Uncas por ella, quien por su parte tenía algunas gotas de sangre africana en sus venas", recordó Sarmiento.

Mientras caminaban, Sarmiento miraba con curiosidad hacia uno y otro lado, y trataba de descifrar qué podría haber en el umbroso bosque, ardillas aparte. No le habría sorprendido la aparición de algún piel roja. Edenwood, a quien le llamaron la atención sus miradas, al parecer adivinó el pensamiento del sanjuanino pues le dijo:

—Pierda cuidado que hace muchos años que no hay indios en esta región.

—¿Qué fue de ellos? —preguntó Sarmiento.

—Cedieron sus tierras, y se marcharon hacia Ohio.

—¿De buen grado? —preguntó Sarmiento de cuya galera, cada vez que cambiaba de posición, caía un chorro de agua.

—Bueno, con algunas presiones de parte nuestra —contestó Edenwood con tono irónico.

—¡Cruz diablo! —exclamó de pronto Sarmiento al tropezar con algunos huesos totalmente blanqueados por años de soles y heladas que esparcidos sobresalían entre la hojarasca. Eran sin duda humanos. Pero su espanto no tuvo límites cuando al levantar la vista vio un esqueleto colgando de una cadena oxidada agarrada a través de las ramas de un árbol. Al esqueleto le faltaban ambas piernas que se habían desprendido del tronco y cuyos huesos vio Sarmiento en el piso. La calavera estaba parcialmente cubierta de harapos.

Edenwood y el escocés, que escucharon el grito del argentino, también se detuvieron y miraron el macabro espectáculo. El primero, sin trazas de impacto emocional alguno, explicó que debía de ser el cuerpo de algún jefe indio o salteador de caminos ajusticiado decenas de años antes y colgado como forma de escarmiento.

—No va a pasar mucho tiempo en caerse todo el cuerpo porque esa cadena no da para más. No éramos por entonces tan civilizados como ahora y la Ley de Lynch se aplicaba sin restricciones en estas zonas que por entonces eran el Lejano Oeste —explicó.

—Por lo que sé esta forma de hacer justicia puede haber desaparecido de aquí, pero no de lo que es actualmente el Lejano Oeste —observó MacKay con disgusto.

Prosiguieron su camino y se comenzó a oír el rumor del arroyo que corría en su pedregoso cauce en medio del espeso bosque de pinos y arces. En la otra orilla esperaba la diligencia. A gritos, los tres hombres pidieron primero, exigieron luego, al cochero que los fuera a buscar a la orilla donde se encontraban. Pero el postillón se negó, aduciendo temer no poder volver a pasar el arroyo. Sobre todo Edenwood se dio el gusto de despacharse contra el cochero con toda clase de improperios que enriquecieron el menguado léxico de Sarmiento en la materia.

El arroyo llevaba mucha agua y los tres hombres debieron cruzarlo saltando de piedra en piedra, corriendo el peligro de resbalar en sus mojadas superficies y romperse la crisma. MacKay aprovechó para sacarse algo de barro de su ropa. Llegaron al coche en estado deplorable, mojados y embarrados, pero cuando iban a subir, Clarke, el senador, tuvo la osadía de pedirles que se limpiaran las botas para no embarrar el interior ni a sus pasajeros y, sobre todo, pasajeras. La operación no fue por cierto placentera pues volvieron al arroyo protestando bajo la lluvia para sacarse el barro de las botas y regresaron con extremo cuidado sobre la hojarasca para no ensuciarlas de nuevo. Y todo ello, lo más extraño, sin proferir la más mínima protesta, tal era el respeto por las damas en esos tiempos.

La diligencia cruzó luego unas colinas tras las cuales estaba la posta de Rainsburgh. Si bien al burgo no se lo veía, la lluvia sí hacia honor a la primera parte de su nombre.

Los tres hombres que habían empujado la diligencia aprovecharon para poner sus sacos y gabanes a secar ante el fuego de la chimenea, se proveyeron en el bar de aguardiente, que bebieron con fruición mezclado con café caliente y luego se sentaron a la mesa para restaurar sus fuerzas, en tanto las damas ya se habían sentado.

Cuando con caballos frescos se reanudó la marcha, Sarmiento, Edenwood y MacKay, retemplados por la comida, el café y la bebida, se quedaron pronto dormidos. Sus distintas nacionalidades no impidieron que tuvieran el mismo comportamiento. Durante la tarde cruzaron a buena velocidad el valle que es limitado por los montes Alleghenies adonde llegaron al atardecer, tras nueva escala en New Baltimore. Allí había más población y el terreno había sido desmontado para hacer agricultura y podían verse rastrojos de maíz. Tras cruzar la cadena principal de los Alleghenies, la diligencia cobró velocidad y, cambiados varios caballos en el ínterin, llegaron a la posta de Mount Pleasant, donde ocurrió un hecho absolutamente inusitado para Sarmiento. Las sombras de la noche ya caían sobre el edificio de piedra oscura y mayor que los similares, el estar cubierto de hiedra le daba un aspecto lúgubre.

Lidian Jackson Emerson
(1802 - 1892)

Ralph Waldo Emerson
(1802 - 1892)

Henry Thoreau

Capítulo 5

*Mount Pleasant.
Un mulato quiere viajar en el coche.
Aspasia. Quakers y Shakers.
Affaire à Trois:
Lidian, Emerson y Thoreau.*

En el comedor, el jefe de la posta se acercó a Sarmiento y mientras señalaba con disimulo a un individuo que estaba sentado en la habitación vecina, le murmuró:

—Señor, ese tipo quiere viajar a Pittsburgh con nosotros.

—¡Ah! ¿Entonces también vendrá usted? —le preguntó Sarmiento en chiste, sabiendo que no lo haría por ser el jefe de la posta. Se dio cuenta de que copiaba el humor de su ausente compañero de viaje Santiago Arcos. "¿Dónde mierda andará ese cachafaz?", no pudo dejar de preguntarse. "Si también lo agarró la lluvia, el muy cabrón se debe de haber ahogado viajando en el techo de la diligencia", pensó no sin cierta satisfacción.

—No, yo no viajo, señor. Me refería a esa persona, allá —respondió el de la posta que pareció no haber entendido la ironía, y volvió a señalar de manera vaga hacia un rincón donde por la pobre iluminación confusamente se veía sentada una masa oscura—. Quiere viajar a Pittsburgh en nuestra diligencia, con ustedes —

agregó demostrando que sí la había entendido.

—Dígame, ¿compró el pasaje?

—Estaba por pagarlo cuando le pedí que esperara.

Sarmiento volvió a mirar al hombre con más atención y percibió que era bastante morocho, algo nada particular en Cuyo o en Chile, pero sí quizás en Pennsylvania. Optó por hacerse el que no había notado nada anormal, y dijo al de la posta:

—Pues yo no tengo ningún inconveniente, si es eso lo que usted quiere saber. ¿Por qué podría tenerlo? —preguntó con ingenuidad.

El maestro de posta renunció a discutir con el extranjero de difícil pronunciación, extraño razonamiento y curiosa apariencia y se dirigió a Thomas Edenwood, a quien repitió la pregunta.

—Y por qué me lo pregunta? —repreguntó el yanqui con voz perfectamente audible, sin haber prestado más que un brevísima mirada al individuo en cuestión.

El maestre de posta cuchicheó algo en el oído de Edenwood, quien entonces exclamó sorprendido:

—¡Oh! ¡*A nigger*! y volvió a mirar al hombre con mayor detenimiento—. ¡Pues no lo parece!

—Negro no, mulato —aclaró el hombre de la posta.

—Yo no tengo ningún inconveniente —dijo MacKay, que estaba al lado de Edenwood y había oído todo.

Edenwood se volvió molesto hacia MacKay y lo reprendió:

—Podría haber esperado mi respuesta. Puesto que la pregunta fue dirigida a mí y no a usted.

—¿Y usted qué opina, señor? —el maestre urgió a Edenwood para evitar que se suscitara una discusión.

—Eh..., bueno, creo que deberíamos decidirlo entre todos los pasajeros, puesto que estamos en una democracia... —respondió con esa natural propensión de los norteamericanos de dar participación a todos los involucrados. Edenwood señaló con un gesto de cabeza un solitario saloncito que había en el fondo, sugiriendo así trasladarse allí para tratar el asunto.

Pronto los pasajeros estaban reunidos en la salita. A esta altura, Marjorie y también su hija Cathy ya estaban al tanto de lo que ocurría. La primera reaccionó diciéndole al maestro:

—Tome nota de que yo me opongo a que el negro viaje con nosotros.

—Perdón señora, pensé que con preguntarle a su marido —y señaló a Sarmiento— era suficiente.

—¡El señor no es mi marido! —aclaró Marjorie vivamente con muestras de cierto fastidio por haberse supuesto que podría estar casado con ese español de extraño aspecto, fastidio que no pasó inadvertido a Sarmiento, con el lógico disgusto. "El tipo éste no me pudo ver durmiendo en brazos del español... supongo", pensó Marjorie un tanto preocupada. "No, claro, puesto que no viajaba en el coche." Y la comprobación la alivió un tanto.

Entretanto, el senador Clarke discutía vivamente con Molly, su mujer. Ella argumentaba en favor del mulato y en contra de la negativa de su marido.

—Yo creía que estabas de acuerdo con aquello de que "todos los hombres son creados iguales", Jeremy Whitetaker Clarke —le dijo su discutidora esposa Molly, reprendiéndolo con acritud al recordarle la famosa e incumplida frase inserta en la declaración de la independencia de los Estados Unidos.

—Y lo estoy. Conocés muy bien mi posición en contra de la esclavitud en los nuevos territorios.

—Pero estás en favor de la discriminación en un coche —arguyó su mujer con sólido fundamento.

—Pero eso no me hace partidario de la peculiar institución. —¡Nada que ver! A ese individuo no pretendo esclavizarlo. Es simple: me molesta que viaje con nosotros. Eso es todo.

—Porque es negro y ha sido, o es aún, quizás, esclavo.

—Porque es negro y punto. Muy improbable que sea esclavo en un estado no esclavista como Pennsylvania. Lo demás no me concierne ni me interesa.

—No es negro. Lo veo muy bien. Es mulato claro, cuarterón

—dijo Molly. La palabra cuarterón le hizo recordar a la cuarterona Sally y la furia que le provocó la insinuación de que Jefferson pudiera haber mantenido relaciones sexuales con ella, lo que consideraba una difamación. De repente tuvo la idea que pensar que ello era difamatorio para el ex presidente era una forma de discriminación aún más acentuada que negarse a llevar con ellos al cuarterón. Pero sin razón alguna desechó el razonamiento y mantuvo su posición. Molly era una persona tesonera. —Es más —dijo—, estamos muy cerca del límite con Maryland, que sí es esclavista, y podría ser un esclavo fugitivo a quien deberíamos ayudar a escapar —añadió, alzando la voz.

—Me gustaría, por cierto que sí, pero no puedo involucrarme en ello por mi posición de senador, imaginate —dijo Clarke tras hacer gesto a su mujer de bajar el tono de voz—. La constitución ordena a todos los estados ayudar a capturar los presos y esclavos fugados de otros estados, como sabés.

—¡No me vengás con eso, Jeremy! En casa a menudo hemos escondido y ayudado a esclavos fugitivos de Kentucky a seguir viaje a Canadá.

—Pero no era entonces senador. Para peor, está en el congreso ese proyecto de ley del que ya hablamos por el que la tarea de capturar esclavos fugitivos en los estados no esclavistas estará a cargo de funcionarios federales, visto el escaso empeño que ponen los agentes estaduales en apresarlos. Es un asunto muy delicado.

El jefe de posta dio muestras de impaciencia.

—Okey —dijo ella dirigiéndose al jefe de posta—. Tome nota de que el señor está en contra y que yo estoy a favor —y entre dientes agregó: —puesto que soy cuáquera.

—Muy bien —anunció el jefe de postas— a favor de que viaje están los señores —y señaló al argentino y al escocés— y la señora —refiriéndose a Molly—. Tres en total. —¡Ah! y el señor también —agregó refiriéndose a Edenwood.

—Yo no he votado todavía, si no le importa —lo rectificó

Edenwood, enojado, y tras un segundo de duda, se pronunció: —Estoy en contra de que viaje —dijo con rapidez, avergonzado por su breve duda o, quizá, por su voto.

—¡Ah! Entonces tres están a favor y en contra están la señora —y señaló a Marjorie— y usted —y miró al senador—, y el señor —y señaló a Edenwood—. Son tres también.

Se oyó una vocecita de niña, Cathie como es obvio, quien se quejó por no haber sido consultada. "Yo también soy pasajera", dijo.

—No tiene más que nueve años —dijo la madre con sonrisa molesta y, dirigiéndose a su hija con voz condescendiente, agregó: —Yo voté por vos, Cathie *dear*.

Pero Cathie *dear*, rechazando el cariño de la madre, le dijo:

—Yo no estoy de acuerdo con tu voto. Al hombre hay que llevarlo. ¿Dónde si no está la caridad cristiana? Sobre todo con la lluvia que está cayendo. —Para mayor rabia de su madre, agregó, desafiante: —Estoy segura de que papá habría votado a favor. —Y dirigiéndose entonces al jefe de posta con voz decidida, le dijo: —Yo desempato en favor de llevar al *nigger*.

—No, no es un voto válido, querida —sostuvo el senador mirando con cariño a la chica.

—¿Por qué no? Es tan pasajera como nosotros y razona mejor que muchos mayores —dijo Sarmiento con intención, con el claro apoyo del escocés y Molly, pero con el obvio disgusto de Marjorie que hubiera querido matar a "Cathie *dear*" allí mismo. Y también a Sarmiento que se entrometía en las relaciones con su hija. "Lo tengo merecido por haberle dado demasiada confianza", pensó.

—Bueno, nos hemos metido en un enredo del que no vamos a salir así no más —dijo el senador—. Entonces, para facilitar la solución, propongo que apostemos a cara o ceca —y sacó del bolsillo de su chaleco una reluciente moneda de plata de un dólar. —Miró a los demás pasajeros cuyo silencio lo interpretó como asentimiento. Sarmiento estuvo a punto de decir algo pero la moneda ya estaba en el aire. Clarke la agarró en su caída y la depositó sobre la mesa, pero sin sacar la mano de encima.

—Cara no viaja, ceca sí —dijo el senador y sacó la mano de la moneda que resultó mostrar la cara, es decir, la efigie de "La libertad sentada".

—No viaja —falló Clarke devolviendo la moneda a su lugar en el chaleco.

El jefe de la posta ya se disponía a ir para informar de la decisión al mulato, cuando Sarmiento lo detuvo al decir:

—Un momento. Yo no acepté supeditar a la suerte el derecho de un ciudadano a viajar. Es volver al juicio de Dios, volver al medioevo. Además, con el voto de la niña ya habíamos decidido que el señor podría viajar.

—Vea, señor Sarment, en ninguna parte del mundo una niña de nueve años puede votar. Eso no me lo va a discutir ni usted ni nadie —lo contradijo Clarke de forma poco cortés.

Sarmiento se dio cuenta de que el argumento era irrebatible y decidió encarar la cuestión desde otro ángulo. —Tiene usted razón, senador, pero es también cierto que tampoco lo hacen las mujeres, por lo que el voto de la madre de la niña es asimismo inválido. —Marjorie, al oír esto, fulminó a Sarmiento con su mirada, pero éste, que hablaba con el encargado de la posta, no se enteró.

En tal caso también es inválido el voto de mi esposa —se apresuró a señalar Clarke—. De donde otra vez estaríamos empatados.

El sanjuanino había previsto estos cambios y, además, otro argumento no esgrimido por el senador: que los extranjeros no votan. Entonces de nuevo cambió su razonamiento, y dijo: —Me gustaría entonces que el jefe de posta nos mostrara el reglamento de donde surge la imposibilidad que el señor —y señaló al mulato— pueda viajar.

El escocés gruñó en señal de asentimiento. El sudamericano le caía cada vez mejor. Al informar el jefe de posta que no conocía tal reglamento, el senador Clarke le preguntó:

—Dígame, ¿y usted qué opina? Es en definitiva el representante de la compañía.

—Personalmente, no creo que debiera viajar. ¡Dónde estaríamos! Que viajaran negros molestaría a cantidad de pasajeros y perderíamos ventas.

—¿Y por qué no empezó por allí, hombre? —exclamó el senador quien agregó —Puesto que es el representante de la compañía y opina que el mulato no debe viajar, ésa debe ser la decisión. Y punto.

Sarmiento se encontró sin argumentos y no quiso tampoco seguir la discusión, en parte inhibido por su carácter de extranjero no demasiado popular entre tantos yanquis antibritánicos.

Así fue como el maestro de posta se dirigió para notificar la decisión al moreno, quien sin decir nada se retiró.

—¡Qué notable el resultado de la consulta! Sólo una yanqui votó en favor de la igualdad racial y pese a que en Pennsylvania hace años que se abolió la esclavitud. ¡Qué habría sido de ser todos sureños! Este odio racial provocará muchos males a este país tan admirable en todos los demás aspectos —comentó Sarmiento, con tono malhumorado.

—Sí, lo admito cándidamente. Pero pasarán muchos pero muchos años, y generaciones enteras, me animo a vaticinar, para que ese sentimiento, irracional, lo reconozco, se borre. Aunque muchos de nosotros, que participamos de él, no llegamos a compartir la idea de que esos individuos sean cosas que se pueden comprar y vender y no personas. Es la única diferencia entre abolicionistas y esclavistas —explicó el senador—. Y a este respecto no se crea que los habitantes de los estados del norte, no esclavistas, miran a los negros de mucho mejor manera. Mientras sus legislaturas discutían las leyes de abolición de la esclavitud, los dueños de esclavos se apresuraban a venderlos en los estados esclavistas, se lo digo con toda franqueza. Pero por el otro lado, nada impediría en Pennsylvania a los negros formar su propia compañía de diligencias para que los pudiera transportar.

"Iguales pero separados". Es la solución que mejor se adapta simultáneamente a aquello de que "todos los hombres nacen iguales" proclamado en la declaración de la independencia y a nuestro prejuicio antiafricano.

Clarke se detuvo tras la parrafada, sacó un pliego de papeles del gran bolsillo de su levita y dijo:

—Por casualidad tengo aquí conmigo un fallo de nuestra Corte Suprema sobre este asunto y si me permiten les leeré algunos párrafos para que puedan apreciar mejor las ideas de nuestros más altos jueces sobre este tema. —Clarke se colocó unos pequeños anteojos de metal dorado sobre su fuerte nariz y leyó: —"Los negros son tenidos como seres de orden inferior y por lo tanto incapaces para asociarse a la raza blanca, en relaciones sociales o políticas. Y tan inferiores son que carecen de derechos que el hombre blanco deba respetar. El negro puede justa y legalmente ser reducido a esclavitud para su propio beneficio. Él es comprado y vendido y tratado como una mercadería cualquiera cuando se pueda obtener un beneficio".

—Me parece un horror, qué quiere usted que le diga, senador ¡Qué diferencia con Inglaterra donde, en 1772, el presidente de la Corte del Rey, sentenció que cualquier esclavo que pisara el reino, quedaba libre! —dijo MacKay, quien demostró envidiable memoria y recitó una poesía tras decir: —A propósito, me recuerda la poesía de mi compatriota Thomas Moore que dice así:

> *The patriot, fresh from Freedom's councils come, Now pleased retires to lash his slaves at home, Or woo, perhaps, some black Aspasia's charms, And dream of freedom in his bondmaid's arms.*(*)

—¿Quién es Aspasia? —preguntó Edenwood con esa falta de pudor ante su ignorancia tan típica de los norteamericanos.

—No sé exactamente —dijo el escocés con igual ingenuidad.

—Les diré —anunció Sarmiento: —Aspasia, una hetaira griega, fue la amante de Pericles, el gran estadista ateniense. Nacida en la jónica Mileto, en Asia Menor, se trasladó a Atenas para establecer una escuela de retórica.

—¡Uau! —dijo con admiración Molly Clarke.

—Es que Aspasia era brillante y con una educación superior. Se dice que su intelecto impresionó a Sócrates, y que sus atractivos físicos resultaron irresistibles para Pericles, que perdidamente enamorado, abandonó a su mujer y sus dos hijos y se fue a vivir ostensiblemente con ella, quien le dio un hijo varón. Pericles lo llamó como él, pero no lo pudo legitimar ni hacer ciudadano ateniense en virtud de una ley dictada con anterioridad por él mismo, por la que para ser ateniense era necesario que ambos padres fueran ciudadanos. La ley fue modificada, pero Pericles hijo sólo pudo ser legitimado una vez muertos ambos hijos legítimos de Pericles. Y no me pregunten cómo murieron tan jóvenes porque no lo sé —aclaró Sarmiento en una inusual en él declaración de ignorancia—. Se dijo que Aspasia, tanta influencia tenía sobre su amante, era quien en realidad gobernaba Atenas. Los enemigos de Pericles apuntaron entonces sus dardos envenenados sobre Aspasia. Fue acusada de impiedad y de mantener jóvenes mujeres esclavas para ser alquiladas como cortesanas. Pericles se ocupó de defender en persona a Aspasia y fuera porque era en verdad inocente o por las dotes retóricas de Pericles, fue absuelta.

—Una mujer notable por lo visto. Una antecesora de las damas que ahora luchan por los derechos civiles de la mujer —dijo Molly—. Les voy a contar la historia de modo que la tengan en cuenta como tal.

—Así es, su extraordinario talento y erudición atrajo a su casa a los hombres más ilustrados de Atenas —comentó Sarmiento.

—Pero su moral no era de las más elevadas, en apariencia —dijo MacKay.

—Eran tiempos precristianos y por lo tanto no existía tal cosa como la moral —dijo Edenwood.

—Me permito refutarlo, amigo —le dijo de buen modo Sarmiento—. Los filósofos griegos ya se habían ocupado de la moral, como Sócrates, y aun los presocráticos, Platón, Aristóteles, los sofistas, etcétera. Y puede decirse que la moral cristiana nació antes que Cristo con esos y otros filósofos, tanto griegos como romanos. El Viejo Testamento tiene también consideraciones morales, como ustedes sabrán mejor que yo —argumento que pareció irrebatible, aun para el mismo Edenwood—. Cualquier conducta que involucre a dos o más personas, necesariamente evoca un juicio de valor —dijo Sarmiento adelantándose a Carlos Cossio.

—El señor tiene razón. Dos franceses que estudiaron a Platón lo consideraron como un protocristiano cuyos escritos, si bien no constituían precisamente la revelación, enseñan todas las doctrinas cristianas importantes —corroboró Molly Clarke.

—¡Ah, ahora entiendo! Lo de la Aspasia negra va por Sally, la amante de Thomas Jefferson —comentó Edenwood.

—¡Ah no! —¡No vamos a volver sobre ese tema! Creía que ya habíamos doblado la página, señor Edenwood —protestó Molly Clarke en un tono que quitó las ganas a Edenwood de insistir sobre él.

—Sepan disculparme pero no puedo dejar de pensar en ¡qué fatal error el de Washington al dejar a los plantadores del sur sus esclavos! —dijo Sarmiento.

—¡Qué quiere usted, si él era uno de ellos! —lo interrumpió Edenwood. Al menos, en su testamento, además de prohibir terminantemente la venta de esclavos, dispuso su libertad cuando muriera su esposa, pero ella la anticipó. Hasta 1833 la propiedad de Mount Vernon se hizo cargo de los esclavos viejos y enfermos hasta su muerte.

Sarmiento, entretanto, seguía diciendo, o mejor dicho, casi recitando lo que estaba escribiendo sobre los Estados Unidos a su amigo Valentín Alsina:

—Entonces era más reducido su número y por lo tanto más

económico y fácil eliminar la esclavatura—. ¡Y qué incongruencia que sean los Estados Unidos, que en la práctica han realizado los mayores progresos en materia de igualdad y de caridad, quienes están condenados a dar las postreras batallas contra la injusticia antigua de hombre a hombre, vencida ya en todo el resto de la tierra! La esclavatura es una vegetación parásita que la colonización inglesa ha dejado pegada al tronco de las libertades americanas. No se atrevieron a arrancarla de raíz cuando podaron el árbol dejando al tiempo que la matase, pero la parásita ha crecido y amenaza desgajar el árbol entero. Yo les pregunto, ¿adónde irá a parar todo esto?

Se hizo un silencio. "¿Ninguno de nosotros, americanos, va a contestarle a este charlatán de feria?", pensó Marjorie que, sin querer reconocerlo estaba un tanto impresionada pero disgustada a la vez con la perorata de Sarmiento. Se decidió entonces a hacerlo ella, y dijo:

—Se podría decir que yo soy sureña, pues me casé allí con un sureño y viví cerca de Nueva Orleans los últimos diez años —explicó—. Es fácil perorar sobre la esclavitud y la injusticia que supone sin conocer el problema a fondo. El problema de la esclavitud es en última instancia económico: contar con mano de obra barata. Un esclavo rinde la mitad que un trabajador libre y, además, hay que vestirlo y alimentarlo, a él y sus hijos y aun cuando viejo no puede trabajar más. Al trabajador libre sólo se lo emplea cuando se lo necesita. Si el margen que todavía queda a favor de los esclavos se reduce por utilizar más maquinaria a vapor, por ejemplo, llegará el momento que nuestra peculiar institución no ofrecerá ninguna ventaja económica y entonces desaparecerá sola, sin que nos demos cuenta.

—Pero si esa fuera la tendencia, deberían bajar los precios de los esclavos, cosa que entiendo no está a la vista —dijo Edenwood—. Al contrario, debido a su alto precio son cada vez más los casos de negros libres secuestrados en Pennsylvania y Ohio vendidos en el sur como esclavos, algo realmente escandaloso.

—Los nuevos estados esclavistas del oeste, demandan mucha mano de obra esclava. Por eso es que sus precios suben —explicó el senador.

—Pero aun con la libertad de los esclavos, el problema estará lejos de solucionarse, ¿pues dónde irán cuatro millones de libertos, despreciados en todas partes por los blancos, aun los abolicionistas del norte, como hemos podido ver hace un rato? El fin de la esclavitud producirá una convulsión social y a la larga veo inevitable una guerra de razas —dijo MacKay.

—El señor MacKay se ha anticipado a lo que yo iba a decir —dijo Sarmiento.

—No se puede descartar tal posibilidad. Ya ha ocurrido en Haití. Por ello es que es necesario que abolicionistas y esclavistas se muevan con extrema prudencia —dijo el senador Clarke.

—Es un tema muy difícil, admito, pero no son los británicos quienes nos puedan dicar cátedra —dijo Edenwood mirando fijamente a Alexandre MacKay—. Véase si no lo que está ocurriendo en Irlanda donde cientos de miles de personas son libres únicamente para ser expulsadas de sus tierras muertas de hambre ante la inacción del gobierno. He visto a esa pobre gente huyendo de la hambruna llegar a Nueva York en barcos peores que los que traían esclavos de África. Seguramente que envidiarían la condición de los esclavos peor tratados del sur.

—Vea, señor Edenwood. Es cierto lo del hambre en Irlanda pero ello ha sido consecuencia de un caso fortuito: una plaga que ha atacado a los sembradíos de papas, único sustento de la gran mayoría de los irlandeses, como quizás usted sepa. Y además, también es el resultado de que la población de Irlanda creció aceleradamente en los últimos decenios, alcanzando hoy a los ocho millones de personas. Ello por seguir los consejos de sus sacerdotes católicos en materia de casamiento. Las irlandesas se casan tan jóvenes que procrean como conejas. Cuando ya el año pasado fracasó la cosecha, que volvió a fracasar éste, el gobierno británico lejos de mantenerse inactivo, invirtió millones en construir caminos para dar trabajo y pagar salarios y, además, distribuyó gratuitamente raciones a tres millones de personas —explicó MacKay.

—Pero ello ha sido inútil, bien lo sabe. Los irlandeses siguen muriendo como moscas. Y la culpa es de los terratenientes ingleses y escoceses que se apoderaron del país y no han dado la menor educación a la gente, ni siquiera para enseñarle a sembrar algo que no sean papas. Si lo hubieran sabido, tras el fracaso de la cosecha del año pasado, podrían haber sembrado trigo o cebada, pero por la falta de conocimientos, semilla e implementos insistieron con la papa, por ser el único cultivo que conocen, para tener un segundo fracaso.

—Es lamentable, no puedo negarlo, pero la causa del hambre, repito, es la plaga que atacó dos temporadas seguidas los plantíos, algo sin precedentes. Siendo el cultivo más productivo, la papa monopolizó a los campesinos irlandeses —dijo el escocés.

Súbitamente, Sarmiento, más indiferente que el propio gobierno británico con la buena o mala suerte de los irlandeses a quienes había alcanzado a ver en Nueva York, lanzó la pregunta que había estado madurando largamente:

—Disculpe mi indiscreción, señora, ¿le puedo preguntar si es usted propietaria de esclavos?

—Sí, lo soy. Los heredé de mi difunto marido junto con la plantación. Una cosa va con la otra en el sur —respondió Marjorie con tranquilidad aunque la pregunta le había molestado—. Además, él compraba y vendía esclavos —agregó con voz compungida.

Se hizo un silencio pesado, indicativo del rechazo unánime hacia los tratantes de africanos.

La diligencia ya estaba por partir y salieron a abordarla. Sarmiento vio al mulato caminando bajo la lluvia. "¿Hacia dónde? ¿Cómo viajará?" se preguntó y estuvo a punto de correr para cederle el asiento, pero se dio cuenta de que ello sería inconducente, además de casi ridículo. En el fondo, y aunque no quisiera admitirlo, él asimismo participaba, aunque en menor medida, del sentimiento racial de sus compañeros de viaje. La diligencia apareció y se estacionó en la entrada, tirada por nerviosos caballos frescos con el pelo lustroso por la lluvia. "Quizás el mismo moreno considere la decisión lógica. Y uno preocupándose tanto por él. ¡Qué terrible! Pero si no ahora, ya se rebelarán contra la dictadura blanca tarde o temprano", se dijo. Subió tras Marjorie para con quien no tuvo ninguna amabilidad. Se sentó al lado de ella pero guardando la mayor distancia posible. Sus sentimientos hacia la esposa del traficante de esclavos se habían enfriado totalmente y trató de que ello no le fuera inadvertido a ella.

Marjorie no dejó de darse cuenta lo que pasaba por la mente del sanjuanino. "¡Pero qué se habrá pensado este mequetrefe apoyando la pretensión del negro de viajar con nosotros! ¡Peor aún, aliándose con Cathie en la votación! A esta mocosa le voy a tener que cortar las alas. ¡Atreverse a contradecir a su madre y acusarla públicamente de falta de caridad cristiana! ¡Dónde se habrá visto!"

Esta vez Cathie, en cambio, miró con cierta simpatía a Sarmiento. "El tipo éste estuvo bien en defender al *nigger*. Aunque yo en realidad contradije a mamá no por el mulato, sino por rabia. Eso de haberse dormido casi encima de él. ¡Es una desvergonzada!" Y pensó en su pobre padre, quien tanto la regaloneaba. "¿Qué será de mí sin él?", se lamentó, y sus ojos se nublaron por las lágrimas.

A poco de salir de la posta un ruido sospechoso decidió al postillón a detener a los caballos; bajó y examinó con la luz de una lámpara la parte de abajo del carruaje. Luego, le hizo pegar media vuelta y volvió al tranco al punto de partida donde se volvió a examinar el vehículo. El postillón anunció a los sorprendidos pasajeros que el eje de las ruedas delanteras estaba rajado y que quizá deberían cambiarlo. Frustrados, los pasajeros entraron de nuevo en la casa de la posta. Cuando entraban, Molly Clarke se acercó a Sarmiento, y le dijo:

—En realidad me afectó profundamente lo que usted dijo acerca del resultado de la votación, que sólo dos extranjeros y yo votamos a favor de permitir al negro viajar con nosotros. Es terrible, pero es así. El problema es tan serio que mi marido teme que se rompa la unión entre los estados y por eso es que dice que es necesario actuar con gran prudencia poniendo ante todo el mantenimiento de la unión.

—Ahá. Ya veo y debo decirle que su marido tiene razón. Una guerra de razas podría sobrevenir. Así lo presiento —contestó Sarmiento.

—O una guerra entre blancos esclavistas y blancos abolicionistas, ¿porqué no? —dijo Molly, que se sentó en un sillón del salón e invitó a Sarmiento a hacer lo mismo a su lado.

Así lo hizo, y se acercó a Molly, a quien preguntó:

—Dígame, señora, ¿qué posición tienen las iglesias frente a la esclavatura?

—Todas están en contra, pero en el norte. En cambio en el sur la admiten con rebuscados argumentos extraídos de la Biblia. No es el caso de los cuáqueros que la critican tanto en el norte como en el sur, motivo que los hace sumamente impopulares en los estados sureños, y hace pensar a la congregación que tendrá que retirarse —dijo—. Yo soy cuáquera, como muchos en este estado, comenzando por William Penn, su fundador.

—Disculpe mi ignorancia, pero cuénteme acerca de los cuáqueros —pidió Sarmiento tras ofrecerse a traerle alguna bebida del bar, a lo que ella se negó por ser, según explicó, miembro de la sociedad Sons of Temperance.

—Dirá usted que es *daughter* —le dijo Sarmiento que se permitió un chiste revelador de sus progresos en la lengua de Shakespeare, mientras se encaminó hacia el bar, de donde volvió al instante con un vaso de whisky en la mano.

—Bien, los cuáqueros somos una congregación religiosa. Los amigos, su verdadero nombre es Sociedad de Amigos, creemos en la relación directa con Dios, sin intermediación de sacerdotes ni prácticas rituales, lo que provocó que fuéramos perseguidos tanto por católicos como por los protestantes en el siglo XVII. La idea es volver a la Iglesia primitiva, al igual que tantos otros grupos protestantes. Nos rehusamos a participar en guerras, consideramos que basta la palabra sin necesidad de juramentos y, hablando de esclavitud, la rechazamos fervientemente y nuestros miembros no pueden ser dueños de esclavos. Los cuáqueros fuimos la primera iglesia cristiana que se manifestó en contra de la esclavitud y del tráfico de negros. En 1780 forzamos a la legislatura de Pennsylvania a declararla ilegal en el estado. Tratamos bien a los indios y William Penn tuvo relaciones pacíficas con ellos. Los cuáqueros ponemos gran atención en la educación, y se lo digo porque conozco su preocupación al respecto —explicó la bien intencionada Molly.

—Dígame, ¿por qué tiemblan? Porque *to quake* quiere decir temblar, ¿no es así?

—Sí, es así. En nuestras reuniones esperamos el llamado del Espíritu Santo, es decir, que nos otorgue vocación cristiana, o, como decimos, la *Inner Light* la luz interior. Ello generaba enorme tensión y ansiedad en los primeros tiempos sobre todo, por lo que las mujeres sensibles solían caer en trance y temblar. Ahora ocurre más raramente.

—Los cantos y bailes deben contribuir —él sugirió.

—No, no, señor, los cuáqueros tenemos prohibido el canto y el baile. Lo del temblor es una experiencia difícil de explicar. Nuestras reuniones son muy hermosas. Debería asistir a alguna de nuestras reuniones, señor Sarmentree.

—Sí, por supuesto que me gustaría tener la oportunidad. Tal vez usted...

—Sí, si se queda unos días en Pittsburgh podría llevarlo. Tendría mucho gusto —dijo Molly con entusiasmo.

—Vea, espero fervientemente encontrar en Pittsburgh a mi amigo, pero en tal caso, por desgracia nos embarcaremos el mismo día rumbo a Cincinnati, por lo que no podrá ser.

—¡Qué pena! Nosotros seguiremos allí dentro de unos días más.

—Permítame, madame, una pregunta más. ¿Y los shakers? Ellos también tiemblan, ¿no es cierto?

—¡Ah sí, los shakers! Mire, a fines del siglo pasado se despertó una gran ola de entusiasmo religioso, llamada *The Second Great Awakening*, es decir, el segundo gran despertar, de la que participaron cantidad de viejas y nuevas sectas. Un grupo emparentado con hugonotes franceses expulsados de Francia a Inglaterra rebrotó con este despertar. Una mística inglesa, Ann Lee Stanley, hija de un herrero, trajo a un grupo de seguidores en 1774 a Nueva York. Ella se consideraba la equivalente femenina de Jesucristo y que Dios se había manifestado sobre la Tierra a través de ella. Su iglesia se llamó la Sociedad de los Creyentes en la Segunda Aparición de Cristo, nombre poco exacto puesto que en vez de Cristo la aparecida fue Ann Lee, que pasó a llamarse Mother Ann. Era, según decía ella, y lo creían sus seguidores, la equivalente femenina de Jesucristo.

—¡Qué disparate! Bueno, una defensora prematura de la igualdad de las mujeres en la que yo creo fervientemente. Mother Ann precedió a quienes nombró usted anteriormente. Mother Ann no se quedó en medias tintas en el asunto, llevando la igualdad entre los sexos a la cúspide del cristianismo. Me pregunto si simétricamente el sistema religioso de Mother Ann previó un equivalente masculino de la Virgen.

—No, puesto que Mother Ann y los shakers rechazan la virginidad de María, la resurrección de Cristo, y otros dogmas. Pero, en cuanto a la simetría, le digo que no la precisa puesto que el Señor es asexuado.

—¿El Señor asexuado? —preguntó Sarmiento atónito—. Perdóneme que se lo discuta, señora. Jesús era hombre, bien hombre y tanto que fue circunciso.

—Eso como hombre, sí, pero como Dios no tiene sexo —

replicó Molly, lo que no provocó comentario alguno del sudamericano, quien nunca había pensado en el asunto—. Por otra parte, los shakers rechazan el matrimonio y enseñan el celibato y la abstinencia sexual. Sus miembros viven en comunidades donde comparten todos los bienes. Un sistema absolutamente comunista.

—Pero si practican el celibato y la abstinencia sexual están condenados a desaparecer —sugirió Sarmiento.

—De ningún modo. Aumentan su número con nuevos adherentes. Hoy son 50.000 y sus bienes ascienden a cinco millones de dólares. Sus comunidades se han extendido desde Nueva York a varios estados como Ohio, Kentucky e Indiana.

—Está bien, pero si todos los terráqueos nos convirtiéramos al motherannismo, llamémoslo así, que Dios no lo quiera en mi caso —propuso Sarmiento—, la supervivencia de la raza humana peligraría. Deberá concordar conmigo, señora.

—Me parece un supuesto descartable.

—¡Ah! Pero, ¿y el temblor? —preguntó Sarmiento curioso.

—¡Ah, el temblor! Pues el temblor, como entre los cuáqueros, sobreviene de la excitación que sucede en sus ceremonias. Los shakers hacen sobre sí mismos ciertos ejercicios que propenden a esos temblores.

Sarmiento estuvo a punto de preguntarle a Molly Clarke sobre si ella también "cuaqueaba", pero le pareció algo demasiado íntimo optando en cambio por comentar:

—¡Qué fenómenos religiosos tan interesantes! Casi increíbles en una época que en general la razón desaloja a la religión. O así lo pensaba yo, sobre todo en un país que algunos consideran tan materialista como los Estados Unidos, y tan dedicado a los negocios. Poco inclinados a la religión ni a la metafísica como efecto, también lo creía yo. Y, en cambio, descubro que flota en el aire una gran preocupación por los temas morales y religiosos. Y lo que no tiene precedentes en la historia del mundo, según entiendo —siguió diciendo—, es que todo este gran movimiento religioso se desarrolla sin intervención alguna del gobierno y en un ambiente de gran tolerancia entre las distintas iglesias y sectas.

—Sí, ahora hay tolerancia, pero no fue así en el pasado. Hay rivalidad y competencia, pero gran tolerancia y los miembros y ministros de las distintas iglesias discuten civilizadamente. También influye en cuanto al respeto y tolerancia mutuas que existe entre las distintas iglesias protestantes que en muchas de ellas los caracteres distintivos no son de origen dogmático, sino meramente de organización, lo que les quita virulencia. Verá usted, señor, yo creo que esa competencia y el afán proselitista explica en parte el celo religioso de nuestro país —dijo la senadora.

—A propósito, señora Clarke, se ha mencionado varias veces a un personaje llamado Emerson. Debo reconocer que no sé nada de él. ¿Me podría informar acerca de él?

—¡Ah, claro, se lo mencioné cuando le dije que había estado en Inglaterra al mismo tiempo que usted. Aunque él estuvo casi un año y ha regresado hace pocos meses. Pues bien Ralph Waldo Emerson es un pensador, un teólogo, digamos, y filósofo, gran predicador, que forma parte del grupo de Concord, en Massachusetts no lejos de Boston. Forma parte del grupo, formado por intelectuales y con el que yo estoy en contacto desde hace tiempo. En cuanto a Henry Thoreau, que como Emerson, de quien es, o era, gran amigo, gusta mezclar la naturaleza con la religión.

—¿Ya no es más amigo? —preguntó, curioso, el argentino.

—Este..., sí. Ocurre que tan amigos eran Thoreau y Emerson que cuando éste viajó a Inglaterra, Thoreau tomó su lugar en la casa. Además, no era un secreto que Thoreau tenía gran aprecio por Lidian, a quien le envíaba cartas tan ardientes...

—¿Quién era Lidian? —interrumpió Sarmiento.

—Lydia Jackson, la segunda mujer de Emerson, a quien apodó Lidian.

—¿Y Thoreau envíaba cartas encendidas a la mujer de su amigo Emerson, ¿entendí bien?

—Sí, pero debe tener presente que todos eran intelectuales que admitían lo que para nosotros quizá fueran desvíos de conducta en un matrimonio bien avenido y juicioso. Como el nuestro, ¿cierto *dear*? —dijo Molly al dirigirse a su marido, el senador, que se les había acercado.

Mm, mm —murmuró el senador en señal de conformidad. Agregó enseguida en tono de broma: —Claro que por lo visto no has leído bien las cartas que están en mi gaveta, porque habrías leído más de una de admiradoras mías —se pavoneó bromeando.

—¡Admiradoras! ¡Admiradoras de los puestos en el Senado que vos les has prometido! —se mofó ella.

—Y bueno, son compromisos políticos. Las elecciones no se ganan así como así, no se ganan —se justificó el senador.

—Pero siguiendo con la historia, es cierto que algunos amigos de Concord creen que Thoreau estaba enamorado de ella.

—¿Y cómo se llevaba el matrimonio Emerson? —preguntó Sarmiento, muy interesado en la historia.

—Bueno, la imagen de Ellen Tucker, la primera esposa de Emerson, flotaba en el ambiente. Emerson nunca se conformó con su temprana muerte, apenas año y medio después de casarse —y bajando el tono de voz Molly dijo: —Murió de tuberculosis, a los diecinueve años, pobre. Para Emerson, Ellen fue su gran amor, y nunca se sobrepuso a su muerte, lo que lógicamente perturbaba a su segunda esposa. Sea como fuere, al volver Emerson y reocupar su lugar en su casa, los amigos se distanciaron. Hubo, además, el problema de un libro de Thoreau, muy elogiado por Emerson a quien se lo dio a leer antes de su publicación. El libro tuvo escaso éxito y, para peor, fue objeto tardíamente del severo juicio crítico de Emerson. La volátil opinión de Emerson provocó gran enojo en Thoreau.

—Bastante justificado por cierto —dijo Sarmiento—. Pero quiero aclarar una cosas, cuando usted dice que durante la ausencia de Emerson, Thoreau tomó su lugar en la casa, se refiere a una sustitución total, incluso respecto de Lidian... —sugirió Sarmiento.

—¡No! No lo creo posible de ningún modo. No quise decir eso.

—Bueno, pero si Thoreau estaba enamorado de Lidian... casi un año viviendo junto a su amada... quien supongo que le correspondía en alguna medida... ella sintiéndose siempre preferida por el recuerdo de la primera mujer de Emerson... Creo que el clima estaba dado para una sustitución total, qué quiere que le diga, señora. Y no creo desatinada mi suposición; discúlpeme si ella le molesta —dijo Sarmiento.

—No debe creer usted en eso. Se trata de gente honorable y religiosa, de amigos muy íntimos que trabajaban en estrecho contacto. De ningún modo podrían ensuciarse en el barro del adulterio —dijo Molly, quien añadió con voz casi inaudible: —Aunque verá usted, señor, no falta gente que piense como usted. Pero yo no lo creo posible de ningún modo.

—Entiendo sus razones, señora, pero también debe tener en cuenta los demonios nocturnos, la fuerza del instinto de reproducción... ¿Qué edad tienen los personajes? —preguntó Sarmiento.

—Thoreau 31 años, Lidian, 47.

—Él en la cumbre de su fuerza física (Sarmiento tenía poco más, 37) y ella en el angustiante momento en que la mujer se percata de que está perdiendo la juventud y la belleza.

—Lidian no está perdiendo en absoluto la juventud ni la belleza, que la mantiene en toda su lozanía. Tiene una criatura de sólo tres años, fíjese usted.

Mientras Molly decía esto, Sarmiento se preguntaba acerca de la edad de su interlocutora, quizá poco más que Lidian. "Lo que dije acerca de la pérdida de la juventud la debe de haber afectado."

—Bueno, si sigue joven y lozana, va más a mi favor —dijo Sarmiento, quien tras una pausa y mirando hacia adelante, como si estuviera viendo lo que relataba, añadió: —Yo me imagino una noche a Thoreau rascando la puerta de Lidian. Ella la entreabre.

"No consigo dormir, no sé qué me pasa", le dice él. "Yo tampoco", susurra ella, y le abre la puerta de par en par. Él entra en la habitación y la abraza, diciéndole: "En realidad, sé muy bien qué me pasa". Ella se aferra a él brindándole sus labios...

—¡Basta, señor Sarmentree! —exclama Molly, visiblemente turbada—. No sé adónde quiere llegar.

—A ningún lado, sólo me imagino sobre lo que pudo pasar una noche, o muchas.

—¡No sea mal pensado!

—Soy perfectamente bien pensado. No soy un gran conocedor de estas cosas pero es lo que ocurre en la naturaleza del hombre y de la mujer. Su creencia sobre lo que pasó o, mejor dicho, sobre lo que no pasó, es, a mi juicio, y perdone la franqueza con que se lo digo, señora, artificiosa y reñida con la naturaleza de las cosas —espetó Sarmiento con fuerte énfasis.

La conversación fue bruscamente interrumpida por el grito del jefe de posta, que informó que la reparación del carruaje demoraría mucho y que entonces pasarían la noche allí.

—Bueno, esta discusión no lleva a ningún lado, de modo que es mejor que le pongamos fin —dijo la señora de Clarke, con voz que denotaba cierto disgusto.

Al referirse Molly Clarke al lodo del adulterio, Sarmiento no se dio por aludido, pese a haber arrastrado esa situación los últimos años. Pero él no lo veía así. Lo suyo no era adulterio precisamente. A Castro y Calvo lo veía más como el viejo amigo de su padre y como suegro achacoso que como marido engañado por él y pensaba o quería pensar que éste veía la situación de la mismo forma. Así lo confirmaba su conducta al menos. De modo que su conciencia nunca había estado intranquila ni le había reprochado nada. Quizá porque fuera muy acomodaticia en estas cuestiones, como lo revelaba su enfoque de la situación Thoreau-Emerson.

Capítulo 6

Noche en Mount Pleasant.
Exploraciones de Cathie.
Caminata en el Bosque.
Historia del naufragio
y casamiento de Marjorie.

El jefe de posta guió a los pasajeros al piso de arriba donde había varios dormitorios, todos amplios y confortables y equipados con chimenea. En uno de ellos se instalaron el senador Clarke y su señora; en otro Marjorie y Cathie, su hija; la enemistad surgida de las fuertes discusiones habidas entre Edenwood y el escocés MacKay les quitó las ganas de compartir el tercer dormitorio, por lo que fue Sarmiento quien lo hizo con el primero, quedando el escocés solo en un pequeño dormitorio de la planta baja.

Tras la comida, Marjorie y Cathie subieron a su cuarto, acostándose la segunda y leyendo un libro infantil a la luz de una lámpara de kerosene. Marjorie, en cambio, salió a estirar un poco las piernas. Transcurrido un buen rato sin que volviera su madre, Cathie decidió levantarse para buscarla. La casa estaba oscura y la niña al salir al corredor vio luz por debajo de una puerta. La curiosidad la llevó a entreabrirla y pudo ver a través de la hendija el curioso espectáculo de Molly Clarke amamantando a su marido, el senador. "¿Habré visto bien?", se preguntó Cathie, y volvió a asomarse. Sí, efectivamente, el senador recostado sobre su esposa chupaba de sus generosos senos, de uno solo en verdad, sin que Cathie precisara si se trataba del derecho o del izquierdo. Por la expresión del rostro de Molly resultaba claro que el método alimentario le resultaba muy placentero. Tras esta verificación, la niña cerró la puerta sin hacer ruido y siguió avanzando por el corredor rumiando sobre lo que había visto.

"¡Qué raro! Nunca pensé que un hombre, un viejo, pudiera seguir siendo lactante. Le voy a preguntar a Mom si yo puedo volver a tomar del pecho." Llegada a la otra habitación, Cathie de nuevo entreabrió la puerta. Estaba la que supuso que sería la mujer del maestro de posta tendiendo la cama, tarea que se vio interrumpida en razón de que Edenwood se colocó detrás de ella y comenzó a besarle la nuca al tiempo que le tomaba los pechos con sus manos, lo que la chica no supo por qué provocó nerviosas risitas a la mujer, quien perdió el equilibrio cayendo sobre la cama seguida por Edenwood, quien también reía con ganas. Cathie optó por cerrar nuevamente la puerta extrañada de que todo el trabajo de tender y estirar las sábanas fuera repentinamente destruido por quien lo había hecho.

Cathie bajó luego con sigilo por las escaleras, siguiendo la búsqueda. Nadie había en el salón-comedor-bar de la planta baja y abriendo una puerta salió afuera. Ya no llovía. Unos rebuznos le llamaron la atención. Provenían de un burro de bastante alzada que estaba en el corral. Más allá, bajo la luz de unas lámparas, alcanzó a ver un par de carpinteros trabajando debajo del coche. Un peón que llevaba del bozal a una yegua abrió la tranquera y sacándole el cabestro la soltó en el mismo corral. En un abrir y cerrar de ojos el burro saltó sobre ella y comenzó a servirla. La chica quedó absorta al ver el espectáculo que la conmocionó fuertemente, sin poder explicarse el porqué. El peón alentaba la tarea del burro mediante breves gritos. Sintió una mano que se posaba en su hombro y se asustó, un escalofrío le recorrió el cuerpo. Era su madre, acompañada por el tipo ése de la diligencia.

—¡Ah, sos vos! —dijo aliviada—. ¿De dónde vienen? —preguntó Cathie.

—Salimos a caminar un poco aprovechando que paró la lluvia. Después de tantas horas metida en ese carromato. Espero que lo arreglen bien a ver si llegamos a Pittsburgh de una buena vez para poder tomar el barco. ¿Pero qué hacés aquí tan desabrigada? —¡Y descalza además! Entrá y metéte en la cama que te vas a pescar un resfrío —le recomendó Marjorie mientras la empujaba con suavidad hacia adentro.

—Mom, ¿por qué el burro se trepó sobre la yegua? —preguntó Cathie.

—¿Se trepó? —preguntó la madre haciéndose la que no había visto el acoplamiento—. Estarían jugando. Los animales juegan igual que los chicos —mintió Marjorie.

"Ya vas a jugar vos también dentro de unos años, ya vas a ver", pensó Sarmiento con sorna.

Cathie subió las escaleras de mala gana escoltada por su madre y Sarmiento. No había creído en la explicación de ella. ¿Por qué le habría mentido? Esa sensación la frenó cuando iba a comentarle el amamantamiento de Clarke y el comportamiento de Edenwood con la supuesta mujer del jefe de posta. Madre e hija entraron en su cuarto y se despidieron de Sarmiento quien se encaminó hacia el suyo, pero en el camino se arrepintió pues prefirió bajar al comedor y servirse un coñac. Edenwood y la mujer del maestro de posta, de haberlo sabido, le habrían agradecido por no importunarlos.

Sentado en el comedor, Sarmiento vio pasar a la mucama arreglándose la ropa lo que también debería hacer con el pelo, pues lo tenía todo revuelto. Al verlo, le hizo una breve reverencia y apuró la marcha. Había salido del cuarto del fondo cuya puerta había dejado abierta. Sarmiento alcanzó a ver en la tenue luz de una vela al escocés MacKay que se ponía los pantalones.

"De modo que su matrimonio fue fruto de un naufragio,

¿eh?", reflexionó Sarmiento, mientras saboreaba el coñac y recordaba la conversación con Marjorie. Él la había visto caminando por el sendero. Apuró el paso y la alcanzó. Había olvidado las discusiones habidas con motivo del mulato que quería viajar. Ella, al parecer, también y se mostró contenta de ser acompañada por el impetuoso sudamericano.

—¡Qué bosque! —comentó Sarmiento mostrando el que se extendía, tupido y oscuro a ambos lados del camino—. En realidad, es la primera vez en mi vida que veo a un verdadero e inmenso bosque. Francia parece que en otra época también estaba cubierta enteramente por bosques, en los tiempos de los galos, pero hoy han sido abatidos en buena medida. ¡Pero acá! Debo reconocer que el bosque me agobia y ahoga un poco. ¿A usted no?

—¡No, en absoluto! Yo he vivido en el bosque, nuestro *farm* estaba rodeado de él. ¡Si habrá hachado y quemado árboles mi padre para hacer lugar para sembrar maíz! Y hay que trabajar permanentemente en esto porque si no el bosque vuelve. Pero dígame, señor Sarmiento, su país, ¿cómo es?

—San Juan, donde yo vivía, es un oasis rodeado del desierto sediento de agua. De la Cordillera de los Andes bajan ríos que traen el agua de los deshielos y gracias a una red de canales se riegan las tierras donde se hace agricultura, viñedos por ejemplo. Claro, allí hay árboles plantados uno a uno por el hombre, pero no hay bosques. Fuera del área regada menos que menos. Y más al este, donde llueve más, en la pampa, que apenas conozco, sí hay árboles chicos y espinosos, pero nada que se parezca a esto. El norte de Chile es un desierto aún peor, porque allí no llueve nunca, y la zona de Santiago, la capital, donde vivo ahora, es algo más húmeda, pero tampoco hay bosques y asimismo se debe regar la tierra para que produzca.

Luego, mientras seguían con su caminata, suavemente iluminada por la luna bajo la cual corrían nubes barridas por un fresco viento del norte, ante los avatares sin fin del viaje en diligencia, él le preguntó si el viaje por mar a Nueva Orleans no era mucho más cómodo y, además, rápido.

—¡Ah! —exclamó ella—. Ahora recuerdo que usted ya me lo preguntó y que yo le prometí contarle por qué no me gusta el viaje por mar. Ahora se lo diré. —Y Marjorie comenzó a relatar que su padre, debiendo ir a Nueva Orleans por negocios, le había pedido que lo acompañara, lo que había aceptado encantada.

—¿Y su madre? —inquirió Sarmiento.

—¡No! ¿Quién hubiera cuidado el *farm*? —adujo. La verdad es que el padre prefería viajar con ella y no con su mujer porque ésta vivía refregándole lo mucho que bebía, lo que Marjorie no hacía por tratarse de su padre y, además, porque sabía de sobra que la prédica de su madre era inútil y lo mismo sería la suya. Que él fuera un alcohólico ya lo tenía bien asumido. Pero prefirió dar otra versión a Sarmiento:

—En el fondo, sospecho que mi padre prefería viajar conmigo. He oído decir que es muy común que los padres tengan una relación muy especial con sus hijas —dijo.

—Sí, y las madres con sus hijos, como Yocasta con Edipo —dijo Sarmiento, quien, al advertir la ignorancia de Marjorie, pasó a relatarle la leyenda griega de la que nació el célebre complejo. Al contar que Yocasta se había ahorcado cuando supo que se había casado con su hijo, Marjorie exclamó "¡Qué horror!", y acurrucó su cuerpo contra el de Sarmiento y cuando éste agregó que Edipo se había cegado pinchándose los ojos con un broche que tomó del vestido de Yocasta, un escalofrío estremeció el cuerpo de la impresionable Marjorie que se apretó contra el pecho de Sarmiento, agarrándole las solapas de su casaca. Éste, en una reacción típicamente masculina, adjudicó la reacción a la irresistible atracción que él ejercía sobre ella y, además de abrazarla, comenzó a besarla con suavidad, lo que ella no rechazó al comienzo, pero sí después, cuando los besos se acercaron a la boca. Entonces se liberó de su abrazo, cruzó su brazo con el de Sarmiento y lo obligó a seguir caminando entre la hojarasca. El mutuo resentimiento provocado con motivo del mulato se había olvidado, extinguido por la mutua atracción de sus cuerpos, que esa noche en que la luna asomaba brevemente entre las nubes que corrían con velocidad gracias a una fresca brisa del noroeste, se manifestaba con gran fuerza en humanos y bestias.

—Bueno, señor Sarmiento, voy a seguir con mi historia, si me lo permite —dijo Marjorie mientras recomenzaba la caminata—. La cuestión es que acompañé a mi padre en el velero *Home* que zarpó de Baltimore. A la altura del cabo Hatteras y cuando ya anochecía se levantó una fuerte borrasca del este. El capitán había ordenado al piloto orzar todo lo posible para alejarse de tierra. Así se hizo. Pero el viento, insensiblemente fue virando hacia el sudeste, paralelamente a la costa. El cambio del viento fue tan gradual que el timonel no se apercibió a su vez virando para no enfrentarlo, sin percatarse de que de tal manera se acercaba a la costa. Tampoco el capitán se dio cuenta de ello. Cuando el cambio de rumbo se hizo obvio, el capitán ordenó, tardíamente, virar de proa. "Para ello debería derivar para tomar camino, pero ello nos llevará más hacia la costa", replicó el timonel. "Mm, ¿creés que siguiendo este rumbo podremos doblar el Cabo sin acercarnos mucho más a la costa?", preguntó el capitán. "No lo sé, pero debemos intentarlo porque es más peligroso tratar de virar", dijo el timonel.

Marjorie estaba en la proa gozando del fuerte viento. Tomada con fuerza de los estays de uno de los foques, se sentía como una especie de diosa que desafiaba los elementos desatados de la naturaleza. Que el velero no podía orzar más lo denunciaban los foques que de tanto en tanto flameaban al enfrentar el viento. En la semioscuridad de la noche con luna casi llena vio a sotavento una larga línea de espuma fosforescente. ¿Será la rompiente?, se preguntó espantada. También pudo oír, entrecortada por el ulular del viento, el sordo rumor que provocaba. Entonces se corrió a popa para comunicar su descubrimiento al timonel. Éste replicó mostrando las luces intermitentes de un faro.

—Es el faro del Cabo Hatteras. No bien lleguemos a su altura significa que podremos derivar y navegar a la cuadra sin peligro. No deben de ser más de quinientas yardas, mil a lo sumo.

Pero el faro no se acercaba pues tan ceñido navegaba el velero que casi no avanzaba.

El capitán se acercó de nuevo. Él también se había percatado de la situación y que la marejada empujaba al barco irremisiblemente a la costa. Ordenó entonces al timonel derivar, tomar velocidad y virar enseguida, es decir, hacer la maniobra de la que antes habían hablado. Ahora la situación era más comprometida por el tiempo perdido durante el cual el barco se había acercado más a la costa. Se dieron las pertinentes instrucciones a la tripulación, pero cuando tras derivar no el tiempo suficiente como para tomar velocidad por temor a irse sobre la playa, el timonel viró, el barco dejó de escorar al enfrentar el viento, se quedó sin camino y no pudo completar la maniobra. El barco se estremeció. Al dejar de escorar, la quilla se puso vertical calando más.

—¡Estamos tocando fondo, capitán! —gritó el piloto. El barco avanzó un poco más, al zafar de la varadura, circunstancia que intentó aprovechar el timonel para completar la virada, pero la quilla nuevamente tocó fondo y el velero se detuvo por completo en medio de los golpes de las olas. Tan rápido perdió estropada la nave, que el palo mayor se empezó a desplomar con gran estrépito, aunque los obenques demoraron la caída. Una de las velas envolvió a Marjorie, que había vuelto a su puesto de observación en la proa. En medio del ruido, se oían los gritos de los marineros. Algunos habían caído al agua y pedían socorro. Marjorie se arrastró debajo de las velas hacia la popa. El barco se bamboleaba y se notaba que estaba atrapado en un banco de arena, aunque las olas lo arrastraban con lentitud hacia la playa subiéndolo para volver a bajar cuando la ola habia pasado, en cuyo momento golpeaba con fuerza contra el fondo. Fuertes ruidos indicaban que el fondo se estaba destrozando. De allí al hundimiento de la nave no pasaría mucho tiempo, pensó Marjorie. El ruido de la rompiente se oía ahora con nitidez. Marjorie salió de debajo de la vela y se dirigió hacia donde presumía que estaría su padre: el bar. En efecto, allí estaba con un vaso de whisky en una mano, la botella en la otra. Al verla, la abrazó y le dijo:

—Marge, creo que tendrás ocasión de saber por qué puse tanto empeño en enseñarte a nadar. Pero no tengas miedo, el agua salada te sostiene mucho más que la del estanque —y tomó un largo trago—. Y por lo poco que puedo ver desde aquí me doy cuenta de que estamos muy cerca de la costa. Las olas te llevarán a ella sin problemas —añadió hipando.

—Salgamos, papá, que aquí podemos quedar encerrados.

—¡Quedar encerrados en un bar, qué maravilla! —replicó el padre y lanzó una gran carcajada, sosteniendo en alto el vaso con whisky en su mano derecha y la botella en la izquierda.

Marjorie intentó arrastrarlo afuera pero fue inútil, su padre era un tipo grandote, estaba borracho y se obstinó en permanecer en el bar. Ella abandonó sus esfuerzos y salió a cubierta. Allí vio a ese insolente francés que no le había sacado la vista de encima desde que el barco había zarpado de Baltimore. Él se le acercó y le dijo que debía prepararse para saltar al agua, pero que esa larga y pesada pollera la haría ir derecho al fondo. Con tono autoritario, le dijo que se la sacara y que se quedara solamente con la blusa y el largo calzón. Ella obedeció al instante pues se dio cuenta de que no era el momento de hacerse la melindrosa.

Él, por su parte, se sacaba la casaca, los zapatos y el pantalón, para quedar sólo con calzoncillos largos. Encontró un hacha y con destreza cortó en dos partes un pedazo de mástil con sus respectivas crucetas. Con una soga ató los dos maderos a cierta distancia uno de otro. El barco crujía espantosamente cada vez que una ola pasaba y después descansaba con brusquedad en el fondo arenoso. Con el fondo deshecho, el agua inundaba las bodegas y se iba hundiendo lentamente. Las olas ya barrían una tras otra la cubierta. Un bote con pasajeros y marineros se alejaba en medio de las olas. Terminada la tarea de atar entre sí los dos maderos, el francés le dijo que debían tirarse al agua, y ordenó a Marjorie que lo siguiera y que no se desprendiera del madero por ningún motivo. Ella miró hacia el bar para ver si lo distinguía al padre. Lo vio asomado en la puerta del bar y alzando el vaso amarillento, brindó por ella. *Luck*, le deseó sonriendo, tras lo cual le hizo señas de que se tirara. Marjorie fue hacia él y le rogó que también él lo hiciera.

—No, no es para mí. Yo supe enseñarte a nadar sin saberlo yo mismo. Mi tiempo en esta vida ha terminado. Andá y salváte, hija. Despedíme de tu madre y decíle que la quiero como el primer día. —Tomó el resto del vaso, que arrojó al mar, la abrazó con fuerza, la besó y la empujó hacia la borda. Marjorie lloraba y se aferraba a su padre mientras el francés la llamaba. Por fin, entre su padre que se libraba de su abrazo y su espíritu práctico, fue hacia el francés que le alcanzó uno de los palos recomendándole no largarlo por ninguna causa. Él se tiró al agua y la esperó. Ella se deslizó también y flotando ambos, separados por pocas yardas, se fueron alejando del barco en medio de las olas. Tan atenta estaba Marjorie en tratar de salvarse, que no alcanzó a tener miedo y menos que menos pánico.

Una ola grande como una casa rompió detrás de ellos y los revolcó. Marjorie se aferró a su palo e impulsada por la ola dio mil vueltas, fue impulsada al fondo con tal violencia que creyó quebrado el espinazo, le faltaba el aire, se mareó y comenzó a recordar cuando su padre le daba órdenes al bañarse en el estanque detrás de su casa. "Ahogarse, alcanzó a pensar, no es tan desagradable". Pero su hora no había llegado aún. De repente salió a la superficie pudiendo aspirar una gran bocanada de aire justo cuando fue revolcada de nuevo por otra ola tan grande como la anterior. El palo se le escapó de las manos pero pudo atrapar la soga y retomarlo. Tres o cuatro veces creyó ahogarse, pero no se desprendió del palo. Al salir a flote vio con alegría a su lado a su compañero de desgracia. Pensó en su padre y que con su borrachera difícilmente hubiera evitado ahogarse, lo que tranquilizó un tanto su conciencia. Otra ola los volvió a revolcar, y otra más, pero su intensidad ya no era la de las anteriores. Notó que hacía pie, el agua le llegaba a la cintura. A su lado emergió el francés. Caminaron en dirección a la playa pero pronto dejaron de hacer pie y se encontraron nadando nuevamente. Las olas ya no eran grandes pero una fuerte correntada los llevaba hacia el faro, paralelamente a la playa. Estaban en una canaleta. Marjorie pensó con espanto que si doblaban el faro, serían llevados por la corriente mar afuera. Entró en pánico y advirtiendo que su largo calzón le pesaba enormemente y le impedía nadar, se lo quitó. El francés que pensó lo mismo, le gritó que nadara fuerte y lo siguiera a él. Así hicieron y nadando oblicuamente a la costa se fueron acercando a ella poco a poco. Un par de olas de regular tamaño ayudaron en el esfuerzo. El francés hizo pie primero y tirando de la soga la atrajo. Él le tomó la mano y caminaron hacia la playa. Llegaron a ella y se desplomaron exhaustos en la arena.

Tras un rato, el francés se levantó y le pidió que lo acompañara. Ni él prestó atención a la casi total desnudez de ella, pues sólo portaba corpiño y un breve calzón, ni ella a la falta de camisa de él. Además, mojada, la fina tela de algodón, transparentaba todo. Pero indiferentes a su estado de náufragos, caminaron hacia el faro, que estaba mucho más lejos que lo imaginado. Pero antes de llegar, vieron una luz que emergía de una choza de madera. Hacia allí se encaminaron. Llamaron cuando estuvieron cerca y la puerta se entreabrió. Explicaron lo sucedido y una mujer de muy humilde apariencia los invitó a pasar. Les dio unos trapos secos que en otros tiempos debieron de ser toallas para que se sacaran su ropa mojada y se secaran. También les dio ropa vieja. Luego les sirvió café caliente con una fuerte dosis de ron, que pareció fuego bienhechor, a Marjorie que en ese momento entendió la inclinación alcohólica de su padre. ¿Dónde estaría? También comieron galleta y un menjunje que la mujer extrajo de una olla, todo en silencio. La mujer los observaba y sólo hizo las preguntas más obvias. Ella y su salvador tampoco estaban con fuerzas para hablar mucho. Tras un rato, la mujer los invitó a dormir.

Marjorie se negó: quería ir a la playa para buscar a su padre.

—No vas a ver nada ahora y será perder el tiempo. Además yo debo esperar a mi marido que está pescando en el *Sound*, refiriéndose a la gran laguna que separa la playa de la tierra firme, pues estaban en una lengua de arena que separa la laguna del océano. A la madrugada sí recorreremos la playa para ver si hay sobrevivientes —le dijo con firmeza la mujer.

Marjorie se dio cuenta que tenía razón. Entre el cansancio y el alcohol apenas se podía tener en pie. Siguió a la mujer que ni su nombre había dado, sostenida por el francés y se introdujeron en un pequeño cuarto, también de madera, donde en medio de cantidad de utensilios de pesca, había un montón de sogas en el suelo. La mujer le dio una frazada a cada uno y se acostaron sobre las sogas. Ella ni alcanzó a considerar que estaba al lado de un hombre, desconocido para peor, pues quedó dormida de inmediato.

Clareaba cuando entró un hombre con larga barba, "parece Robinson Crusoe", fantaseó Marjorie medio dormida. Los invitó a ir a la playa con él. Antes de ir, volvieron a tomar café, sin ron esta vez, y galleta, y enseguida se dirigieron a la playa. A gatas la puntita del sol comenzaba a asomar en un horizonte neblinoso. Recorrieron la playa y, salvo algunas maderas y cajas, que Robinson examinó detenidamente, no encontraron nada. La pareja de pescadores parecía más interesada en esos objetos que en recoger sobrevivientes.

—La correntada que ustedes lograron vencer se debe de haber llevado todo mar afuera, el bote con sus tripulantes incluido, hacia la corriente del Golfo —y señaló más allá del faro, del que la niebla sólo dejaba ver la parte alta de donde de vez en cuando un haz de luz los iluminaba—. Por muy poco el barco (del que se veían los restos del casco encallado) se habría salvado —comentó el pescador—. Ahora todo irá a parar a las playas de Long Island o Nantucket, vaya uno a saber —agregó, con un dejo de envidia a los beneficiarios del naufragio.

Marjorie, desconsolada, decidió quedarse y recorrer la playa desolada por si aparecía su padre, es decir su cadáver. Imposible fue convencerla de que retornara a la cabaña, a la que volvieron sus acompañantes. Poco a poco, el sol emergió entre la neblina matinal y calentó la arena y también a Marjorie, que se atrevió a meterse en el mar para refrescarse. Era fin del verano y hacía calor todavía. Pensó en ir nadando al casco para ver si hallaba a su padre. El mar se había calmado y la prueba parecía fácil. Pero apenas se metió en la canaleta vio que la fuerte corriente de la noche subsistía, y renunció. Su padre debía de haber sido llevado por alguna ola y ahogado, su cadáver arrastrado mar afuera. Y aun cuando lo hallara, ¿qué ganaría con ello? Que su tumba fuera el océano o esa arenosa isla poco cambiaría, pensó su hija que conjugaba sabiamente lo que creía que era su deber con la conveniencia.

Cerca del mediodía apareció el francés, en el que ella ni siquiera había pensado, y le pidió volver a la cabaña para almorzar. Una buena idea, porque la sola mención del almuerzo le hizo despertar un apetito descomunal.

Recordó que el francés, Jean-Pierre d'Aventour, según ya se le había presentado, le había salvado la vida, y creyó deber agradecérselo vivamente. De modo que cuando el le rodeó la cintura con su brazo, ella hizo lo mismo y caminaron así abrazados hasta que él se detuvo. Cuando la abrazó y la besó en los labios, ella nada hizo por rechazarlo. ¡Todo le parecía tan irreal! Como en un sueño. Era la primera vez que un hombre la besaba y en esas circunstancias, al sol, en la playa desierta y sobre el mar, le pareció más que agradable y además ¡tan natural! Tanto, que nada malo podía haber en besarse. La sangre comenzó a circular precipitadamente por sus venas y tal fue el calor que tuvo que meterse otra vez en el agua. Se imaginaba, ¿o lo era realmente?, la heroína de un cuento de aventuras. Jean-Pierre, por otra parte, tenía el *physique du rol* de un libro de ese género.

El almuerzo, pescado, innecesario decir, la recompuso. Durante la conversación, se apercibió de que la pareja de pescadores daba por sentado que él y ella eran marido y mujer, lo que ninguno de los dos se preocupó en desmentir. Esa noche, Jean-Pierre pretendió ejercer sus derechos maritales y, ante su sorpresa, ella no se negó. No podía negarse a quien le acababa de salvar la vida, pensó. La experiencia fue más que agradable. Al día siguiente, el pescador los cruzó en su pequeño velero a la orilla opuesta del muy extenso Pamlico Sound, lo que llevó varias horas. Los dejó en el pequeño pueblo de Swan Quarter en el que compraron ropa y un par de caballos desde donde en cortas etapas se fueron adentrando en Carolina del Norte sin apuro. Jean-Pierre había tomado la precaución de meterse en el mar con un grueso fajo de billetes en el bolsillo. "No es cosa de ahogarse sin plata", había bromeado. Marjorie le fue tomando el gusto a la vida de casada, sobre todo a sus noches. Jean-Pierre resultó ser un compañero de viaje considerado y gentil. Le comentó que era soltero y que tenía una plantación de algodón sobre el Mississippi. Ella nada más le preguntó. Todo ocurrió en forma tan extraordinaria y a la vez natural, que siguió sin pensar en si estaba actuando en forma correcta o no. Al menos, no fue asaltada por remordimientos. Poco se acordaba de su padre. Y todo se fue dando en forma favorable para que Marjorie se fuera enamorando de Jean Pierre.

El panorama se fue haciendo más hermoso a medida que se alejaban de la costa y se internaban en tierras más altas y onduladas, con bosques y extensiones cultivadas con maíz, tabaco y algodón por los doscientos mil esclavos existentes por entonces en Carolina del Norte. Soberbias mansiones asomaban de tanto en tanto y en algunas de ellas la pareja fue alojada por los muy hospitalarios propietarios, que habían conservado más que en otros estados costumbres más tradicionales. Tanto conservadurismo había estancado el progreso del estado en relación con los demás.

Cuando llegaron a Raleigh, la modesta capital del estado,

Marjorie tuvo la certeza de estar embarazada. Ello fue un campanazo que devolvió a la realidad a la feliz pareja. Abandonaron la intención de tomar el tren rumbo a Richmond y Washington desde donde seguirían viaje a Chambersburg, en Pennsylvania, y decidieron en cambio seguir hacia el sur, a lo de Jean Pierre no lejos de Nueva Orleans, al fin y al cabo destino original del trágico, no tan trágico viaje. Ella había perdido a su padre pero ganado un marido. Marjorie fue informando de todo, de casi todo, a su madre por correo, la que, por supuesto, no estuvo nada conforme con el casamiento de su hija con un extranjero y papista, y para peor, de la notoriamente corrupta ciudad de Nueva Orleans. Marjorie pensó que había sido una suerte no ir a lo de su madre. Pero, conforme a esa manera, de raíz protestante, de pensar que todas las ocurrencias de la vida son queridas por el Señor, de donde no mediaba un paso de considerar acertadas todas sus decisiones y positivo todo lo que le ocurría, siguió siempre pensando que había actuado en forma correcta, vistas las circunstancias.

—Comprenderá ahora por qué después de esa experiencia me niego en absoluto a viajar a Nueva Orleans por mar —explicó cuando concluyó su relato.

Sarmiento reflexionó:

—Bueno, fue una manera poco ortodoxa de hacerse de un marido —le dijo, a lo que ella respondió encogiendo los hombros. Acto seguido, él preguntó: —¿Y Jean-Pierre...?

—Murió hace muy poco, en un duelo, yo me encontraba con Cathie en lo de mi madre, en Chambersburg.

—Cuánto lo siento —mintió Sarmiento, ya que la noticia lo alegró, pues ello, pensó, facilitaría los planes que tenía respecto de Marjorie.

—No lo lamente. Nuestro matrimonio no fue exitoso, y cuando él murió yo ya estaba separada viviendo en la granja de mi madre, cerca de Chambersburg donde comenzó este trajinado viaje. Tampoco yo lamenté su muerte, debo confesarle. Le voy a decir más aún, aunque le choque: la muerte de Jean-Pierre fue un motivo de gran alegría. También para mi madre, aunque lo disimuló. Otra cosa más terrible le voy a decir: Si no lo hubieran matado en ese duelo, es probable que a mi vuelta a Luisiana lo hubiera matado yo en la primera nueva fechoría en que lo hallara. —Y exclamó pasándose las manos por la frente: —¡Tantas me hizo pasar!

Sarmiento, a modo de consuelo, le pasó el brazo por encima de su hombro y la atrajo hacia él. Marjorie apoyó su cabeza sobre el pecho de Sarmiento y éste creyó que iba a llorar. Pero estaba equivocado. Ella se apartó y dijo:

—A veces hasta fantaseo pensando que fui yo quien lo maté con este revólver.

Y tras hurgar un poco en su bolso, extrajo un revólver que mostró a Sarmiento, sin permitirle que él lo tomara.

—Está cargado —le previno. La exhibición impresionó fuertemente al sanjuanino, que se había desacostumbrado por completo al manejo de armas de fuego tras su segundo exilio a Chile. "Es mujer de armas llevar", pensó.

Marjorie se limitó a decir:

—Viajando hacia Nueva Orleans una mujer sola como yo es mejor que vaya armada. Nunca se sabe qué puede ocurrir.

La firmeza con la que Marjorie reconoció que su viudez la había alegrado, y más aún, su intención de matar eventualmente a su marido, más el revólver que portaba, hizo que Sarmiento la viera con otros ojos, reapreciándola y haciéndola todavía más deseable, vaya a saber por qué. Fue el momento en que se dio cuenta de que mucho más que una atracción pasajera, que más que un "metejón", estaba enamorado de ella.

Quizás ella se haya dado cuenta del cambio, y de que su posición frente a Sarmiento había cambiado, estando ella más próxima a controlar la situación de la relación que se había ido anudando entre ellos. Se sentía también fuertemente atraída por el argentino, pero de haber comenzado tomando ella la iniciativa en un principio, ahora percibía por primera vez que él también en lo sentimental dependía de ella.

Y cuando él intentó besarla en el cuello, ella lo rechazó y le dijo:

—Déjeme usted, señor. Ahora está tan acaramelado pero esta tarde estuvo muy antipático, poniéndose en contra de mí por el tema del negro que quería viajar —le recriminó ella—. Y cuídese de no contradecirme, mire que ando armada —añadió riendo.

—Pero fue usted, señora, quien se enfadó conmigo por ese motivo. No lo puede negar —replicó él en el mismo tono jovial y casi riendo.

—No sé de qué se ríe ahora. Noté muy claramente el disgusto que le produjo saber que tengo esclavos.

—Mm, bueno, debo admitir, sí, que me molestó, pero no demasiado. Le conté que una tía mía tenía esclavos también, allá en San Juan, mi provincia, cuando yo era chico y que es más, le prestó alguno a mi madre para que la ayudara a construir su casa. Pero eso fue cuando todavía éramos colonia y han pasado más de treinta años desde entonces —¡y tanta agua ha corrido en las acequias! Lo que parecía entonces natural es hoy motivo de ludibrio. Sobre todo en un país tan civilizado como éste, donde la existencia de esclavos es un contrasentido. Lo que más me impresiona de la esclavatura aquí, es el sistema de grandes plantaciones con ejércitos de esclavos, y sobre todo, el hecho de que se vendan separando mujeres de maridos y padres de hijos. Eso me espanta, debo admitirlo. Tampoco puedo aceptar el fallo de la Corte Suprema, que describe a los negros como seres tan inferiores que pueden ser tratados como mercancías. Y usted deberá concordar conmigo, mi estimada señora, que la esclavatura es una institución que no se ajusta a un verdadero sistema republicano ni a los tiempos que corren.

—Sí, debo convenir que lo mismo pensé cuando fui a vivir a la plantación de Jean-Pierre —dijo ella—. Sin embargo me acostumbré, salvo cuando se vendían esclavos separadamente de sus familias. Concuerdo plenamente con usted, señor Sarmiento, en que es algo muy doloroso. Logré evitar muchas de esas separaciones, aunque no todas, lo que pesa gravemente sobre mi conciencia. Pero mi carácter de ama de esclavos concluirá pronto, por cuanto tengo decidido vender la plantación no bien llegue.

—Y sus esclavos, ¿piensa liberarlos?

—No, ¡de ningún modo! Ellos constituyen la parte más valiosa de la plantación.

—Lo que haría más bello su gesto —dijo él mientras pateaba un gran montón de hojas.

—Vea, señor Sarmiento...

—Llámeme Domingo. ¿Puedo yo llamarla Marjorie?

—Sí, por supuesto, pero quiero decirle, además, que la condición de los libertos es tan desgraciada en Luisiana como la de los mismos esclavos. Son sometidos por los blancos pobres, con quienes compiten en el mercado de trabajo, a las peores arbitrariedades.

—Quiero preguntarle una cosa, Marjorie, si me lo permite: ¿cómo es que me invitó a la plantación...? —Sin conocerme, iba a decir, pero luego prefirió una pregunta menos comprometida para ella, y dijo: —¿...Si pensaba venderla? —Sin esperar la respuesta, él intentaba por segunda vez besarla en la boca, a lo que ahora ella no se opuso e, inclusive, abrió su boca. Pero fue un instante, pues reaccionó de golpe y lo rechazó, para agregar:

—¡Salga que no me deja hablar, hombre! La decisión de venderla ya la venía meditando, pero surgió nuevamente hoy a raíz de esa discusión —explicó Marjorie—. Además del asunto de los esclavos, Luisiana no es el mejor ambiente para criar una niña. Lo habrá advertido a raíz de su comportamiento de hoy, al que usted contribuyó —agregó en tono recriminatorio.

—Me pareció que la postura de la niña era más apropiada que la de la madre. Eso fue todo. De haber cambiado antes su opinión respecto de la esclavatura y los negros, el mulato aquél quizás hubiera viajado con nosotros —dijo Sarmiento.

—Sí, y habría vuelto al punto de partida también como

nosotros. ¿Ha visto que la decisión no fue tan mala? —replicó ella uniéndose a la risa de él, lo que Sarmiento aprovechó para besarla una vez más. Tras un rato, ella pudo desprenderse de su abrazo. Entonces él, envalentonado, le tomó uno de sus senos y creyó sentir el escalofrío de ella, que le apartó la mano.

—¡Ya sé! Podemos buscarlo e invitarlo a seguir viaje con nosotros —exclamó Sarmiento.

—¡Vea, mejor dejemos las cosas como están que así lo ha querido el Señor! Y ahora volvamos a la posta —dijo ella al tiempo que le daba un beso rápido en la boca, lo tomaba del brazo y lo arrastraba con ella, pero impidiéndole nuevos avances.

Sarmiento, ahora arrellanado en un sillón y sorbiendo su coñac en brevísimos sorbos, revivía lo ocurrido poco antes y se lamentaba de la presencia de Cathie. "Una pena. La hembra ya estaba madura. Pero en fin, ya se presentará otra oportunidad", pensó mientras se solazaba en rememorar la cara y el cuerpo de quien comenzaba a considerar como su amada. Su boca y sus dientes los vio como perfectos y aun el pequeño lunar que ella ostentaba en el labio superior le pareció sumamente atractivo sin pensar que con el tiempo crecería, se oscurecería y un pelo duro y negro aparecería en el medio, como el de su madre. Sus ojos acaramelados los recordó como chispeantes e inquietos. Su cuerpo era grande pero no pesado en vista de su delgadez, tan sólo sus caderas quizá algo excesivas, pero Sarmiento no consideró estas nimiedades y todo el cuerpo de ella, que imaginó desnudo, le pareció muy a su medida, de la misma manera que el pequeño de Benita le había parecido irresistible en su momento. En fin, como todo enamorado, Sarmiento consideró que el objeto de su deseo era perfecto y justificados todos los esfuerzos y los sacrificios para poseerlo. No pensó en absoluto en Benita ni en su hijo Dominguito. La distancia, además de física, altera los sentimientos y debilita los compromisos hacia quienes están distantes.

Se tomó de un trago los restos de la copa y se dirigió a su cuarto. Cuando subía la escalera se cruzó con la esposa del jefe de posta que, al igual que la otra mujer, se arreglaba el pelo. Al verlo a Sarmiento dejó su pelo y se alisó el vestido. Apenas contestó el saludo de él al cruzarse. "¿Qué diablos ocurre esta noche que todas las mujeres se arreglan su toca y la ropa? —se preguntó el sanjuanino—. Parecería que los yanquis y las yanquis tienen grandes inquietudes religiosas... hasta la puesta del sol", reflexionó del muy católico modo de ver todo lo relativo a la religión a la luz de la conducta sexual.

Pittsburgh en 1840 con vapor en el río Monongahela

Capítulo 7

*Primeras experiencias militares
de Washington.
Triste historia de los cherokees.
Encuentro con Arcos en Pittsburgh.
El padre de Arcos.*

Muy de madrugada salieron de la posta de Mount Pleasance, que para varios pasajeros, no para Sarmiento, hizo honor a su nombre. El postillón les indicó que trataría de recuperar el tiempo perdido y llegar al mediodía a Pittsburgh, lo que fue aplaudido por los cansados pasajeros. El terreno era cada vez más llano lo que ayudó a alcanzar mayor velocidad. También lo aprovecharon los pasajeros para dormitar. A esta altura, debajo de la manta, ya fue de rutina que Marjorie y el sanjuanino estrecharan sus manos. El hecho no pasó inadvertido para Molly Clarke, quien llamó la atención de su marido apretándole el muslo. Luego dijo en el oído del senador:

—Esos dos parecen entenderse, ¿no?

—Sí, ya lo he venido notando. Y bueno, ella es viuda y tiene derecho a rehacer su vida, ¿no te parece?

—Pero un poco demasiado pronto. Todavía está de luto riguroso.

—Su marido murió hace ya varios meses y es joven. La juventud tiene urgencias, ¿o acaso las has olvidado? El apuro que tenías en casarte no era casual —dijo el senador.

—¿Qué querés decir con eso? Antes de casarnos no nos habíamos conocido, hablando en términos bíblicos.

—Por eso, de allí tu apuro —sonrió él pegándole un codazo cómplice.

El camino, con todo, no siempre era liso y apropiado para permitir el sueño. Había tramos llamados *railroad*, que no tenían ninguna relación con un camino de hierro o ferrocarril. Eran tramos en especial escabrosos que para hacerlos más transitables, aunque escasamente más confortables para los viajeros, colocaban postes de madera atravesados, muy juntos unos de otros, lo que no quiere decir que fueran parejos. Más bien todo lo contrario, ya que las lluvias y el tránsito de carros y carruajes se encargaban de desalinear los durmientes. Algunos postes se hundían o torcían. El ruido de las ruedas al transitar por tal superficie era atronador y toda la estructura del coche se estremecía y vibraba, amenazando con descuajeringarse en cualquier momento. Cosa que no ocurrió dada su excelente construcción. Los caballos, además, cuando la tierra que semicubría los durmientes desaparecía por las lluvias, corrían el riesgo de hundir las manos entre los durmientes y quebrarse.

En uno de estos tramos se despertaron Marjorie y Sarmiento.

—Esta noche dormiremos juntos en Pittsburgh, supongo —murmuró él en el oído de ella.

—Imposible, *dear*, apenas lleguemos debemos tomar el barco. Quizás allí sí, si podemos hacer los arreglos pertinentes —y Marjorie echó una mirada hacia donde dormía profundamente su hija.

Sarmiento lanzó un gruñido que significó al mismo tiempo: que había comprendido, que la demora le causaba cierto disgusto, pero que lo comprendía. Y que esperaba que los arreglos pertinentes se hicieran. Inmediatamente después se quedó otra vez dormido.

De tal modo pasaron de posta en posta, cambiaron de caballos con gran rapidez y sin que se produjeran nuevos inconvenientes. Greensburgh, Turtle Creek, Braddock, donde apenas se dio tiempo a los pasajeros para comer un bocado y beber algo. Aquí Sarmiento preguntó al senador:

—¿Le habrán puesto Braddock por el general inglés...

—Escocés —rectificó MacKay, interrumpiéndolo.

—... que anduvo por aquí en procura de desalojar a los franceses de Fort Duquesne, la actual Pittsburgh? —completó el sanjuanino la pregunta.

—Supongo que sí —asintió Clarke, mientras ingería con apuro un whisky.

—Curioso dar el nombre del lugar a un jefe derrotado —comentó Sarmiento—. Muy mal derrotado por los franceses y sus aliados indios, debo decir. Según cuenta Franklin en su autobiografía, Braddock rechazó de plano su consejo de confiar en los guías y milicianos de la zona. Estaba convencido de que los salvajes poco podrían hacer contra sus disciplinadas tropas británicas regulares, bien entrenadas. Pero en medio del bosque fue al revés, los ingleses comandados por Braddock nada pudieron hacer contra los indios y franceses, los indios sobre todo, que conocían muy bien cómo combatir en ese medio con métodos primitivos, tirándoles escondidos entre los árboles —dijo Sarmiento en tanto pensaba en las montoneras argentinas.

—En efecto. Y lo peor fue la huida. Braddock, mortalmente herido en el combate, fue reemplazado en el mando por su segundo, que en su huida no paró hasta llegar a Filadelfia. Muy lamentable —dijo Clarke, el senador, ocupado ahora en cerrar su licorera de plata, que había llenado de whisky en la posada.

—Para los ingleses que perdieron las tres cuartas partes de sus soldados —dijo Sarmiento mientras se encaminaban al carruaje para seguir viaje—. ¿Qué tribu de indios poblaban esta región, senador?

—Eh... ¿Eran los shawnees los indios que vivían por aquí,

Molly *dear?* —le preguntó a su mujer mientras trabajosamente a causa de su renguera se subía al coche.

—Sí, los shawnees, *darling* —le confirmó Molly desde adentro.

—Ya tiene la respuesta, mi querido amigo —le dijo el senador mientras se acomodaba junto a su esposa—. Fue también aquí que George Washington hizo sus primeras experiencias militares, primero sorprendiendo y ahuyentando a una patrulla de franceses que había salido de Fort Duquesne. Eso fue en 1754. Al año siguiente Washington fue nombrado ayudante del general Braddock y estuvo en el combate donde su ejército fue derrotado.

—Si me permite una breve interrupción, senador —dijo el escocés MacKay con una pizca de sorna—. Le recuerdo que antes, Washington con su fuerza debió rendirse a los franceses en su campamento de Fort Necessity.

El senador hizo una mueca de disgusto y respondió:

—No fue una rendición propiamente dicha. Los franceses lo habían atacado y habían sido rechazados. El futuro general Washington, que apenas contaba con cien soldados, esperaba refuerzos que no llegaron. Los franceses lo invitaron a parlamentar y le sugirieron que se retirara con todos los honores, lo que Washington no pudo menos que aceptar.

—Sugerir no es una expresión conocida en el vocabulario militar —murmuró MacKay con la misma sorna anterior.

—Sí, quizá las primeras experiencias militares de George Washington no fueron del todo felices durante la guerra de la Independencia, pues perdió más batallas que las que ganó. Pero aún sin ser un genio militar, el último triunfo es el que vale, y ello ocurrió al haber forzado la rendición de Lord Cornwallis en Yorktown el 19 de octubre de 1781 poniendo así fin victorioso a la guerra de la independencia —le dijo Clarke—. Y déjeme ver... ¡Molly! ¿qué día es hoy?

—19 de octubre, *dear* —informó con rapidez Molly que no quiso corregir a su esposo dado que la rendición había tenido lugar dos días antes.

—Señoras y señores, les ruego un minuto de atención —pidió el senador Clarke a los restantes pasajeros con voz solemne, mientras se erguía a medias pues de hacerlo por completo hubiera golpeado con su cabeza en el techo—. Hoy se cumplen 66 años de la rendición de los ingleses en Yorktown. ¡Los invito a brindar por el gran triunfo que aseguró nuestra independencia! —Y sacando la licorera de su bolsillo, a la que de inmediato se agregó la de Edenwood, tomó un largo trago antes de pasarla de boca en boca a los restantes pasajeros en medio de estentóreos hurras a la libertad. MacKay tomó con desgano su trago, apenas un sorbo, mientras murmuraba: "Los que en verdad ganaron fueron los franceses Rochambeau y De Grasse".

Sarmiento, que había tomado su trago con gusto, comentó:

—En su autobiografía, Franklin explica que la derrota y la fuga de los ingleses por apenas cuatrocientos indios y franceses hizo ver a los norteamericanos que las tropas regulares británicas no eran tan formidables como pensaban comparadas con las milicias locales, lo que debe haber influido en la decisión de confrontarlas veinte años después. Algo parecido ocurrió cuando dos invasiones inglesas fueron derrotadas en Buenos Aires y Montevideo en los años seis y siete. Quienes derrotaron y expulsaron a los ingleses invasores fueron sobre todo soldados y jefes criollos y eso les dio tanta confianza en sus propias fuerzas que apenas tres años más tarde se alzaron contra el poder español y echaron al virrey. Buenos Aires fue la única capital del antiguo imperio español en América que nunca fue reconquistada por los realistas —explicó Sarmiento con justo orgullo. Luego, como si hablara para sí, y refiriéndose a Rosas, agregó: —La diferencia es que en nuestro caso todavía no hemos llegado a la victoria final, que es la que vale, como bien dice el senador.

Después de un momento, Sarmiento volvió a dirigirse al senador Clarke y a su esposa Molly, a la que había cobrado gran aprecio; percibiendo el mismo sentimiento inverso de parte de ella, les preguntó:

—Me gustaría conocer cómo fue el proceso que condujo a la desaparición de los pieles rojas de estas tierras. ¿Fue de manera lenta, como consecuencia de la guerra, o los indios se retiraron por propia voluntad al ver que la fuerza de los blancos era irresistible?

Marido y mujer quedaron callados por un momento; se miraron a los ojos luego, y por fin, con esfuerzo, ella comenzó a responder:

—Vea, señor Sarmentree, se trata de una historia que no honra a nuestro país. Le voy a relatar un solo caso, reciente, data de diez años atrás, que usted podrá multiplicar por diez o veinte y tendrá un cuadro acabado de lo ocurrido. Los cherokees constituían una gran nación india originaria de lo que son hoy los estados de Ohio, Kentucky y Tennessee. Se habían extendido también a partes de Georgia, las dos Carolinas, Virginia y Pennsylvania. Donde andamos ahora era quizá parte del territorio cherokee.

—No, era de los shawnees. Me lo acaba de decir —la rectificó el cuyano.

—Es cierto, veo que tiene buena memoria, señor Sarmentree —le dijo Molly sonriendo—. Bueno, estaban algo hacia el oeste, hacia Ohio, y el sudoeste, en Kentucky. Estos cherokees no eran una banda de nómades. Nada de eso, eran civilizados desde cualquier punto de vista. Tenían un jefe elegido por el pueblo, dos cámaras legislativas, ocho distritos judiciales y una corte suprema.

—¿Pero todo eso funcionaba de manera efectiva, o existía sólo en el papel? —preguntó, incrédulo, Sarmiento, poco amigo de los indios y que algo conocía acerca de la enorme diferencia entre las constituciones escritas y su cumplimiento concreto.

—Si le cuento que su último jefe, John Ross, lo fue durante cuarenta años, eso creo que contesta su pregunta —dijo el senador con aire dubitativo.

—Bueno, ése es tu punto de vista, *dear*, pero no lo era el de Ralph Waldo Emerson cuando denunció las arbitrariedades cometidas con ellos. Pero tan civilizados eran conforme a los estándares de este país, que no son siempre los del mundo realmente civilizado en el aspecto que voy a relatar al menos: que los cherokees, que sumaban 16.000 personas, tenían 1.600 esclavos.

—¿Esclavos africanos? —preguntó Sarmiento, cada vez más extrañado.

—Sí, ¿de dónde podrían provenir si no?

—No sé... De prisioneros hechos en guerras intertribales, por ejemplo —dijo el argentino.

—No, los indios norteamericanos no se esclavizan entre sí —dijo el senador.

—Tampoco en el Río de la Plata ni en Chile —observó Sarmiento.

Su mujer Molly, por su parte dijo:

—Pero vea, señor Sarmentree, si usted duda de lo que le estoy contando, puede confirmarlo con el señor Emerson. Como le comenté ayer, él acaba de volver de Francia e Inglaterra, pero si usted lo visita en su casa de Concord, Massachusetts, será seguramente muy bien recibido por él.

—Ya estuve en Massachusetts; visitando a Horace Mann y no planeo volver al norte. Pero siga usted, señora, con los indios cherokees. Prometo no interrumpirla más.

—Pues bien, había cherokees ricos que vivían en grandes mansiones, tenían lujosos carruajes, grandes bibliotecas, pues también debe saber, señor Sarmentree, que la mitad de los cherokees eran letrados, usando un alfabeto diseñado por uno de ellos, de nombre Sequoya, unos treinta años atrás. Se publicaba un diario en cherokee, y como era un pueblo agrícola, tenían arados, vagonetas, aserraderos, herrerías, etcétera.

—¿Y en materia de educación? —osó preguntar Sarmiento, siempre interesado en el punto.

—¡Ah, hizo bien en preguntar pues recuerdo el dato! Los

cherokees tenían doce escuelas. Aparte que los ricos enviaban a sus hijos a las mejores academias de Carolina del Sud, Tennessee y Connecticut. A todo esto, el presidente Andrew Jackson había adoptado la política de trasladar al oeste del Mississippi a todas las tribus indias. Conforme a ello se firmaron tratados para el traslado con los creeks, appalachicolas, chickasaws, kickapoos, shawnees, delawares y varias otras tribus. Pero John Ross, el jefe cherokee, se negó a firmar ningún tratado. Su tribu había firmado con anterioridad veintiocho y todos habían sido violados por los blancos. Sin embargo, los políticos de Georgia, quienes especulaban con las tierras desalojadas por los indios, encontraron a la subtribu cherokee comandada por Major Ridge, más acomodaticia y lograron convencerlo de que firmara un tratado por el que a cambio del pago de cinco millones de dólares cederían sus tierras al este del río, obtendrían a cambio otras al oeste. Pero la mayoría de la tribu apoyó a Ross en su oposición al abandono de sus tierras, quien obtuvo a su favor 16.000 firmas. Los seguidores de Ridge no eran sino unos pocos cientos.

—Algo me dice que Ridge era más práctico —comentó Sarmiento, a quien el plurielecto John Ross no le caía bien, quizás, oscuramente, por su obvio paralelismo, hasta en su nombre, con Juan Manuel de Rosas.

—En efecto, Ridge y su familia se dieron cuenta de que el avance blanco era irreversible y negoció —dijo el senador.

—¡Pero no todo es negociable en este mundo, señores! La nación cherokee había sido reconocida como una entidad soberana por la Corte Suprema, y es del caso saber que muchas personalidades, tales como Daniel Webster y el mismo jefe militar de las fuerzas existentes en el territorio cherokee, el general Wool, se oponía al traslado. Pero el nuevo presidente Van Buren continuó con la política de Jackson, reemplazó al general Wool por Scott a quien ordenó el desalojo forzoso de los cherokees. La oposición fue inútil y Scott ejecutó la orden. Los indios fueron concentrados en campos, donde sufrieron falta de agua, techo, vestuario, alimentación, y de tal modo humillados, fueron conducidos, mejor dicho empujados, al oeste del río. Miles de indios murieron durante la operación. Una página en la historia de nuestro país que no nos honra, por cierto, al igual que la ley de esclavos fugitivos.

—Sabe lo que pasa, señora, que en todas partes donde la civilización blanca choca con otras, es fatal que se imponga. Es lo que ocurre ahora en México. La Unión de hombres libres ocupará entonces toda América del Norte y se detendrá, por falta de tierra, en Panamá. En nuestro país donde los indios siguen siendo salvajes, no como los cherokees, no pasará mucho tiempo sin que sean asimismo empujados hacia el sur, hacia las montañas y las estepas patagónicas —dijo Sarmiento—. Por casualidad fui testigo de lo que les digo hace dos años en Argelia.

—La hegemonía blanca puede ser considerada como circunstancial. No siempre fueron los blancos los dominantes. Vea usted a Tamerlán, los tártaros invadieron Rusia, y Atila llegó hasta Roma con sus hunos, los turcos destruyeron el imperio Romano de Oriente. Inclusive he oído decir que el imperio chino es el más poderoso de la tierra. En cuanto al caso de Argelia, creo que no encaja muy bien con lo que usted dice, señor Sarmentree —lo interrumpió MacKay—. Los argelinos son blancos y forman parte de una antigua civilización que alcanzó a ocupar toda España y remontó el Ródano, hasta lo que hoy es Suiza.

—Conforme, pero los árabes en general no forman parte de la civilización occidental, sin duda la número uno en la actualidad, dado que no me consta lo que usted dice respecto de China —dijo el senador Clarke, poniéndose del lado de Sarmiento.

—Supongo, sin embargo, que estará de acuerdo en que ello no autoriza a los franceses a colonizar el país —dijo MacKay.

—Lamento contrariarlo, señor MacKay, pero debo decirle que sí estoy de acuerdo en que los franceses ocupen y colonicen el país, haciendo del mismo el África francesa, igual que los británicos lo hacen con la India, una antigua civilización que brilló en su apogeo más que la europea. Vea, señor MacKay, yo escribí antes de emprender este largo viaje un libro que se subtitula: *Civilización y barbarie* en el que tomo la posición de que la inmigración europea deberá repoblar y civilizar nuestro aún muy salvaje país.

—Pero entonces, ¿usted justifica la colonización española en América y la destrucción de las civilizaciones indígenas preexistentes? —le preguntó Molly Clarke, la esposa del senador.

—En su momento sí, por supuesto, España era todavía civilizada por entonces. Su colonización tuvo los mismos o mejores títulos que los de los ingleses y franceses para colonizar el norte del continente. Pero al poco tiempo, España comenzó un proceso de interminable decadencia que pude confirmar al viajar por ese desgraciado país. Al ocurrir la independencia de nuestras naciones, España ya había caído en decadencia extrema, lo que le quitaba legitimidad para seguir ocupándonos y mal gobernándonos —argumentó Sarmiento en forma improvisada, pues la discusión lo había llevado a zonas inexploradas.

—Que no era por cierto el caso de Inglaterra, ¿de donde debo colegir que usted está en contra de nuestra independencia? —preguntó Molly Clarke.

Sarmiento sintió la agudeza del ataque de Molly y apenas atinó a defenderse diciendo:

—Es que las trece colonias ya habían dado muestras suficientes de que igualaban en civilización a la madre patria, de lo que los relativamente pocos años transcurridos desde la independencia confirman plenamente. Puedo decir convencido y con elementos de juicio poderosos a mi favor, que la civilización de los Estados Unidos es superior hoy en día a la inglesa y a la de cualquier país, europeo o no, de donde justifico sin mayores reservas el avance en México y el que podría producirse en Canadá. Seguir siendo gobernados en forma arbitraria por los ingleses era entonces absolutamente injustificado.

—Thomas Payne ya justificaba la rebelión de las trece colonias basado en que tenían un destino metafísico especial y una misión que cumplir. Y Ralph Waldo Emerson escribió que éste es el país del futuro, un país de comienzos, de proyectos, de expectativas, con un destino sublime por el que la raza humana es guiada —agregó el senador, quien retomó la palabra y agregó: — Walt Whitman el año pasado reclamó la retención de California basado en que el aumento territorial de América significa el aumento de la felicidad y la libertad humanas. Mi colega Thomas Hart Benton, en el debate sobre Oregon, dijo que parecería que sólo la raza blanca hubiera recibido la orden divina de subyugar y poblar la tierra.

—O sea que la mayor civilización de un país lo autoriza, a juicio de ustedes, a dominar a sus vecinos sin más ni más, como hizo Napoleón —comentó MacKay.

—Yo me refiero al destino manifiesto de América. Nada que ver con Napoleón —dijo con cierta inspiración patriótica el senador Clarke.

Sarmiento, más apegado a su discusión con el escocés y la esposa del senador, replicó:

—Siempre que el país en cuestión tenga la fuerza militar suficiente y que los vecinos sean bárbaros, como lo son los argelinos —señaló Sarmiento, que comenzaba a sentirse algo incómodo ante la posición que el giro de la conversación lo había llevado a defender.

—Pero tratándose de un país grande y poblado, se puede presumir que la mayor civilización es correlativa a una gran fuerza militar. El reciente caso de Francia. Pero aquí su tesis tropieza con problemas, señor Sarmentree —dijo MacKay—. Para justificar el uso de la fuerza, el país agresor, que se supone más civilizado, debe justificar su más elevada civilización. Por ejemplo, Napoleón debería haber probado que Francia es más civilizada que Austria y que los estados germánicos. ¿Ante quién? ¿No cree usted que su tesis podría envalentonar a algún mandón a lanzar a su país a la conquista de sus vecinos, en condiciones que gracias al ejemplo de Napoleón podría aparecer como el de un benefactor?

—Convengo en que Austria y Alemania no son naciones bárbaras —dijo Sarmiento cada vez con mayores dificultades para defender su tesis. Ya se había percatado de que llevaba a situaciones donde la convivencia internacional se haría imposible y agradeció que la llegada a Wilkensburgh y el descenso consiguiente interrumpiera la discusión. Que no se reanudó cuando la diligencia reemprendió con apuro su camino tras cambiar caballos y postillón, pues aprovechando que el camino había mejorado en forma evidente, los pasajeros, ya hartos de dos días de continua conversación, se habían puesto de acuerdo tácitamente en ponerle fin y dormir.

El viaje se le hizo interminable a Sarmiento. Tanto traqueteo, movimiento, barquinazos. Ni la proximidad de Marjorie lo inquietaba en ese momento. Se le antojaba que seguiría así durante días, semanas, meses y años, andando y andando, de posta en posta, por siempre jamás. Una especie de purgatorio en la tierra. Se le vinieron imágenes de su niñez en San Juan; la batalla a pedradas con otra pandilla de chicos; el vago de su padre; su sacrificada madre, sus hermanas sin dote y sin novios, a cuál más fea; su fallido esfuerzo por lograr una beca para estudiar en Buenos Aires; la escuelita de San Luis; sus primeros trabajos literarios en el periódico *El Zonda*, donde fustigaba las costumbres de aldea de San Juan; recuerda también la soldadesca que lo insultaba e invitaba a bajar a la plaza para afeitarlo en seco y cómo el gobernador Benavídez lo salva y aconseja que se vaya a Chile. El traqueteo sigue, incesante, toma la mano de Marjorie debajo de la manta y ante el tibio y suave contacto se queda profundamente dormido.

La diligencia se detuvo, como solía cuando la distancia entre postas era demasiado larga para dar oportunidad a los pasajeros a aliviar sus necesidades. El pudor a este respecto de los pasajeros ya había desaparecido y apenas paraba el coche, hombres y mujeres se largaban en distintas direcciones al bosque. En realidad, no había pasado tanto tiempo desde que el carruaje dejara la posta, pero aun así Sarmiento, despertado, agradeció mentalmente la buena idea del cochero, pues por asociación de ideas la parada le había dado ganas de orinar. Bajó, ofreció la mano a Marjorie para que hiciera lo mismo, no a su hija Cathie que siempre la desechaba saltando al piso, y al igual que otros pasajeros se adentró en el bosque, más de lo preciso pues el asunto le parecía demasiado íntimo para hacerlo en compañía. Encontró el árbol apropiado y lo regó profusamente. Durante la operación pensó que Marjorie haría lo mismo en ese instante, mojando su vello púbico. Lo que lo llevó al tema del color de sus pendejos. Salvo la ardorosa mujer con la que se había acostado en el prostíbulo de Venecia, Sarmiento sólo había conocido mujeres con pendejos negros. Pero pensó que los de Marjorie serían rubios. El pensamiento lo excitó. Terminado el chorro, se hizo el silencio aunque no absoluto, pues el sanjuanino oyó el rumor de conversaciones. La curiosidad venció al temor y avanzó con sigilo y agachado hacia el lugar de donde provenía el ruido. En un claro del bosque vio a un conjunto de personas de ambos sexos vestidos a la usanza del siglo XVII, que hablaban y reían. Un individuo mayor les pidió silencio, les dijo unas palabras y comenzaron a entonar cánticos religiosos en latín con acento anglo, con animación creciente al ritmo impreso por violines, flautas y tamboriles. Sarmiento observaba todo con gran interés, agazapado para no dejarse ver. De repente, una joven muy rubia y gorda, más excitada que las demás, entró en trance. El canto dio lugar a agudos chillidos y presa de un temblor irreprimible cayó en la hojarasca, empapada de sudor. Como si le faltara el aire, se arrancó la blusa y sus pechos quedaron al descubierto.

Fue como la orden para que otras jóvenes la imitaran y en el mayor desorden, sobre ellas se tiraron los del sexo opuesto. En medio del tumulto, muchachos y muchachas se fueron sacando o arrancando la ropa, volando las capelinas y los sombreros de anchas alas, tras lo cual comenzaron escenas que al comienzo excitaron al argentino, que dudó si mezclarse en la orgía sobre todo cuando le pareció ver a Marjorie revolcándose en el suelo con un individuo que parecía un fauno. Pero a poco la excitación dio lugar a la revulsión, que lo decidió a volver a la diligencia.

Como temió ser descubierto por el pastor, que se había apartado un tanto sin intentar en ningún momento detener a los sobreexcitados jóvenes, se alejó con disimulo y volvió a la diligencia preguntándose si en realidad sería Marjorie la mujer que había visto en pleno frenesí. Cuando entró en el carruaje, ante su extrañeza, todo estaba en orden, Marjorie sentada en su lugar, lo saludó con mucha ceremonia. Había sido el último en volver. Impaciente, el postillón hizo chasquear su largo látigo y azuzó a los caballos que percibieron que el descanso había concluido y retomaron la marcha.

El argentino estaba confundido, ¿lo que había visto sería real? ¿O el producto de su imaginación exaltada por tanto rodar? Pero no, había una prueba, era evidente que había vaciado su vejiga por lo que... Se tocó el pantalón y se dio cuenta de lo ocurrido: el grueso paño oscuro estaba empapado. No había sido el árbol el destinatario de su meada.

Ya sin saber si estaba despierto o soñando, Sarmiento miró por la ventanilla y alcanzó a ver cada vez más poblaciones, más campos cultivados con maíz, en plena cosecha, y también las fundiciones, fábricas de acero y de vidrio cuya carbonilla lanzada al aire por altas chimeneas ennegrece el cielo y perjudica la vegetación de modo progresivo a medida que se acercan a Pittsburgh. Por algo se llamaba a la ciudad la Birmingham americana, la Sheffield del nuevo mundo y también *Smoky City,* la ciudad humeante. Emerson observaría en su visita a la ciudad cuatro años más tarde, que Pittsburgh "era una ciudad de carbón, no de acero": dondequiera que mirara Emerson vio "casas negras, aire negro, caras negras y negras vestimentas de hombres y mujeres". Exento de preocupaciones ecológicas, Sarmiento contemplaba con envidia el espectáculo, soñando con verlo pronto repetido también en una República Argentina libre del oprobio rosista.

El camino ora bordeaba el río Monongahela, hacia el sur, ora se aproximaba al Allegheny, hacia el norte, que cada vez corrían a menor distancia uno de otro. De golpe el carruaje entró en la ciudad, con su compacta edificación de tres o cuatro plantas y calles pavimentadas de madera. Constreñida a la cada vez más estrecha península formada por los dos ríos, la ciudad los superaba extendiéndose hacia el otro lado de ellos, comunicándose con los suburbios mediante numerosos ferries que cruzaban ambos ríos.

Apenas llegados a la posta, Sarmiento, ansioso por encontrar a su amigo Arcos, se despidió con apuro de sus compañeros de viaje, con quienes mucho antes de la llegada ya había intercambiado tarjetas. Más cordial fue su despedida de Molly Clarke con quien había trabado amistad pese a sus divergencias. Marjorie le deseó suerte en la búsqueda de Arcos y le digo que cualquiera que fuera el resultado lo esperaba en el barco.

—Sí, por supuesto —dijo Sarmiento, todavía inseguro sobre si encontraría a su compañero de viaje; no quería dejar de cosechar los dividendos que, suponía, cobraría de ella en el barco, por las tareas iniciadas en el accidentado viaje en diligencia. Sarmiento echó una mirada cómplice a Marjorie mientras le daba con toda formalidad la mano, ceremonia que repitió con la niña, que le hizo una fría reverencia.

El Hotel de los Estados Unidos existía en Pittsburgh, y hacia allí se dirigió Sarmiento, precedido por una vagoneta en la que el changador que la empujaba había colocado su copioso equipaje. Llegado al hotel con ansiedad preguntó por "Mister Arcos" y dio un respingo de alegría al serle informado que en efecto paraba en el hotel y que estaba en su habitación. Hacia allí se dirigió presuroso Sarmiento, subiendo de dos en dos los peldaños de la escalera, recordando el reto que había decidido darle. La puerta estaba sin cerrojo y al entrar vio a Arcos sentado en una mesa contra la ventana, escribiendo. Se dio vuelta para averiguar quién entraba y al ver a su perdido compañero de viaje, se levantó como un resorte para abrazarlo con afecto.

—¡Don Domingo! —¡No sabe cómo me alivia el verlo reaparecido! Justo estaba escribiendo un aviso para ser publicado en los periódicos donde hacía saber que lo esperaba aquí. ¡Suerte que no es necesario publicarlo!

Sin esperar las reconvenciones del sanjuanino, se apresuró a echarse la culpa de lo ocurrido, a su impaciencia, a que había actuado como un cabro irresponsable, etcétera. Tan angustiado lo vio Sarmiento que olvidó sus propósitos, le tendió la mano y se rió de todo lo ocurrido, que comenzó a relatar.

—Te comento que ando medio enamorado de una viuda que viajó también en la diligencia —contó el sanjuanino, dando algunos detalles al respecto, con esa típica falta de discreción machista, lo que fue escuchado con fruición por Arcos, que se lamentó porque nada parecido le había ocurrido a él.

Entretanto Sarmiento desnudo y parado arriba de una palangana, se mojaba vertiendo agua con una jarra y enjabonándose. Se emprolijó luego la barba y se puso ropa limpia, con la cabeza puesta en Marjorie ante quien deseaba presentarse de la mejor forma posible. Terminados estos aprestos estéticos e higiénicos quiso ir prestamente al banco para devolver el préstamo del señor Leslie. En el camino siguió el relato, y desde el banco Arcos lo llevó a la punta de la ciudad, a una elevación donde se veía el soberbio panorama de la unión de los dos ríos que rodean Pittsburgh y que dan nacimiento al río Ohio. El tiempo había mejorado y el sol iluminaba el paisaje.

En el camino Arcos le comentó que apenas dos años antes toda la parte céntrica de la ciudad había sido destruida por un gran incendio.

—¡Qué notable! No hay huellas de tal incendio. Estos yanquis son formidables. Aunque podrían haber aprovechado para ensanchar las calles, que son tan estrechas —comentó Sarmiento.

—Este sitio, el antiguo Fort Duquesne —empezó a relatar Arcos— fue el teatro de la guerra con los franceses a los cuales debió rendirse Washington en su primera experiencia militar, en 1754. —Sarmiento lo interrumpió para decirle que ya lo sabía y que de todo eso habían hablado extensamente esa mañana en la diligencia.

Arcos aprovechó entonces el buen humor del sanjuanino para confesarle que la mayor de sus preocupaciones durante su separación de Sarmiento era de carácter muy utilitario: confiaba en que Sarmiento lo vinculara a los círculos literarios y periodísticos de la capital chilena y el desencontrarlo frustraría su propósito.

—Como creo que usted sabe, don Domingo, yo dejé Santiago siendo un huahua de apenas dos años cuando hace veintitrés mi padre me llevó a París. Todo lo que sé de Chile lo he aprendido de las conversaciones de mi padre con amigos chilenos. De allí mi interés en volver a Santiago con una persona tan prestigiosa como usted, como ya se lo he dicho.

—Eso de prestigiosa... —empezó a decir Sarmiento con falsa modestia, en verdad muy halagado por el cumplido del cabro.

—Sí, no me diga que no es cierto porque sería un embustero. Ni papá ni yo volvimos nunca allá, aunque mi padre planea volver a iniciar un banco. ¿Qué le parece la idea?

—Este..., bueno. Pienso que un banco le vendrá bien a Chile. Pero también temo que el proyecto sufra inconvenientes.

—¿Inconvenientes? ¿De qué naturaleza? ¿Por qué?

—No me da ningún placer decírtelo, pero tu padre no ha dejado buenos recuerdos a cierta gente allá en Santiago —dijo Sarmiento rehuyendo mirar directamente los ojos ansiosos de su joven amigo.

—¿Después de tantos años? ¿Y por qué motivos? Cuénteme, por favor.

—Motivos que yo no he vivido. Hace poco tiempo que vivo en Santiago.

—Pero por lo visto los ha escuchado. Dígame, se lo ruego —

lo urgió Arcos.

—Preferiría que te enteraras al llegar allá. Yo sólo podría repetir lo que he escuchado y no sé si mi repetición sería fidedigna, ni cuán verdaderas son las versiones que he oído.

—Yo, don Domingo, preferiría que me lo contara usted, para estar preparado cuando escuche los comentarios que sin duda me llegarán —le pidió Arcos con firmeza, y agregó: —Al fin y al cabo, según he escuchado, Santiago, con 60.000 habitantes, es poco más que un pueblo. Pueblo grande, pero pueblo al fin.

—No tan poco. La población de Nueva York a principio de siglo —dijo Sarmiento tratando de cambiar de tema.

—Pero ahora tiene medio millón —replicó el chileno.

Quedaron callados. En el fondo, por ese dejo de maldad que todos tenemos, Sarmiento tenía ganas de contarle al muchacho las notorias andanzas de su padre. De allí que retomó el hilo de la conversación, y le dijo:

—Y bien, si me lo pedís, voy a contarte la historia según la he escuchado de gente, te anticipo, que no quiere demasiado a Antonio Arcos, tu padre. Como sabrás, él es español y formó parte del ejército de Pepe Botellas, es decir, José Bonaparte, siendo por lo tanto calificado de "afrancesado" en España. De tal modo, al ser derrotados los franceses, debió huir a Inglaterra desde donde pasó en 1814 a a Mendoza, donde San Martín preparaba el ejército que invadiría a Chile. Tu padre se alistó en el arma de ingenieros con grado de oficial. Tras el desastre de Cancha Rayada, fue de los primeros en llegar a Santiago y divulgar la noticia de la derrota, lo que provocó gran pánico, motivo por el cual fue tachado de derrotista y hasta de traidor. La oficialidad pidió a San Martín que le fuera formada una corte marcial, pero San Martín optó por hacerlo pelear en Maipú como granadero raso, donde recuperó la confianza de su jefe. En cuanto a tu madre, Isabel Artegui, innecesario es decirte que pertenece a una linajuda familia santiaguina.

—Sí, claro, y sobrina de quien fue obispo de Santiago, José

Santiago Rodríguez Zorrilla, en cuya residencia yo nací y por él recibí mi nombre. También sé que el obispo era partidario del rey lo que motivó su expulsión a Mendoza —dijo Santiago Arcos.

—En efecto. Tu padre fue accionista de barcos que obtuvieron patente de corso, capturando naves españolas que rumbeaban al Callao. Por entonces se vinculó estrechamente al ministro de Hacienda de O'Higgins, José Rodríguez Aldea, que no ha dejado buen recuerdo en Chile. Según se dice, tu padre fue socio de Rodríguez Aldea en negocios poco claros...

—¿Poco claros? ¿Qué quiere decir con eso? ¿No podría ser más preciso, don Domingo? —preguntó, molesto, Arcos.

—Bueno, se trataría de contrabando, en el fondo la razonable reacción en favor del libre comercio —dijo con indulgencia Sarmiento, gran propulsor del mismo—. Pero peor, he oído decir que fue seleccionado para hacer llegar por mar a Talcahuano, a la sazón sitiada por el realista Benavídez, un cargamento de municiones a los defensores. —¡Cuál sería la frustración de éstos cuando abrieron las cajas y descubrieron que en lugar de municiones contenían escoria y ladrillos!

—¡Qué vergüenza! —exclamó el joven—. Pero, ¿podrá ser cierto? No lo creo capaz a mi padre de hacer algo así.

—No, no debe serlo. Chimentos y maledicencias como éstas del tiempo de la lucha contra los godos son cantidad, pero sólo te pongo en conocimiento de ellos en lo que concierne a tu padre, conforme me lo pediste, Santiago.

—Sí, sí, por supuesto, pero confieso que me duele oírlos. Se trata nada menos que de mi padre, usted comprenderá, don Domingo.

—Perdón si estoy hiriendo tus sentimientos. He sido demasiado crudo. Pero es lo que yo he escuchado, así de simple —se excusó Sarmiento al observar la sombría reacción de su amigo.

—No se preocupe, yo se lo pedí. Por favor, continúe, don Domingo.

—No hay mucho más que decir. Cuando cayó el gobierno de

O'Higgins en 1823, tu padre pasó a Mendoza. —Sarmiento iba a decir "huyó" pero cambió el verbo—. Volvió a Chile por poco tiempo. En 1824 ya estaba en Río de Janeiro haciendo negocios con el emperador —"ruinosos para éste", pensó pero calló. "En definitiva, estafar al emperador esclavista quizá fuera buena cosa", pensó el sanjuanino—. De allí tu padre siguió viaje a París donde se ha dedicado a negocios bancarios.

—Bueno, y ahora desea volver una vez más a Chile para abrir un banco. Entiendo que no hay ninguno —dijo Santiago.

—No, no lo hay. Ahora te quiero hacer una pregunta: ¿Tu regreso a Santiago está vinculado al de tu padre? ¿Vas allí para tantear su regreso? —le preguntó Sarmiento.

—No, de ninguna manera. Mi decisión ya estaba tomada cuando él me hizo saber su propósito de volver. La verdad es que, aunque papá me hizo estudiar negocios con la intención de que trabajara con él, lo defraudé pues nada me interesa menos que los negocios, bancarios o comerciales de cualquier índole. Él me envió a Inglaterra para que trabajara en bancos y me interiorizara de su manejo, pero en vez de ello examiné el funcionamiento de los falansterios. Yo estudié las ideas de Saint Simon y soy socialista convencido. Sé que se va a reír de mí, don Domingo, pero voy a Chile, al país que considero mi verdadera patria, pese a no tener ningún recuerdo de ella, para propagar el ideario socialista. Usted no lo sabe, pero la idea me la dio usted mismo.

—¿Yo, cómo es eso? —preguntó Sarmiento.

—Al advertir el éxito que usted y otros argentinos han tenido como literatos, escritores políticos y periodistas, me dije, si ellos, usted sobre todo, han podido tener tanta influencia siendo extranjeros, ¿por qué yo, siendo chileno, no podría hacer algo semejante? Es una pedantería, ya lo sé.

—Podría contestarte: porque nadie es profeta en su tierra. Pero dejame decirte que yo atribuyo el relativo éxito que hemos tenido los argentinos emigrados en Chile a que las luchas políticas que hemos debido sobrellevar en nuestro país, y nuestra emigración forzada, nos despabilaron y, por otra parte, estuvimos obligados a usar la pluma para subsistir y poder expresar nuestras ideas. Cada vez que me encuentro con uno de los literatos más distinguidos de Santiago, José Victorino Lastarria, con quien tuve una fuerte disputa no hace tanto tiempo, a quien deberás conocer cuando lleguemos a Santiago, me recuerda cómo me vio en ese cuarto en los altos de una casa en la Plaza de Armas sin nada más que un catre, un cajón por velador y unos pocos libros. Chile ha sido un remanso de paz comparado con las otras naciones que se liberaron del yugo español. En un clima tan tranquilo y pacífico, no se dieron, pienso yo, las condiciones para que emergiera gente con mayores inquietudes y frustraciones, como nosotros los exiliados argentinos, aunque ello está cambiando. Espero que vos ayudés a acelerar el cambio. ¡Ah, también tendrás que verlo a Francisco Bilbao con quien te vas a entender!

—Gracias, don Domingo. Pero en cuanto a lo que decíamos, no han faltado las luchas políticas entre pelucones y pipiolos en Chile. Inclusive armadas —hizo notar Arcos.

—Pero no se puede comparar con la ferocidad de aquéllas entre federales y unitarios en la Argentina, o entre blancos y colorados en la Banda Oriental.

—Lo que no entiendo es cómo usted, con sus antecedentes políticos, puede colaborar con el régimen pelucón de Bulnes y su ministro Montt —se quejó Arcos con agresividad—. Un régimen que es heredero directo del colonial, defensor del feudalismo que sigue rigiendo en mi país, con sus mayorazgos y títulos nobiliarios, que concentra la riqueza y la tierra en poquísimas manos mientras mantiene en la miseria al grueso de la población.

—Estás muy equivocado y se ve que hablás de oídas. Los catorce títulos nobiliarios que existieron durante la colonia fueron eliminados, como lo han sido los veintiún mayorazgos que en parte se superponían con los títulos de nobleza, caso del marquesado de Larraín, por ejemplo. Pero estás en lo cierto en cuanto a que hay todavía fuertes vestigios de feudalismo en tu país, herencia de las encomiendas de indios confiadas a muy pocas familias que usufructuaban, usufructúan todavía, el grueso de las tierras productivas y pese a que la encomienda de indios ya había sido abolida durante el período colonial, aún antes de la independencia. En el Río de la Plata la estructura social fue mucho más igualitaria, no hubo, en primer lugar, nobleza ni mayorazgos. En parte, porque a diferencia de Chile, la tierra es barata en vista de su abundancia. La tierra de la inmensa pampa casi no vale nada, en parte por el peligro que representan las incursiones de los salvajes. Pero aun así, Chile es un oasis de la civilización en ese desierto cultural y político que comienza en México y acaba en Buenos Aires. Yo creo en la evolución más que en la revolución —dijo Sarmiento haciendo suyo lo dicho a este respecto por MacKay—. Y tengo muy presente lo que escribió hace cinco años el general San Martín sobre el "orden y progreso" de Chile. Palabras más, palabras menos, el sentido es el que sigue: "Soy de los que creen, decía San Martín, que es necesario que las constituciones que se den los pueblos estén en armonía con su grado de instrucción, educación, hábitos, género de vida, etc. Por fortuna para Chile, sus habitantes han tenido el buen juicio de mantener las barreras que separaban las diferentes clases de la sociedad, conservando la preponderancia de la clase instruida y con algo que perder. Esto, unido a su situación geográfica, lo ha salvado".

—Usted no cree en esas patrañas típicas de un reaccionario, supongo —dijo Arcos, con sequedad.

—¡Ninguna patraña! —respondió el argentino, molesto por la acerba crítica de Arcos—. Fíjate en algo muy importante: la preponderancia que aprueba San Martín es de la clase instruida, no de la clase rica. Es una aristocracia del saber, no una plutocracia del dinero.

—Oí que San Martín aprobaba también la preponderancia de la clase que tiene qué perder. Es decir, la plutocracia que se confunde con los miembros de la clase instruida de la que habla San Martín, conjunción no casual por ser los ricos los únicos que pueden costear la educación de sus hijos ante la falta de escuelas públicas. Y ésa es justamente la plutocracia que por lo que sé gobierna Chile —afirmó con calor Santiago Arcos.

—No estoy de acuerdo con la sinonimia que hacés entre clase instruida y clase rica. Yo soy el mejor ejemplo. Fui pobre de solemnidad y sin embargo he conseguido cultivarme un poco —dijo Sarmiento, con afectada humildad.

—El suyo, don Domingo, es un caso excepcional, seguro que lo sabe. Lo de San Martín es, en el fondo, la aplicación de la idea por la cual no puede haber civilización elevada sin la esclavitud de la masa, ya sea legal o de hecho. Es poco menos que la justificación que hizo de la esclavitud ese Aquiles Murat, sobrino de Napoleón, a Ralph Waldo Emerson: "La esclavitud hace posible emplear grandes capitales en la agricultura y ella hace posible para el plantador 'cultivar su espíritu' haciendo de él 'uno de los modelos más perfectos de la raza humana'". La idea es sacrificar a cientos de africanos para que un plantador pueda cultivar su espíritu. Ése es, en el fondo, el pensamiento del llamado Libertador, que no se preocupó en liberar al pueblo de la pobreza y la ignorancia —y Arcos pronunció estas últimas palabras con fuerte tono despreciativo.

—Bueno, es una interpretación tan amplia del pensamiento de San Martín que toca en lo antojadizo. San Martín no habla de esclavitud y tan sólo pondera a Chile por haber mantenido la separación de las distintas clases, algo enteramente distinto. Y es probable que lo haya dicho pensando en cómo en la Argentina esa falta de separación condujo a la anarquía, a la guerra civil y, en definitiva, al predominio de la clase bárbara. Si comparamos la evolución política de ambos países no podrás sino concluir en que la de Chile ha sido muy superior desde todo punto de vista.

—No conozco la realidad argentina como para poder emitir un juicio sobre ella —dijo el chileno eludiendo una respuesta—. Tampoco me consta que las desgracias que recaen sobre su país, don Domingo, son culpa de la falta de la diferenciación de clases.

Pero sí sé que en países donde la esclavitud está abolida, como en Inglaterra, Francia y muchos otros países europeos, el proletariado vive en todos ellos en condiciones no muy distintas de la esclavitud. Aparte de que en Rusia subsiste la servidumbre de los campesinos.

—Bueno, bueno, te estás engolosinando con grandes palabras y grandes teorías, pero te diré que la enseñanza y la educación popular se expanden poco a poco. Sus progresos en Prusia, por ejemplo, son evidentes. Y gracias a su inteligente sistema de educación, está más preparada que la Francia misma para la vida política —sostuvo Sarmiento—. Por otra parte, es indudable que el avance del maquinismo va a elevar el nivel de vida de los pueblos. Franklin ha sido el primero que ha dicho: "Bienestar y virtud. Sed virtuosos para que podáis adquirir, adquirid para poder ser virtuosos. Todas las leyes modernas están basadas en un principio nuevo de moral: abrir a la sociedad en masa, de par en par, las puertas al bienestar y a la riqueza". En este país lo habrás podido advertir por todos lados.

—Los negros no creo que lo adviertan —refutó con sorna Santiago—. Por otra parte, sus amigos capitalistas, don Domingo, al igual que San Martín, confunden los conceptos. Cuando Franklin dice "Sed virtuosos para que podáis adquirir", por virtuosos entiende en realidad ahorrativos. Entonces el consejo es "Sed ahorrativos para que podáis adquirir". La segunda parte es todavía más confusa pues qué significa en verdad "¿adquirid para ser virtuosos?".

—Yo entiendo que ahorrar es una virtud, y si con el ahorro todo el mundo puede adquirir bienes, invertir en mejorar la producción, por ejemplo, el movimiento económico acrece la producción, el comercio, el transporte, lo que hace a la prosperidad.

—Entonces, lo que Franklin quiso decir es "Consumid y gastad para incentivar la producción y el comercio". Pero nada tiene que ver en todo esto la virtud, pues se puede ser frugal y austero y virtuoso a la vez. Más aún, diría que lo son más los austeros y virtuosos que los dilapidadores y virtuosos. Claro, la frase de Franklin al mezclar virtud y gasto aparece más atractiva, pero es falsa a poco que se la analice. ¿Y cuál es el principio nuevo de moral?

—En primer lugar, se puede ser austero y rico a la vez, el caso del comerciante que invierte sus ganancias en su negocio y mantiene un tren de vida frugal. Ganar dinero es, según la moral de Franklin, que es la protestante en realidad, una virtud —aclaró Sarmiento que a esta altura de la conversación ya estaba un tanto confundido ante la argumentación del chileno.

—El consejo de Franklin no es sino el de John Wesley, el fundador del metodismo —dijo Arcos—. Wesley observaba que los industriosos y frugales, virtudes que recomendaba, se hacían sin duda ricos. De allí que dijera, como lo recomendó Franklin no mucho tiempo después, que no debía evitarse el ser industrioso y frugal y que se debía exhortar a los cristianos a ganar todo lo que pudieran y a hacerse ricos. Claro que le preocupaba que junto a la riqueza creciera el vicio. Cuando mi padre me envió a Inglaterra a estudiar banca, me interesaron las sectas protestantes, lo que sin pensarlo me sirve ahora para discutir con usted, don Domingo.

—Respecto de este punto, debés recordar la parábola del talento, en la que Jesús comenta cómo un patrón reta al sirviente a quien entregó un talento mientras él partía de viaje y se limitó a guardarlo sin intentar reproducirlo, como sí lo hicieron sus colegas. Y Jesús dijo algo así como: al que todo tiene, se le dará en abundancia y al que nada tiene, nada le será dado y lo que tenga se le quitará.

—Sí, justamente. Me pareció tan injusta esa parábola que perdí interés en la religión y me dediqué a estudiar el socialismo, en el que reina el principio inverso: a quien todo tiene, se le quitará algo para darlo a quien nada tiene —dijo Arcos.

—Bueno, no hay que tomar en sentido literal lo que dijo Jesús. Creo que Él se refería a la fe. A quien la tiene le será dada más, y al que no, la poca que tenga le será quitada. Pero volvamos a Franklin y a Wesley: sus principios concluyen al abrir a la sociedad en masa las puertas del bienestar y la riqueza, de lo que los Estados Unidos son el mejor ejemplo, lo que no ocurre con quienes propugnan la justicia distributiva, pues tantos son los pobres que quitarles a los ricos en nada mejora su condición. Aparte de que algo tienen de razón los puritanos y protestantes en general en achacar a los pobres la culpa de su pobreza —reflexionó Sarmiento que temió una nueva andanada de contrargumentos por parte de su joven amigo Arcos, cuya capacidad polémica comenzó a apreciar.

"Este hombre habla como si hubiera leído a Max Weber sesenta años antes de que escribiera acerca de la ética protestante y el espíritu capitalista", reflexionaba Arcos mientras escuchaba a Sarmiento. Mientras esto pensaba, alcanzó a decir:

—Me dicen que los pobres chilenos, los rotos, viven en una miseria espantosa. ¿Cómo van a poder ahorrar si nada tienen?

—Con todo, siempre encuentran algo para comprar vino y mamarse —dijo el sanjuanino, quien prosiguió diciendo: —Pero aparte de todas estas teorías, que no creas que las entiendo ciento por ciento por cuanto mi mente no está dotada para el pensamiento metafísico ni para la alta filosofía, yo creo que en países como Chile o la Argentina el único, el más seguro método de ascenso social, es a través de la educación. Y a eso se dirigen mis mayores esfuerzos, que serán los únicos una vez derribado el canalla de Rosas. Y en cuanto a los métodos socialistas que vos propugnás, no serán jamás admitidos en Chile. La clase dominante, los ricos, no lo permitirían e igualar a los desiguales no conduce a nada bueno. En cambio, sí es posible y bien conceptuado educar. Educar a la masa, al soberano, que es quien gobierna en una democracia. Es lo que se ve en este país donde nada se regala, pero que a través de la buena educación se abren a todos posibilidades de acceder a la riqueza. No se da el pez, no se da limosna, sino el anzuelo y la carnada. No sé si soy claro.

Arcos asintió con reticencia y Sarmiento prosiguió entonces:

—Debés saber que el gobierno de Bulnes, al que calificaste de pelucón, está muy interesado en extender la instrucción, a lo que yo he colaborado lo mejor que he podido. Y es a través de la educación, como te acabo de decir, que los pueblos podrán acceder a los niveles más elevados de civilización que vos ambicionás rompiendo el molde feudal heredado de la colonia. Los rotos educados dejarán de ser rotos. Más aún, ese interés por la educación me ha traído a este lugar. Lo que se debe modificar en Chile son los hábitos sociales, la resistencia de los señoritos a los trabajos manuales y artesanales. No es posible que la gran mayoría de las pequeñas industrias y comercios estén en manos de extranjeros debido a ese prejuicio heredado de los españoles que se asentó más en Chile que en mi país.

—Estoy muy de acuerdo, pero ello no debe impedir un cambio de organización social donde el fruto del trabajo se distribuya con más justicia —dijo Arcos.

—Sí, conozco la idea. Cinco doceavos para el trabajo, cuatro doceavos para el capital y tres doceavos para el talento, como sostiene Fourier. Muy lindo decirlo, pero ¿por qué esas proporciones arbitrarias? ¿Cómo y quién establece quiénes son los talentosos? Las jerarquías en que se debería dividir la sociedad, según Saint-Simon, conforme a la capacidad de las personas adolecen del mismo inconveniente, el de quién las establece y quién elige al Gran Calificador. En todas esas teorías hay elementos autocráticos muy visibles y reñidos con la igualdad y aún más con la libertad. Como la idea de Saint-Simon de que los jefes de industrias deben controlar la sociedad, olvidando las prevenciones de Adam Smith contra los comerciantes. Fourier cree, equivocadamente, también, en que los gobernantes están bien inspirados y que son altruistas, atendiendo los mejores intereses de la comunidad y sin ninguna clase de egoísmo o defensa de intereses particulares o de grupo. Lo cual es irreal y, repito, utópico.

—Sin embargo, el experimento de Robert Owen en New Lanark, en Escocia, anduvo muy bien —señaló Arcos, sin estar dispuesto a rendirse sin más.

—Sí, sin duda, pero no porque las ideas socialistas de Owen fueran acertadas sino porque él fue un gran jefe de industria, un ingeniero con grandes conocimientos sobre la industria del algodón y totalmente dedicado a su fábrica. Pero sus comunidades de New Harmony en el estado norteamericano de Indiana así como la de Orbiston, cerca de Glasgow, en Escocia, fracasaron miserablemente. Y no me vas a negar, estimado Santiago, que sus comunidades de 1200 personas que debían vivir todos juntos en un gran edificio, y donde a los tres años de edad los chicos serían arrancados de sus padres para ser tomados a cargo de la comunidad no son un gran disparate. La idea me recuerda a los grandes hoteles norteamericanos donde suelen ir a vivir las parejas recién casadas.

—Tan disparatado no debe de ser el sistema por cuanto surge con espontaneidad aquí —se defendió Santiago—. Puesto que ha leído a Franklin recordará seguramente su descripción de la comunidad de los moravios, que trabajaban para un patrimonio común, comían en las mismas mesas y dormían en grandes dormitorios comunes.

—Que surjan con naturalidad esas comunidades no me parece mal, pero sí que surjan porque así lo dispone el úcase de algún mandamás —dijo Sarmiento, que tiró de su cadena de oro y extrajo su reloj. Tras ver la hora, agregó: —Creo que debemos ir yendo. Tiempo no nos faltará en el viaje para seguir la discusión de estos temas.

—Si la atención a la gringa no se lo absorbe por completo —replicó Arcos con sonrisa mordaz.

Sarmiento no hizo caso al comentario y, un tanto preocupado por la acusación de Arcos de colaborar con un gobierno pelucón, agregó:

—Además, mi querido Santiago, quiero que tengas en cuenta que mi carácter de extranjero me impediría, de quererlo yo, ponerme a actuar como reformador social. Tu gobierno me ha dado una base invalorable para combatir el régimen rosista. Yo estoy en firme convencido de que Bulnes y el ministro Montt trabajan con sinceridad por el progreso de Chile.

—No quiero dejarle la impresión de que soy un socialista utópico, don Domingo. Una utopía aún mayor en Chile donde, por lo que sé, nueve décimos de la población vive en un estado de pobreza y degradación espantosa. Lo que voy intuyendo es que Chile requiere un gobierno de labradores, artesanos, mineros, comerciantes y capitalistas para cambiar la estructura feudal que subsiste aún y que mantiene en la pobreza a la muchedumbre de rotos, inquilinos y peones semiserviles.

—Pues bien, a la persona a quien tenés que ver en primer lugar se llama Francisco Bilbao, en quien vas a encontrar un alma gemela y un aliado. Pero no olvidés lo que te dije de Chile: un oasis en el desierto cultural, dominado por mandones rústicos que es la norma en América desde México hasta Buenos Aires. Chile es la excepción, una sociedad abierta a las nuevas ideas, con una prensa libre, donde podrás encontrar toda clase de libros y autores y en cuyo marco de libertad varios compatriotas y yo mismo hemos tenido todas las oportunidades para exponer nuestras ideas y acceso en los diarios para publicarlas.

Y así mientras conversaban y discutían los dos amigos continuaron su caminata hacia el hotel por las abigarradas calles de la ciudad, donde tomaron su equipaje y pagaron sus cuentas, correspondiéndole tan sólo 75 centavos de dólar a Sarmiento, que con prolijidad anotó en su libreta de gastos, y desde allí siguieron hacia el muelle donde debían encontrar el vapor... y a Marjorie.

Capítulo 8

La zarpada, la carrera y los sucesos que siguieron y que provocaron la frustración de Sarmiento.

Los dos viajeros llegaron al muelle sobre el río Monongahela donde había una larga hilera de vapores atracados. Algunos humeaban por sus largas y altas chimeneas, las calderas eran alimentadas por cuadrillas de negros semidesnudos. En el muelle, cerca del puente de entrada junto a cada uno de ellos había un pizarrón en el que estaba escrito el nombre del barco, el nombre del armador y los de los pilotos, así como los puertos que tocaría y el de destino final y la fecha y hora de zarpada. A lo largo del muelle y en el río había gran movimiento. Del muelle cargaban en los barcos grandes cajas con toda clase de mercaderías destinadas al bajo Mississippi; de los mismos u otros barcos se descargaban bolsas de azúcar, que de inmediato se subían en grandes carromatos arrastrados por mulas, para ser transbordadas. Del lado del río había lanchones junto a los barcos, desde donde trasbordaban carbón o madera destinada a ser devorada por las calderas de los barcos. A su vez de los barcos pasaban a otros lanchones balas de algodón destinadas a las hilanderías de Nueva Inglaterra y también de la misma Inglaterra. Las barcazas recorrían el largo y complicado canal, complementado en tramos por ferrocarril, hasta Philadelfia, canal destinado a competir con el de Buffalo a Albany en el estado de Nueva York, donde conectaba con el Hudson y que explicaba la supremacía ganada por la ciudad de Nueva York sobre la de Filadelfia.

—Estas obras son colosales, pero el canal que recorre Pennsylvania es mucho menos eficaz que el del estado de Nueva York, que no debe trasponer los Alleghenies —explicó Arcos, a quien un ingeniero francés que se alojaba en su mismo hotel lo había instruido—. El gallo está entusiasmado con la idea de construir un canal para grandes barcos entre Suez, en el Mar Rojo, y el Mediterráneo. Según él ya existió no hace tanto tiempo, pero fue abandonado, invadido por la arena.

—¡No, no creo que sea posible! Los mares pueden tener distinto nivel y mareas a distintas horas, con lo que se formarían enormes correntadas. Pensar que en 1680 en tiempos de Luis XIV ya se construyó el canal de Languedoc que une el Atlántico con el Mediterráneo, que permite a los barcos de guerra franceses ir de un mar al otro sin dar la vuelta a la península ibérica, evitando pasar por Gibraltar. ¡Qué obras! Mientras Rosas, lejos de fomentar la navegación por ese inmenso canal que Dios nos ha dado con el río Paraná, lo ha bloqueado con una cadena de hierro! ¡Qué falta de visión, mi Dios! —dijo Sarmiento.

Al ver el espectáculo, Sarmiento soñaba que de no ser por Rosas y el cierre de los ríos a la libre navegación, sería dable contemplar un espectáculo similar en los puertos del Paraná, Uruguay, Salado e, inclusive, el Bermejo. Pero la desmentida de Arcos al uso del canal de Languedoc por barcos de guerra, por su falta de calado, avinagró un tanto a Sarmiento, que no gustaba que lo contradijeran, menos alguien diez años menor.

Por fin llegaron hasta un pizarrón que, escrito en tiza blanca en caracteres góticos, informaba lo siguiente:

MARTHA WASHINGTON
Informamos a los señores pasajeros que este barco no zarpará debido a desperfectos mecánicos que se están reparando.

En su reemplazo, y confirmando los avisos aparecidos en los diarios de esta ciudad, saldrá el mismo día y hora, es decir, el 21 de octubre de 1847, a las 6 p.m. el vapor:

THE MESSENGER
Pilotos: David Armstrong y Caleb Peterson

Puesto que
THE MESSENGER
tiene menor cantidad de cabinas que el
MARTHA WASHINGTON

deploro confirmar lo informado en los periódicos, que no podré honrar cierto número de reservas de cabinas. Se dará preferencia a quienes primero confirmen su partida. A quienes no puedan o no quieran viajar les será devuelto de inmediato el importe pagado.

THOMAS FARRAGUT, armador

—Quiero suponer que habrás confirmado la reserva de la cabina —dijo Sarmiento a Santiago Arcos en tono interrogativo.

—No, no estaba enterado del cambio de vapor —respondió un Santiago algo intimidado.

—¿No lo leíste en los diarios? —En su interior Sarmiento comenzó a agitarse al pensar que así como había perdido a Arcos en Harrisburg podría perder a Marjorie en Pittsburgh.

—No se me ocurrió leerlos, puesto que son varios los que aquí se publican y no supe cuál comprar.

—¡Pero, llegamos a último momento y con seguridad que nos quedaremos sin la cabina! ¡Pucha, qué joroba! —exclamó Sarmiento muy fastidiado, imaginando, además, que aun encontrándola, sus expectativas respecto de la bella dama norteamericana quedarían frustradas por la falta de comodidades adecuadas.

Cuando terminaba de decir esto, oyó que lo llamaban desde cubierta. Era Marjorie que agitaba un pañuelo para llamar su atención. Sarmiento respiró aliviado pues no la había perdido. La encontró bellísima. Se había quitado los oscuros ropajes de duelo que llevaba en la diligencia, que había cambiado por una blusa blanca y la larga pollera gris que la hacía más alta y estilizada. Su pelo brillaba, ahora libre del polvo acumulado durante el zarandeado viaje en diligencia. Su cuidado maquillaje realzaba su agradable rostro, todo lo cual la hizo aparecer especialmente hermosa a Sarmiento. Digamos que igual impresión provocó en su amigo Arcos.

Segundos más tarde ella bajaba del vapor por la pasarela y al dar la mano a Sarmiento le deslizó un bolso que contenía monedas de oro, como pudo advertir con facilidad Sarmiento por su peso. Pero éste no lo tomó, murmurando en su oído, al tiempo que le besaba una mejilla y luego la otra, que le agradecía pero que no podía aceptar su gentileza, por lo cual el bolso quedó en la mano de Marjorie, que lo devolvió a su cartera con gran disimulo, lo que no dejó, sin embargo, de ser observado por Arcos. Tras serle presentado el joven chileno ("buen mozo, lástima tan petizo", pensó) ella pasó a explicarles que había verificado que tenían la reserva hecha y la había confirmado. No debían preocuparse por consiguiente. Aliviados, los dos hombres la siguieron cuando ella volvió a *The Messenger*. Una vez adentro hizo de guía mostrándoles el barco y sus comodidades.

—La dama no quiere dejar escapar a su presa —murmuró Arcos a un Sarmiento por cierto tranquilizado.

Allí hizo su aparición Cathie, que fue presentada a Arcos, quien quizá por su apariencia juvenil y su excelente inglés, conquistó de inmediato a la chica.

—No es tan bueno ni tan moderno como el Martha Washington pero es de todas maneras un buen barco y las cabinas son confortables. Yo ya he viajado en él—. Es evidente que Marjorie trataba de evitar cualquier riesgo de que Sarmiento y su amigo prefirieran viajar en otro barco. El salón era amplio, con un bar del lado de la proa, cómodos sillones de cuero a los costados contra las ventanas con almohadones, una gran mesa para las comidas en el medio y dos grandes estufas de leña a los costados, ahora apagadas dado que la temperatura era bastante alta. Las puertas de las cabinas rodeaban a todo el salón que, del lado de proa, y adelante del bar, tenía emplazados los baños, cuya presencia era advertida de lejos por el olfato. Con todo, Sarmiento enseguida advirtió que estaba construido con materiales muy baratos, nada que ver con los palacios en los que había navegado el río Hudson. Es que, como aprendería luego, estaban hechos para mantenerse arriba del agua de un puerto a otro, y que "los desastres eran tan comunes como los mosquitos". Río Mississippi abajo, en Saint Louis, 47 barcos habían ardido en apenas un año.

Santiago Arcos dio a un marinero los pasajes, y éste los condujo a su cabina, situada en la popa, a un nivel inferior al del salón.

—¡Ah, son vecinos míos! —exclamó Marjorie con fingida sorpresa pues ya había sabido lo de la vecindad por cuanto ella misma hizo los arreglos pertinentes—. Mi cabina es la 37 —agregó dando mayores precisiones.

—Muy conveniente —murmuró Sarmiento, al tiempo que imágenes de migraciones nocturnas a la cabina de Marjorie, o de ella a la de él, desfilaban velozmente por su cabeza. "¿Y Santiago?", se preguntó. "Bien podría ella habernos tomado dos cabinas, dado que está con ánimo tan generoso. Pero no habrá problemas", siguió pensando, "al pendejo lo expulsaré al salón cuando haga falta", se dijo. ¿Y la chica? "Tampoco ha de molestar, los chicos duermen mucho y tienen sueño pesado. ¿Acaso escuché yo alguna vez lo que pasaba entre mis padres? Y eso que apenas nos separaba un cortinado", recordó. "Aunque de grande tampoco oí nada, pese a tener el sueño liviano. No debía de pasar más nada por ese entonces", concluyó, al pensar tangencial y rápidamente en la manifiesta e indisimulable, aun para su hijo, fealdad de doña Paula. "De todas maneras no será necesario hacer la prueba teniendo mi cabina."

Quedaron en comer juntos el *supper* que se servía poco después, y los dos sudamericanos permanecieron en el estrecho camarote esperando que les llevaran su equipaje.

—La norteamericana no lo deja ni a sol ni a sombra —Santiago le dijo al argentino, con sonrisa cómplice—. Me pareció que al darle la mano ella le quiso dar algo, ¿no?

Sarmiento no tuvo más remedio que explicarle lo sucedido. El rechazo del sanjuanino le fue reprochado, medio en broma, medio en serio, por Arcos, quien le recordó que sus fondos sumados no eran suficientes para llegar a Santiago. Luego añadió:

—Creo que tendré que buscar otra cabina para mí para tener donde dormir.

—¡Ni lo pensés! —¡Sería agravar aún más nuestra situación financiera! —le dijo Sarmiento mientras se miraba en el espejo y recortaba la barba. Santiago lo observaba recostado en una de las dos cuchetas, con sonrisa algo burlona. El sanjuanino se puso un peluquín que disimulaba por completo su avanzada calvicie.

—¿Me lo dejo? —preguntó a su compañero.

—Pero ella ya lo vio en su estado natural y por lo visto la pelada no le cayó mal. ¿Para qué innovar entonces?

Sarmiento hizo caso a Arcos y restituyó el peluquín a su lugar.

—¿Sabe don Domingo? No debe preocuparse por el dinero. He escrito al viejo para que me gire fondos de refuerzo a Nueva Orleans. Para algo sirve tener un padre rico, aún con riqueza mal habida —comunicó a Sarmiento.

—Nada mejor que hijo virtuoso de padre deshonesto —confirmó Sarmiento—. En verdad, tampoco me preocupaba demasiado. Pensaba escribir para periódicos de La Habana, de Panamá, Guayaquil, etcétera, a medida que avanzáramos rumbo a Valparaíso. Habría alargado nuestro viaje pero permitido al mismo tiempo conocer esos países —agregó dando una nueva muestra de su optimismo exagerado.

—No hará falta —dijo Arcos—. Pero quizá prefiera continuar viaje con la yanqui; no podré criticarlo ya que es flor de mujer.

—No creo, pero tengo varios días por delante para decidirlo, ¿no? —dijo el sanjuanino.

Observó la estrechez de la cucheta y el joven chileno comentó:

—En esta cucheta no va a poder maniobrar mucho.

Antes de que Sarmiento pudiera replicar, sonó una sirena, se oyeron gritos y notaron que el barco se movía. Se asomaron por el estrecho ojo de buey. *The Messenger* había largado amarras y empujado por sus grandes paletas comenzaba a navegar. Un pasajero demorado saltó justo antes de que retiraran la pasarela. Un segundo más tarde habría caído al agua. Decidieron ver el espectáculo desde la cubierta. Salieron a la larga galería abierta al exterior que bordeaba todo el barco y subieron a la cubierta, techada con chapas metálicas cuyo objeto, más que proteger a los pasajeros de la lluvia y del sol, era evitar ser chamuscados por las numerosas chispas que escupían las dos largas chimeneas colocadas una al lado de la otra y no una delante y la otra detrás. Los dos amigos se dedicaron por segunda vez a recorrer su habitáculo flotante.

El barco no pareció un verdadero barco a Sarmiento, quien volvió a compararlo con los grandes vapores en los que había navegado en el río Hudson, por cierto que mucho mayores y más lujosos que *The Messenger,* según se dijo. Éste, como aquéllos, no tenía mástiles, ni cabos, ni velas, ni aparejos. Tampoco se distinguía la proa de la popa, salvo por las grandes ruedas colocadas en popa que impelían el barco hacia adelante y carecía de quilla en su fondo chato. El barco era en realidad una gran barcaza de madera en la que descansaba sobre pilares de hierro fundido la estructura tambien de hierro. Sobre la barcaza y debajo de la estructura estaba la maquinaria y el horno. Una cuadrilla de negros alimentaba al gran horno con madera. En ese nivel estaba la cubierta, donde entre la carga compuesta por cajas de mercaderías se acomodaban como podían los pasajeros sin cabina. Se trataba de gente más humilde pero así y todo, vestidos de una forma no muy distinta a la de sus compañeros de viaje con cabina, con esa uniformidad que era signo de tantas virtudes según Sarmiento. Viajaban entre ellos algunos negros, quienes quizá no podían hacerlo en las cabinas superiores.

En ese momento los sudamericanos fueron descubiertos por Cathie y su madre que se reunieron con ellos.

—¡Mirá Mom, ese vapor nos sigue! —gritó Cathie señalando otro vapor que había zarpado poco después que *The Messenger*. Tras un rato, hizo notar que descontaba ventajas. Tan excitada se puso la chica que se encaramó a la vidriada cabina de mando para hacerlo notar a los pilotos. Uno de ellos comenzó a mirar por su catalejo y murmuró algo a su colega. Por medio de campanillas transmitieron una orden a la cubierta inferior. Poco después se notó que agregaban presión a las calderas por la mayor cantidad de humo que salía de las chimeneas. Las ruedas comenzaron a girar con mayor velocidad. Varios pasajeros habían advertido que se iniciaba una de esas carreras que constituía el deporte más popular de la cuenca del Mississippi. Pese a haber agregado presión a las calderas y aumentado la velocidad, al rato fue evidente, sin embargo, que el barco perseguidor seguía descontando ventaja. Ya todo el pasaje estaba al tanto de la carrera y había salido a las galerías y a la cubierta superior. Empezaron entonces varios de ellos a pedir a gritos a los pilotos que apuraran la marcha. De Pittsburgh sólo se veía una mancha de humo en el horizonte. El río corría apretado entre altas orillas cubiertas de espeso bosque. Los pedidos se hicieron más insistentes a medida que el barco perseguidor continuaba acercándose.

Ya se podía divisar su nombre: *Southern Belle*. Y al igual que en *The Messenger*, se podía ver a gran cantidad de caballeros y damas sobre cubierta, gozando del espectáculo. Cuando los dos vapores se pusieron casi a la par, los pasajeros del *Southern Belle* comenzaron a lanzar pullas a los de *The Messenger*. El recién nacido Ohio era bastante angosto y grande la velocidad de la corriente. Otoño es la época del año en la que el río tiene menos caudal, y en la primavera, con el deshielo, cuando tiene más. Es del caso recordar que ambos navíos iban corriente abajo. Siendo el caudal del agua bajo, afloraban de cuando en cuando rocas peligrosas para la navegación. Los pilotos Armstrong y Peterson conocían sin duda muy bien el río y aprovechaban los lugares donde el agua corría a mayor velocidad, cerrando si era necesario el curso del otro vapor, que, en algún momento, se vio forzado a hacer una brusca maniobra para evitar la colisión con *The Messenger* o a chocar con unas rocas que emergían en medio del río. En este momento las pullas partieron de los pasajeros de *The Messenger* quienes, desdeñando los peligros, estaban felices al ver alejarse el *Southern Belle* con motivo de la maniobra.

Pero algunos pasajeros no compartían tanta alegría. Un caballero muy elegante con reluciente galera negra advirtió a los pilotos del peligro de explosión de la caldera, algo no inusual en estas carreras en que la presión del agua se elevaba más allá de lo aconsejable, según comentó Marjorie, quien hizo moción de bajar a la sala e ir del lado de popa pues de estallar la caldera era el lugar más seguro.

Pero antes de bajar echaron un vistazo al *Southern Belle*, el vapor no sólo había quedado muy retrasado, sino que había detenido la marcha, y, además, se lo veía un tanto escorado.

—Parece que debe de haber chocado contra una de esas rocas que pasamos recién —comentó el mismo caballero—. Quizá tenga una vía de agua. Supongo que volveremos para auxiliarlo. —Y para cerciorarse subió por la escalerilla que conducía a la cabina de mando, toda vidriada. Enseguida bajó informando a nuestros amigos que en efecto, en cuanto se ensanchara el río, *The Messenger* viraría en redondo para ir hacia el otro vapor y auxiliar a sus pasajeros y a la tripulación.

Ya eran las seis pasadas de la tarde y no sólo comenzaba a oscurecer sino que varios gongs comenzaron a sonar, indicando a los pasajeros que el *supper* estaba listo. Sarmiento y sus amigos se dirigieron entonces hacia la sala, donde en la gran mesa que estaba en el medio los esperaban grandes fuentes que contenían rodajas de *roast beef*, carne seca y salada, complicadas combinaciones de *pickles*, maíz, salsa de manzana y zapallo. También carne de cerdo asada y cantidad de pan de maíz caliente, un manjar predilecto del pasaje a juzgar por su consumo.

Tras la habitual espera a que se sentaran las damas, los pasajeros masculinos habían hecho lo mismo y comenzaron a comer con gran velocidad, en la misma forma anárquica que Sarmiento había observado en las postas y que le hacía recordar con nostalgia la excelente cocina francesa. Mientras Sarmiento bebía vino y Arcos optaba por la sidra, Marjorie y Cathie tomaban un menjunje de manzana llamado *apple toddy*. Los comensales cambiaban impresiones sobre la carrera en la que se habían interesado vivamente. Algunos se levantaron para ver lo ocurrido y volvieron con la noticia de que botes de los dos vapores llevaban pasajeros del barco averiado a la orilla, donde corría cerca un camino. Algunos trasbordados a *The Messenger* se acercaron a la mesa y pronto se les hizo lugar para que pudieran comer. No lucían demasiado preocupados. Los norteamericanos estaban acostumbrados a las peripecias de viaje.

Tras la rápida comida, los pasajeros pasaron al bar a tomar tragos y allí, reanudado el mascado de tabaco, pronto se formaron los habituales círculos con los escupitajos de los mascadores. Otros, con sus copas en la mano, se ubicaron en los asientos junto a las ventanas. Pronto aparecieron pies que descansaban sobre las mesas, o sobre sillas, o los brazos de los sillones. Otra actitud seguida por varios pasajeros fue la de sentarse en las sillas al revés, abrazando el respaldo. Los norteamericanos daban a los muebles usos desconocidos en otros países. Algo natural, puesto que muchos que vivían en las regiones recién desarrolladas del oeste, lo hacían en forma por demás precaria, hizo notar Santiago Arcos.

—Pero los habitantes de la pampa argentina viven también en ranchos cuyos únicos muebles son cráneos equinos o vacunos usados como bancos para sentarse, pero cuando van al pueblo o a la pulpería se sientan en las sillas en forma normal —protestó Sarmiento, mientras que con apuro subía con Marjorie y su hija a cubierta a ver lo ocurrido con el otro barco.

A todo esto, *The Messenger* había podido virar y había fondeado cerca del *Southern Belle* y sus botes ayudaban a trasladar a los pasajeros del barco averiado a la orilla o a *The Messenger*. Antes, según relataron algunos testigos, se había podido oír una fuerte discusión por altavoces entre los pilotos de ambos vapores, los del *Southern Belle* culpando a los de *The Messenger* de haber encerrado al primero, obligándolo a ir contra las rocas. A la inversa, los del Messenger replicaban que el accidente había sido culpa exclusiva de los otros por intentar adelantarse en una curva en que el río se angosta.

Bajaron al salón y Cathie invitó a Santiago a jugar a las cartas.

—Ya me doy cuenta de cuál será mi papel a bordo: tenerla entretenida a la niña para que no interfiera sus inconfesables propósitos —Arcos comentó a Sarmiento, en castellano, afectando un fastidio que no sentía en realidad.

—No me parece mal. Usted le cayó en gracia a la chica —replicó Sarmiento y, aunque nadie hablaba castellano, se acercó a Arcos y le cuchicheó unas palabras.

—Secretos en reunión es mala educación —les sermoneó Marjorie, mientras suponiendo que algo le concernía, sonreía divertida. Sarmiento la invitó a subir a la cubierta para seguir viendo las maniobras entre los dos barcos. Una vez allí se acodaron a la baranda y Sarmiento rodeó los hombros de Marjorie con su brazo. Ella le pidió que lo retirara pues podía ser vista por Cathie, su hija.

—Ya está oscuro —dijo Sarmiento mientras le besaba el cuello.

—No importa —replicó ella.

—Bueno, entonces vamos a mi cabina.
—¿Y tu amigo?
—Ya le dije que no entrara.
—¡Qué sinvergüenza! ¡Eso fue lo que le cuchicheó! —ella lo inculpó. Y ante la bienvenida sorpresa de él, con paso seguro y contoneando las caderas se encaminó hacia la escalera, para descender al puente al nivel de las cabinas desde donde, sin necesidad de pasar por el salón, ingresaron al pasillo al que daban las cabinas. Tras verificar que nadie andaba por allí, pronto se vieron abrazados dentro de la cabina de los sudamericanos. Sarmiento entonces se puso a besarla sin rodeos y sin que Marjorie se resistiera. Por el contrario, se manifestaba con igual ardor que él. Pronto comenzó la tarea de desvestir a la dama, trámite no sencillo dada la cantidad de lazos y botoncitos de los que estaban provistos el chaleco, blusa, enaguas, corpiño y otras prendas. Las botas en las que se atascaron en forma casi irremediable los calzones constituyeron otro obstáculo formidable.

—De modo que lo tenía todo arreglado y previsto, ¿eh? ¿Cómo sabía que yo iba a querer venir? —preguntó Marjorie.

—Ya lo habíamos hablado... Y uno se da cuenta, vio —dijo él quien terminada la tarea de desabotonar la blusa, metió la mano para palpar los senos de Marjorie, aunque la enagua y el corpiño no facilitaban la tarea. Ella entretanto, sin recato alguno, desprendía los botones del pantalón de Sarmiento y en movimiento paralelo también metía su curiosa mano adentro para efectuar sus propias comprobaciones que, al parecer, fueron satisfactorias. Los trámites para llegar al estado en que el Señor colocó a Adán y Eva se apuraron y para acceder al paraíso se acostaron para acometer el antiguo ritual.

Aunque poco podía ver del desnudo cuerpo de Marjorie por la escasísima luz que entraba por la estrecha ventana, cabe recordar que anochecía, Sarmiento pudo apreciar sus cualidades por la vía del tacto, e inevitable fueron las comparaciones con el cuerpo de Benita, poco ventajosas para esta última, salvo en un detalle: la boca de Marjorie olía a *pickles*, lo que no podía ocurrir nunca con la de Benita. Mejor parada de la confrontación emergía Mariella, la formidable cortesana del lupanar de Venecia, sobre todo en lo que respecta a sus exuberantes senos, menos pronunciados los de Marjorie, aunque de ningún modo desdeñables. Pero cuando entre tantas confusas meditaciones él se dispuso a pasar a mayores, ella lo detuvo y le preguntó:

—¿Y si me quedo embarazada?

—Pero si en nueve años de matrimonio ello no ha ocurrido, mucha mala suerte que ocurriera justo ahora —argumentó con admirable lógica Sarmiento, en medio de su comprensible ansiedad.

—No ocurrió porque tomábamos precauciones —replicó ella.

—¿Precauciones? ¿Cuáles? —preguntó él, intrigado.

—Un adminículo, una tripita, que se coloca el hombre —dijo ella tocando delicadamente el erguido miembro de Sarmiento.

—¿Y no lo tiene usted?

—No, pienso que es obligación suya estar provisto de él. Pero veo que no planeó todos los detalles —dijo ella en tono un tanto admonitorio, y, ante la desesperación de Sarmiento, ella se desprendió de su abrazo, se levantó y comenzó a vestirse como forma de confirmar que la sesión quedaba interrumpida.

Cabe advertir que lo hizo contra su voluntad y, más aún, con una dolorosa sensación de insatisfacción que brotaba de su bajo vientre. Pero Marjorie era voluntariosa y no sabía de debilidades ni apartamentos que perturbaran sus planes.

—¡Pero no me puede dejar en este estado! —protestó él, al tiempo que la abrazaba y trataba de devolverla al estrecho catre, decidido a satisfacer su deseo con tripita o sin ella.

—Sí que puedo —replicó ella riendo y rechazándolo al mismo tiempo. Era bastante fornida y logró permanecer de pie. Cierto es que Sarmiento no quiso forzar la situación. Luego, inclinándose y besándolo en la boca, ella le dijo: —Lo siento tanto o más que usted. Para la próxima ocasión deberá ser más precavido.

—Pero dígame, se lo ruego, cómo conoció la existencia del maldito adminículo —le preguntó el sanjuanino, ahora muy interesado en el tema, no tan sólo por el obvio interés personal, sino también por el social.

—¡Ah! Este... es bastante conocido en Nueva Orleans. Mi difunto marido lo usaba. Le irritaban los bebes. Además, he leído al respecto.

—¿Leído? ¿Dónde? —preguntó Sarmiento, cada vez más intrigado. Él seguía repantigado en el catre, apenas cubierto por la sábana.

—Bueno, hay un libro muy conocido de un inglés o escocés, Robert Owen se llama, titulado *Moral Physiology*—. "¿De modo que aparte de falansterios Owen también se ocupaba de estas cosas, eh?", se dijo él sorprendido—. También hay libros acerca de otros temas, sobre cómo desbloquear la menstruación, por ejemplo —siguió diciendo ella—. ¡Pero mire usted, con su curiosidad, de qué cosas me hace hablar! ¡Me hace poner colorada! —Y en efecto, de haber habido más luz se habría comprobado que no mentía.

—Pero no, no tiene de qué avergonzarse —le dijo el sanjuanino—. Me interesa conocer sobre la educación, como se lo dije, y la educación sexual es parte de ella. Ahora, dígame una cosa, desbloquear la menstruación es suprimir el obstáculo que la impide. Es decir, la preñez. ¿Lo interpreté bien?

—Y... sí, sólo que aquí se llama así: *obstructed menses* cuando la menstruación se interrumpe. Hasta tres meses el desbloqueo es tolerado. ¡Pero hablemos de otra cosa, por favor! Ni con mi marido he hablado de estas cosas. Usted tiene una facilidad para hacerme decir cada cosa... —dijo ella haciéndose la enojada, lo que era poco convincente, pues lo decía con una sonrisa en los labios.

—Está bien, no le pregunto nada más. Salvo sobre cómo se obtiene la tripita.

—¡Ah! Tampoco lo sé yo. Pregunte a otros hombres, en los puertos que toquemos. Se llama condón o también bandrache.

—Condón, bandrache —repitió Sarmiento para no olvidar.

—Es de tripa o también de seda aceitada —siguió explicando ella, como si se tratara de una disertación técnica que no la involucraba—. Últimamente vienen de goma vulcanizada. Dicen que son mejores. Quizás el señor Arcos, su amigo, tenga alguno.

—Lo dudo mucho. En Europa no se utiliza, que yo sepa al menos —dijo Sarmiento, quien muy frustrado también comenzó a vestirse.

—En Inglaterra seguro que sí puesto que Condom, su supuesto inventor, es inglés —dijo ella mientras ponía orden en su descompuesto peinado. Había encendido el pico de gas—. Como verá, también en estos aspectos estamos más adelantados que los europeos —agregó con una sonrisa.

—En Inglaterra no lo usan porque allí no hacen el amor —dijo Sarmiento chanceando y recordando lo serios y contenidos que había visto a los ingleses durante su breve viaje por allí.

—¿Que no lo hacen? ¡Vamos! —replicó Marjorie.

—¿Y a vos cómo te consta? ¿Lo has hecho con algún inglés, eh? —le preguntó él mientras la abrazaba y besaba.

—No, pero sé que lo hacen. Estás diciendo un gran disparate y lo sabés muy bien —ella le respondió riendo—. Lo decís sólo para hacerme hablar —y él asintió mientras le besaba el cuello.

Sarmiento entreabrió la puerta de la cabina para asegurarse que no anduviera nadie. Confirmado ello, salieron con sus manos fuertemente agarradas. Ella estaba de muy buen humor, a diferencia de Sarmiento, que tenía aire de pocos amigos.

—Condón o bandrache —seguía repitiendo.

Ella se rió divertida y lo besó sin disimulo alguno. También le acarició su barba diciéndole:

—¡Es como si acariciara a mi gato Bobby! —Y largó la carcajada. Sarmiento también hubo de reírse. Se soltaron las manos, pusieron cara de serios, como si nada hubiera pasado, y entraron en el salón. Allí se acercaron a la mesa donde jugaban Cathie y Arcos.

El chileno, curioso, los miró con detenimiento como si hacer el amor dejara necesariamente marcados los rostros de los enamorados.

—¿Dónde estuviste, Mom? —preguntó su hija.

—Nada, mirando lo ocurrido al otro barco. La noche está muy linda —dijo de manera distraída Marjorie, con esa habilidad para mentir que dominan tan bien las mujeres y que admiró Sarmiento.

Capítulo 9

*Arcos propone un negocio
y encuentra socios.*

Poco después, Marjorie decretó que era hora de ir a dormir.

—¡Hemos hecho tantas cosas hoy! Toda la mañana en la diligencia, después el embarque, la carrera con el otro vapor, y... —acá, bostezando, lo miró a Sarmiento con sonrisa picaresca.

—*Mais ça on a pas achevé de le faire* —murmuró Sarmiento acercándose al oído de Marjorie para que sólo ella pudiera escucharlo.

Ella, entonces, intentó que nadie pudiera oír lo murmurado por su frustrado amante y se apuró a terminar su frase: —... estoy muerta de cansancio y vos seguramente también debés de estarlo, Cathie *dear*.

Cathie *dear* por supuesto que lo negó y quiso seguir su juego con Arcos, pero ante la firme insistencia de su madre, tuvo que ir con ella.

—Cuénteme, don Domingo. Supongo que logró su ruin propósito. Tuvo todas las oportunidades para ello —preguntó

Santiago Arcos, devorado por la curiosidad, una vez que Marjorie y su hija desaparecieron.

—Las tuve, es cierto. Salvo en un pequeño detalle. Una tripita llamada condón. O bandrache —recordó mientras sorbía con lentitud el coñac que se había servido.

Y Sarmiento pasó a contarle su tragedia y, a la vez, inédita frustración.

—¡No me diga! Ya me habían advertido de que las norteamericanas son muy cerebrales. Pero haber llegado a ese punto y negarse es un barbaridad. Una verdadera violación a los derechos del hombre. ¡Al derecho más elemental diría, que es el de la reproducción! —dijo Santiago Arcos, con voz que exageraba a conciencia el drama.

—No era la reproducción, precisamente, mi intención —dijo Sarmiento, con filosofía—. ¿Conocés el condón? —preguntó a su amigo.

—Sí, una amiga mía de París me habló de ello alguna vez, pero no, no lo conozco, ni lo tengo, es lamentable, porque ya se lo estaría dando. Tiene, por lo que entiendo, la principal virtud de disminuir el goce a la mitad. Quien lo inventó debió de ser un amargado.

—Pues bien, ella dice que debo obtenerlo... o nada. Teme quedar embarazada de no usarlo. Dice que los mejores son de goma vulcanizada. Me dio toda la explicación. También hay de seda aceitada.

—Eso suena mejor. La yanqui parece experta en el tema. Goma vulcanizada, ¿qué será eso? Creía que eran de tripa, como la que envuelve a las salchichas y chorizos. Pero bueno, habrá que ponerse en la búsqueda —dijo animoso—. ¡Ah! Allá está Caleb Peterson, uno de los pilotos. Vamos a preguntarle.

—Pero con mi horrible inglés, no sabré explicar debidamente de qué se trata —se excusó Sarmiento, encubriendo el verdadero motivo: la averiguación le daba enorme vergüenza y buscó entonces que el más desinhibido chileno la hiciera por él.

Arcos comprendió sin necesidad de más palabras y ya se levantaba para cumplir con su misión cuando Sarmiento lo detuvo para decirle:

—Pero tenés que hacerlo con gran discreción. No quiero que se pueda ni remotamente sospechar quién será la destinataria del intrumento —le dijo Sarmiento, ahora empujándolo con suavidad.

—Por supuesto. —¡Ya sé! Diré que planeo fabricarlo, o de importarlo y todos se interesarán en el proyecto, por si pueden sacar algo para sí. En este país de mercaderes y negociantes... —dijo Arcos, sin terminar la frase. Y sin más demora, se dirigió en forma resuelta hacia la mesa en la que Peterson, uno de los dos pilotos estaba sentado, leía un libraco y fumaba un cigarro tan grueso como el libro.

—Bueno el cigarro, ¿no es cierto? Al menos por el olor. ¡Mm!, parece provenir de La Habana, —le comentó al piloto que estaba tan enfrascado en la lectura que apenas lo escuchó y se limitó a emitir un gruñido cuyo significado no fue conocido por Arcos, quien no se arredró, se lo arrancó de la boca y le pidió permiso para darle una pitada, lo que hizo sin esperar la respuesta. El piloto siguió impertérrito con la lectura de lo que, Arcos se percató, era la Biblia. Movía los labios mientras leía con avidez, ajeno a todo. Santiago comenzó a leer interesado en lo que el piloto Caleb Peterson leía con tanto interés. Costumbre ésta de leer por encima del hombro del lector no era de ninguna manera inusitada ni de mal tono en los Estados Unidos, según Arcos había constatado por haber sido víctima de ella.

Se trataba del *Primer Libro de Samuel*, capítulo I, donde se relata el caso de Elkanah, hijo de Jerumah, quien tenía dos esposas. Una de ellas, Hannah, era machorra por lo que Penninah, la otra esposa que sí había dado hijos a Elkanah, la hacía objeto de mofas y mortificaciones. Pero he aquí que gracias a la intervención de Jehová, y también de Elkanah, que la conoció días después, Hannah concibió a Samuel. Aquí Santiago, que leía mucho más rápido que Caleb, debió interrumpir la lectura puesto que la página terminaba justo allí. "Lo que son las cosas, Hannah quería concebir y no podía, mientras Marjorie que es fértil no lo quiere. A Hannah debe de ayudarla Dios a lograr su objetivo, mientras que uno tiene que buscar un condón para lograr el de Marjorie. Dios hoy no parece meterse más en estos cotidianos dramas de los humanos —pensó Santiago—. A menos que hoy sus servicios sean menos requeridos pues los humanos tratamos de arreglarnos solos en la solución de nuestro ínfimos problemas", reflexionó.

Arcos entretanto pitaba el cigarro de Caleb y con exclamación de aprobación, depositó de nuevo el humeante cilindro entre los labios de su propietario, de lo que éste apenas se apercibió. Sarmiento, que seguía la escena desde lejos, no podía aguantar la risa.

Al darse cuenta de que Caleb leía y releía cada párrafo varias veces, por lo que nunca pasaría de página, decidió proceder, le dijo mientras apoyaba una mano en su hombro.

—Disculpe que interrumpa su lectura, señor Peterson, pero necesito saber una cosa: ¿cómo viene envuelto el cigarro? ¿Con un forro de tripa por casualidad?

—¿Un forro de tripa para el cigarro? —preguntó Caleb que alzó al fin la vista—. No, señor, viene en una bonita caja de madera, cada cigarro envuelto en papel de seda. Yo conozco forros de tripa para otros menesteres, ¿sabe? —Y al tiempo que guiñó el ojo al chileno el piloto emitió una risa socarrona, que creció de volumen hasta transformarse en una carcajada que llamó la atención de los circundantes. En ese momento, Caleb señaló con el dedo el bulto que delataba sus genitales—. No precisamente para cigarros, ¿sabe? No precisamente —agregó sonriendo.

—¡Ah, entiendo! —dijo Santiago, muy contento por el inesperado giro que había tomado la conversación—. ¿Dígame, y dónde se consiguen esos forros? Si son de goma vulcanizada, mejor. Estoy planeando fabricarlos, ¿sabe?

—¿Fabricarlos? Pero para qué uso, ¿para envolver cigarros o para...

—O para —indicó Arcos señalando el bulto como antes lo había hecho el piloto, mientras tomaba una vez más el cigarro y le daba otra pitada—. Pero podría ser también para cigarros, ¿por qué no? —agregó mientras lanzaba el humo hacia el techo—. Si con ello se puede aumentar la venta... Podría ser multipropósito. Sería un elemento formidable de propaganda para los cigarros. Imagínese: "Fume cigarros Habanera ¡pero no arroje el forro! Podrá servirle para un propósito tanto o más placentero que fumar el cigarro". ¿Qué tal?

—Mm, no está mal. Veo que tiene dotes de comerciante. ¿Sabe que puede ser realmente interesante? En el lejano Oeste y en el Sur podrá tener un mercado muy grande. Con todas las enfermedades venéreas que andan por allí sueltas. ¿Cuánto está pensando vender?

—Bueno, hay 20 millones de habitantes en este país. La mitad son potenciales usuarios —improvisó el imaginativo Santiago.

—No, porque hay que restar los chicos y los viejos. Y hay además muchas parejas en este país, diría que la mayoría, que no quieren evitar los hijos —objetó el piloto.

—Está bien. ¿Digamos cinco millones de parejas?

El piloto no respondió y se quedó mirando. Arcos insistió en la pregunta y en forma directa inquirió con qué frecuencia lo usaría él.

—Mi caso es particular, ¿sabe? Estoy tanto tiempo fuera de casa.

—Bueno, no le pregunté el uso que le daría sólo con su mujer. Mi pregunta fue más amplia, incluyendo a otras mujeres. Su profesión le debe dar cantidad de oportunidades.

—¡Ah no, usted está suponiendo que yo cometo adulterio, lo que no puedo aceptar, señor! Usted tiene aspecto de extranjero, inglés por su acento, debe saber que el adulterio es un pecado capital. A propósito, ¿de dónde es usted, extranjero?

—Mi amigo —y lo señaló a Sarmiento— y yo somos árabes. Y en castellano le pidió a Sarmiento que se pusiera el fez que solía llevar en el bolsillo y que había comprado en Argelia y que le hablara exagerando las jotas. Así lo hizo éste y pronto estaban los dos amigos diciendo jerigonzas en lo que imaginaban sonaría a árabe y gesticulando muertos de risa. Sacaron a relucir cuanta jota se les ocurrió: joder, jalar, jolgorio, juventud, joven, julepe, Méjico, Tejas, tejer, y algunas ges también como geranio, gerundio, Gimena.

El piloto Peterson no entendía el porqué de la risa, señaló el gorro de Sarmiento con la borla que se columpiaba de un lado a otro con tanto movimiento y risa y los interrumpió cuando dijo:

—Ese gorro es berberisco. Lo sé porque estuve en Argel cuando la ocupamos durante la campaña dirigida por Stephen Decatur contra los piratas en 1815. ¡Yo era un chico de quince años por entonces! Allí empezó mi carrera marinera, ahora simplemente fluvial. ¡Lindas las muchachas berberiscas! Que debo decir, ¡no usaban tripa alguna! —y al decir esto le tocó a él el turno de reír de nuevo—. ¡Ni goma vulcanizada! —Y aquí la risa se hizo carcajada y Caleb empezó a lagrimear de tanto reír. Se serenó con esfuerzo y entonces pudo decir: —¡Ay, qué gracioso! Pero, volvamos al condón —dijo ya en tono serio—, sí, podría usarse dos veces por semana, digamos como promedio. En 52 semanas serían ciento cuatro veces, digamos cien, al año. Pero, ¿cuántas veces calcula que se puede usar?

—¡Una sola vez! —aseguró Arcos con una mueca de disgusto por el solo hecho de pensar en repetir su uso.

—Sería muy costoso —replicó el yanqui Peterson—. A propósito, ¿a qué precio ha pensado venderlo? —le preguntó a Arcos.

—Eh... digamos que en cinco reales, unos sesenta centavos —dijo Arcos por decir algo, pues jamás había pensado en el asunto.

—Parece muy caro. Ciento cuatro por sesenta centavos son más de sesenta dólares al año, todo un presupuesto. ¿Por cuántas personas habíamos dicho?

—Cinco millones —dijo Arcos, y aclaró: —de parejas.

—Cinco millones por sesenta son... a ver... cinco millones por seis son treinta millones, un cero más, son trescientos millones. —¡Trescientos millones de dólares por año es una cifra monstruosa!

—¡No son dólares sino centavos! —lo interrumpió Arcos, bastante hábil para los números—. Hay que dividir por cien, a ver: sacamos un cero y son treinta, sacamos otro y da tres millones de dólares. Ya no es tanto. Claro, no será posible copar de inmediato todo el mercado. Digamos sólo un décimo, al comenzar. Serían trescientos mil dólares en principio. Mucha plata todavía. ¡Imagínese!

—Se estima que toda la producción de Ohio sumada tiene un valor de veinte millones de dólares —reflexionó Peterson, quien tras unos segundos de mover el cigarro de un lado a otro de su boca preguntó a Arcos: —Dígame una cosa, amigo, ¿aceptaría usted un socio? Tengo algunos ahorros y cierta habilidad con las manos más buena cabeza para los números. Podría vender mi cuarta parte en este barco para instalar una fábrica.

—Magnífico, hombre, por supuesto —dijo Arcos, mientras le tendía la derecha, que fue tomada y sacudida varias veces por el piloto en señal de consentimiento, mientras que con la otra le sacaba el cigarro a Caleb una vez más para darle una postrer pitada—. Pero antes tenemos que hacernos de algunas muestras para estudiar cómo se hacen y, también, quién las hace para poder estimar el costo. También es necesario saber a cuánto se venden los condones existentes. Sobre todo el de goma vulcanizada, que es el más moderno. ¿Dónde se le ocurre que podremos conseguirlo? —preguntó con cierta ansiedad.

—En el barco difícil que haya. Podremos conseguirlo en Cincinnati, con seguridad. Pregúntele al comisario. Puede que él sepa. Por razones que comprenderá yo no se lo puedo preguntar.

—Y el hombre se enfrascó otra vez en la lectura comenzando a mover los labios como antes y a murmurar *Now Hannah, she spake in her heart...* no, yo había llegado acá: *And Eli said unto her, How long wilt thou be drunken? Put away thy wine from thee". And Hannah answered and said: "No my lord. I am a woman of a sorrowful spirit..."*.

Santiago Arcos abandonó al piloto Peterson y se dirigió al bar donde preguntó por el comisario, a quien no conocía. Pidió de paso un whisky, y otro para Sarmiento, que se le había reunido, felicitándolo por su actuación. El comisario estaba reclinado sobre el bar, un tanto alcoholizado y mascando tabaco, algo nada extraño. Ante la pregunta de Arcos dijo que no tenía el producto, "pero que quizá Lewis supiera decirle" y señaló al bartender, sin más comentario y como si se tratara de lo más natural del mundo. Arcos evitó pisar el semicírculo de escupitajos que rodeaba al comisario, se acercó al barman y le reiteró el pedido de un whisky; al recibirlo, le preguntó acerca del condón. El barman, un gordo y rubicundo irlandés, mientras le servía le dijo que no encontraría la tripa a bordo, pero que seguro la obtendría en Wheeling, puerto que tocarían a la mañana siguiente. Y prometió ayudarlo en tratar de obtener la prenda. Arcos le dejó una buena propina para comprometerlo, agregando que si la conseguía sería bien recompensado, mientras repetía el cuento de su interés en la fabricación del producto.

—¡Ah, ya veo! Yo creía que quería utilizarlo personalmente. Ya estaba por preguntarle por la candidata. —Y mientras recogía las monedas, Lewis lanzó una estruendosa carcajada que convulsionó su prominente vientre.

—En absoluto, en absoluto, *bartender*. Estaba usted equivocado. ¿Con quién podría yo usarlo? —le dijo Arcos.

—Y, nunca se sabe. Pero me consta que la navegación es un lugar propicio para entablar relaciones con damas —y le guiñó el ojo mientras lanzaba un escupitajo de tabaco marrón mascado que se alojó en el piso, desalineando los del comisario.

Arcos observó el amarronado detritus con asco mal disimulado y dijo:

—El de *bartender* es el puesto más apropiado para ello. Usted tiene suerte, amigo. —Y levantó el vaso en señal de brindar por él, Arcos vació el vaso de un trago. Dejó unos centavos más sobre el mostrador y se retiró con Sarmiento, a quien tomó del brazo, yendo hacia la cabina.

—Bueno, hemos avanzado un poco en la investigación e incluso tenemos un par de posibles interesados en asociarse con nosotros. Vamos a dormir —dijo Arcos.

—Dudo de que pueda hacerlo —comentó Sarmiento—. Esta mujer me ha dejado caliente como brasa —agregó.

Cuando se acostó se percató de que apenas el tabique lo separaba de su amada. Dio dos golpecitos y de inmediato recibió como respuesta dos golpecitos también, dados por Marjorie, quien, por lo visto, se hallaba en un estado de inquietud semejante a la de él.

Un tanto tranquilizado por la respuesta, Sarmiento se durmió. Y soñó, con Marjorie, inútil decir. Sueños eróticos que, cada vez que Sarmiento avanzaba hacia su objetivo, como en la vida real surgía un inconveniente: la cerradura de la puerta de la cabina se obstinaba en no ser abierta cuando los enamorados querían entrar; eran vistos por Cathie cuando entraban en la cabina y, para disimular, salían enseguida; el que se introducía en ella con Marjorie era el barman Lewis, que daba un empujón a Sarmiento, lo dejaba afuera mientras profería su estruendosa carcajada, a la que se le unía la tan sonora, burlona además, de Marjorie tras lo que se escuchaban murmullos, suspiros y la respiración agitada propia del acoplamiento entre humanos. En otra oportunidad, cuando estaban a punto de realizar la cópula, la caldera del barco estallaba y debían abandonar el intento, caso contrario, el fuego de su deseo sería superado por el del incendio del barco. Otra vez, era la inesperada aparición de Benita la que impedía la consumación del acto; en uno de los sueños su deseo era cumplido, pero sólo para descubrir que su pareja no había sido la hermosa Marjorie sino la cuarterona Sally Hemmings, que al comenzar el acto amoroso, Sarmiento descubría con horror que sus agraciadas facciones se tornaban revulsivas. Además, en ese instante aparecían Tomas Jefferson y Molly Clarke, con lo que Sally interrumpió su quehacer y, ante las recriminadoras miradas de los nombrados, se retiró apesadumbrada.

En conclusión, Sarmiento había soñado, pero no dormido, y se había levantado en grave estado de postración.

—Soñé con usted toda la noche —Sarmiento le pudo decir a Marjorie durante el desayuno.

—Feliz de usted. Yo no pude pegar un ojo —murmuró ella mientras le acariciaba el muslo debajo de la mesa. La caricia le provocó un escalofrío. Él la miró y observó que sus ojeras denunciaban que su frustrada amante no mentía.

Al rato de haber terminado de desayunar, el barco atracó en Wheeling. Santiago ya había arreglado con Lewis, el barman, en bajar a tierra juntos.

El Mississippi a mitad del siglo XIX. Mansión señorial, esclavos y barcos fluviales

Capítulo 10

Escala en Wheeling. El matadero.
El tambor. Marjorie pierde
la paciencia. Cuitas de amantes.
Esclavos huyen. Socinus y Servetus.

Los pilotos empezaron a maniobrar para atracar en el muelle de Wheeling, que aparecía como un pequeño pueblo sobre la margen izquierda del río Ohio en territorio del estado de Virginia, por ese entonces West Virginia, que no se había escindido todavía de Virginia, lo que ocurriría unos quince años después con motivo de la Guerra de Secesión. En el pueblo de Beaver el río había torcido su curso, hacia el norte hasta entonces, hacia el oeste a partir de ese momento, pero tras el puerto de Wellsville había cambiado otra vez de dirección, ahora hacia el sur. Las dos típicas torres de madera blanca señalaban que en Wheeling había dos iglesias y dos congregaciones religiosas distintas por lo menos.

El barco había virado en redondo para ponerse en contra de la corriente y se acercó al muelle. Un marinero saltó junto al extremo de un grueso cabo y se apuró en darle vueltas alrededor de una gran cornamusa. Hizo una seña al piloto, quien dio orden de parar la máquina. Llevado por la corriente el barco puso tenso el cabo pegando un cimbronazo, y se recostó luego contra el muelle que cimbró nuevamente con el empujón. Enseguida colocaron el puente para bajar a tierra.

Los primeros en bajar fueron el barman Lewis, Arcos y Sarmiento, a quien Marjorie les deseó *bonne chance*, con una sonrisa picaresca en la boca. "Me encanta el buen humor de esta mujer. Benita era más bien malhumorada." Sarmiento se sorprendió al verificar que pensaba en Benita en tiempo pasado. "Bueno, ya han pasado dos años desde que la vi por última vez", pensó, sin querer admitir que Marjorie la estaba desplazando rápidamente de su mente. Cathie se les acercó corriendo ante el disgusto de los sudamericanos. "No será cuestión de que esta mocosa venga con nosotros", pensó Sarmiento. Marjorie la llamó. Discusión posterior entre ambas porque Cathie quería bajar al pueblo con Santiago Arcos (no con Sarmiento). Por fin, la madre se impuso.

También el piloto Caleb Peterson les deseó buena suerte según un estentóreo grito lanzado desde la cabina de mando, que hizo pensar a Marjorie que muchos estaban en el secreto del motivo de la expedición de los dos sudamericanos. El piloto se había excusado de acompañarlos por cuanto debía estar presente en las maniobras de atraque, carga y descarga.

—Está bien, pero va a bajar su participación en el negocio— le dijo Arcos en broma.

—Mom, ¿por qué todos le desean suerte a Santiago y a su amigo? —le preguntó Cathie a su madre.

—Es para desearles que les vaya bien en su visita al pueblo. Van a conocer por primera vez un estado esclavista —explicó la madre.

El elegante caballero que había pedido a los pilotos que bajaran la presión de las calderas durante la carrera del día anterior, bajó a tierra de inmediato después de los nombrados, se dirigió a Sarmiento, y le dijo:

—Vea usted, hace cuatro o cinco años, sólo había tres casas en Wheeling. Ahora tiene no menos de dos mil habitantes, sin incluir a los negros. Es impresionante su crecimiento.

—¿Cuál es la causa que este lugar atraiga a tanta gente, señor? —le preguntó Sarmiento.

—Los inmensos depósitos de carbón bituminoso que estamos pisando, en primer lugar, que se extrae para alimentar los hornos de las acerías de Pittsburgh. En segundo lugar, se han instalado dos fábricas de clavos, y en las inmediaciones prospera el tabaco y el ginseng. Este último se exporta en grandes cantidades a China —explicó el caballero, que se presentó dando su nombre: Seth Schachner.

—Seth —repitió Sarmiento con aire pensativo—. El tercer hijo de Adán y Eva.

—Veo que ha estudiado su Biblia —comentó Schachner, que según advirtió Sarmiento hablaba con acento extranjero. Mientras Sarmiento le decía "Seguro que menos que usted", respondiendo a la pregunta del barman Lewis, el llamado Seth informó que viajaba por negocios a Saint Louis.

—Ah, entonces le puede interesar el que estamos estudiando nosotros tres! —comentó Lewis, quien sin más, con imprudencia se explayó sobre el tema de los condones y de la búsqueda de muestras. Sarmiento no sabía dónde meterse y hasta el mismo Arcos estaba un tanto avergonzado por tratar el tema con un desconocido mucho mayor que ellos en edad y de apariencia tan seria y respetable.

Su pudor resultó absolutamente inútil. A Schachner el asunto le pareció perfectamente normal. "Los negocios son los negocios", pensó Arcos mientras Schachner informaba a Lewis:

—Vea, quizá puedan obtenerlo en el matadero. He oído que los matarifes a veces los preparan con las tripas—. El mismo Schachner inquirió sobre el lugar del matadero y hacia allí fueron, encabezando él la marcha.

Llamó la atención de Sarmiento el descuido y pobreza que se advertía en el pueblo, en comparación con los que había conocido en Nueva Inglaterra, Nueva York y Pennsylvania, y así lo hizo notar a Schachner, quien contestó:

—Estamos en Virginia, y Virginia es un estado esclavista, qué quiere usted. Aunque el oeste de Virginia quiere secesionar del resto. Los Alleghenies dificultan las comunicaciones con el resto del estado durante el invierno. Y a ello se agrega el tema de la esclavitud. El oeste del estado es abolicionista mientras que el este, como se sabe, es uno de los grandes defensores de la "peculiar institución" —dijo Schachner que dio un énfasis burlón a la dos últimas palabras, usadas por los defensores de la esclavitud para darle cierto viso de seriedad.

Justo en ese momento se cruzaron con diez negros encadenados entre sí y con grillos, conducidos por un hombre blanco.

—Un tratante de esclavos —indicó Schachner con supremo desprecio—. Seguro que los conduce al barco para transportarlos a los mercados de esclavos del sur.

—Pero nuestro barco va a tocar puertos de Ohio, que es un estado no esclavista. ¿No podrían esos negros solicitar su libertad? —preguntó Arcos.

—No, no es así. Para nuestro mayor ludibrio, la constitución federal no les reconoce ese derecho a diferencia de la inglesa, so pretexto que el derecho de propiedad rige en todo el país, y su dueño no podría ser privado de la que le corresponde sobre sus esclavos —explicó de nuevo el caballero, cuya galera de seda realzaba la elegancia de su frac, que a diferencia de los de los sudamericanos, estaba perfectamente planchado—. Y en caso de escapar, las autoridades de Ohio estarían obligadas a darles caza, en lo que por suerte no se esmeran demasiado. También es cierto que existe una organización, el ferrocarril la llaman, que se ocupa de esconderlos y llevarlos a Canadá donde sí quedan en libertad en forma definitiva.

Tras caminar por las barrosas calles del pueblo llegaron a lo que supusieron que era el matadero, más que por las indicaciones recibidas, por el olor a sangre y por los gritos plañideros de los chanchos que se desangraban. Un hombre los detuvo en la entrada, el primer hombre blanco mal entrazado que vio Sarmiento en todo su viaje. En los Estados Unidos, a diferencia de Europa, donde los trajes regionales eran usuales, la regla era que los hombres vistieran frac, levita o gabán. La pérdida de pintoresquismo no fue sentido como negativo por Sarmiento, para quien la uniformidad en el vestuario era síntoma de igualdad democrática y de progreso.

No era el caso de este individuo por cierto. Llevaba puesto un delantal que mostraba cantidad de manchas de sangre. Tenía barba de varios días, su rancio olor a sudor se percibía a 50 varas y no se sacó el sombrero pajizo para saludarlos, ¡qué saludarlos!, gruñirles de mal modo preguntándoles qué deseaban, al tiempo que los examinaba de arriba abajo con expresión de honda desconfianza. De ser menos, seguro que los hubiera echado sin contemplaciones con la fusta que colgaba de la muñeca de su diestra.

Fue Arcos quien le preguntó al siniestro individuo si hacían chorizos y salchichas. Y al ser respondido en forma afirmativa, le preguntó sobre la piel que los recubría y si podían verla pues estaban interesados en comprar una partida. Sin deponer su aire desconfiado, el hombre les pidió de mala manera que lo siguieran. Así lo hicieron en medio de negros de triste mirada y mucho más miserables en su vestimenta que aquél. Iban y venían empujando carretillas repletas de carne palpitante aún. Sarmiento observó que debían caminar con pasos cortos de sus pies descalzos ya que la corta cadena que unía los grilletes que portaban en los tobillos no permitían darlos más largos. Los visitantes tenían que cuidarse de no pisar charcos de sangre y de otras materias cuya descripción se excusa, lo que los negros no se preocupaban en evitar.

Entraron en un galpón de madera donde el capataz les mostró pilas de tripas bien estiradas. Arcos guiñó el ojo a Sarmiento como diciéndole que habían encontrado lo que buscaban, pero no contento todavía preguntó sobre las distintas calidades, más gruesos o más delgados, todo lo cual le fue mostrado. Siguiendo con su investigación, preguntó sobre cómo envuelven los chorizos, salchichas y morcillas y si pueden ver el proceso. El desagradable individuo los condujo entonces al fondo del galpón donde unas negras hacían el trabajo, con destreza anudando el continente con el contenido adentro. El chileno preguntó acerca de los precios y costos de la tripa, pues debía seguir adelante en su farsa del negocio de fabricar condones, pero el hombre no se mostró dispuesto a hablar a lo que adujo que debían conectarse con el contable y que éste no estaba. Arcos le pidió entonces si podían llevar muestras y el capataz de mal modo le tiró algunas de cada calidad. En verdad, en precaución de una negativa, tanto Arcos como Sarmiento ya se habían provisto de alguna pieza en un descuido del capataz. Por primera vez, en un dejo de cierta buena voluntad, el capataz les dijo que no les cobraría la tripa que llevaban.

La visita había terminado, pero mientras se retiraban preguntó al capataz si no se daban otros usos a la tripa.

—No en este establecimiento —respondió el repulsivo individuo sin dejar traslucir si había interpretado el sentido de la pregunta.

Se despidieron con sequedad al salir, sin que nadie hiciera gesto alguno de dar una propina, costumbre ésta casi desconocida en los Estados Unidos. Apenas traspuesto el portón, el capataz se volvió dando órdenes a los gritos a los infelices negros y Sarmiento alcanzó a ver a uno favorecido por un fustazo del supervisor.

Caminaron en silencio, Schachner avergonzado por el espectáculo dado a los dos sudamericanos.

—*Disgusting*! —dijo como breve y elocuente comentario.

Llegaron al barco, donde otros negros esclavos descargaban y cargaban mercaderías, con extrema cachaza, pese a los gritos y fustazos que sobre ellos descargaban los capataces blancos.

—Si fueran jornaleros libres trabajarían mucho mejor —comentó Schachner, quien agregó: —No creo en la teoría expuesta recientemente por un tal Orestes A. Brownson, por la que el trabajo libre remunerado con jornales tranquiliza las tierras conciencias de los abolicionistas. Brownson sostiene que el sistema de trabajo libre mantiene todas las ventajas de la esclavitud sin los gastos, preocupaciones y carga de odio que acarrea el ser propietario de esclavos. Pero, agrega Brownson, el trabajo libre asalariado siempre triunfará porque suena mejor y cuesta menos que el trabajo esclavo. Brownson deja de lado que el argumento más contundente y de fondo contra el trabajo esclavo es la falta de libertad y considerar que una categoría de hombres pueda ser considerada como objeto y no sujeto de derechos. Por fortuna la población esclava crece a una tasa del dos por ciento anual, inferior que la blanca, por lo que a la larga será relativamente tan escasa que la "peculiar institución", y Schachner volvió a pronunciar estas palabras con desprecio, deberá desaparecer.

Ya llegaban al barco, por lo que la exposición de Schachner no dio lugar a comentario. Desde la cubierta Marjorie y Cathie los vieron llegar.

—¿Dónde fueron? —preguntó, curiosa, la segunda.

—Anduvimos curioseando, nada más —dijo Santiago.

Cuando abordaron el barco, se desarrollaba una discusión entre el hombre que conducía a los esclavos que habían cruzado antes y el piloto Peterson. El primero exigía para embarcarlos que fueran liberados de los grillos que los encadenaban entre sí.

—Pero se pueden escapar a Ohio —aducía el mercader.

—Es su problema —replicó el piloto—. En este barco no llevamos personas engrilladas ni encadenadas. Si no le gusta, puede tomar el próximo, pero le advierto que lo dejamos averiado ayer a poco de partir de Pittsburgh.

Sarmiento subió a la cubierta en busca de Marjorie. Sentía una irresistible necesidad de estar junto a ella. La encontró sentada en una silla tijera en la cubierta superior, leyendo la Biblia. La vio muy bella, su espeso pelo colorado recogido y cubierto por el bonete, aunque algunas guedejas se escapaban en espirales por la nuca. "Parece muy piadosa —reflexionó— y sin embargo..." A Cathie, que lo había seguido, y que continuaba inquiriendo acerca del motivo de su bajada en el pueblo, Sarmiento explicó en francés:

—Queríamos conocer el pueblo. Estamos viajando para conocer tu país, Cathie, y de allí que Santiago y yo quisiéramos bajar. Es el primer lugar esclavista de los Estados Unidos al que llegamos —dijo, repitiendo lo que ya le había dicho Marjorie—. De ahí nuestro interés. Santiago, además, quería buscar tripas de chancho —y al decir esto, sus ojos se encontraron con los verdes de Marjorie, cuyos labios esbozaban una sonrisa cómplice—. Fuimos al matadero de cerdos a buscarlas. Un horrible lugar. Suerte que no nos acompañaste.

—¿El señor Arcos encontró lo que buscaba? —preguntó Marjorie con la voz más neutral que podría haber proferido, aunque contenía con gran esfuerzo una sonrisa.

—Sí, no la versión más moderna, sino la antigua, pero hay que ajustarla a la medida —explicó Sarmiento, que habló en clave.

—Bueno, quizá pueda ayudar —dijo Marjorie, con sonrisa maliciosa.

Cathie percibió oscuramente que se trataba de algo que ella no podía ni debía entender.

—Santiago está estudiando un negocio con esas tripas y ya tiene un par de interesados en asociarse con él. Es seguro que continuará en la búsqueda en otros puertos que toquemos —dijo Sarmiento para satisfacer la curiosidad de la chica.

—¡Ah! ¿Podré acompañarlo Mom?, para salir un poco de este barco. Quince días tendremos que estar en él, apenas ha pasado uno y ya estoy aburrida —se quejó Cathie.

—Por mí no hay ningún problema. Pero tendremos que preguntarle al señor Arcos si quiere llevarte —dijo Marjorie.

—Te aseguro Cathie que se sentirá encantado de que lo acompañes —le dijo Sarmiento mientras extendía la mano para acariciarle su rubia cabeza, lo que la chica evitó esquivando la mano. Conservaba cierta desconfianza hacia el barbado y extranjero personaje que se había permitido ciertas familiaridades con su madre en la diligencia.

Los gongs sonaron, y bajaron al comedor, donde se encontraron con Santiago que hablaba con el señor Schachner. Arcos informó que después del almuerzo arribarían a Benwoods y que más tarde tocarían varios puertos más. Allí fue cuando Cathie le pidió a su madre que le permitira acompañarlo.

—Magnífico, justamente estaba por pedírtelo —le dijo Santiago, que de tal modo acentuó la simpatía que la chica tenía por él. A continuación murmuró a Sarmiento en castellano: —Todo está saliendo muy bien para sus lúbricos propósitos. Espero que tengá más suerte que anoche.

—¿Vos también vendrás, Mom?

—No creo, me duele mucho la cabeza y trataré de dormir un poco. Hay que empezar a acostumbrarse de nuevo a la siesta sureña —dijo, mientras pegaba un rodillazo a Sarmiento, que había sido excluido de la invitación de la chica—. Además, visitar mataderos de chanchos no es lo que más me interesa.

En efecto, apenas terminado el almuerzo, el barco atracó en el puerto de Benwoods, un pueblo más pequeño que Wheeling. Desde la cubierta Marjorie y Sarmiento vieron descender y alejarse a Arcos y Cathie, a quienes los acompañaba esta vez el piloto Peterson y, de nuevo, el comerciante Schachner. Apenas los perdieron de vista, Marjorie y Sarmiento bajaron a la cabina de éste, corriendo y riendo. Una vez adentro recomenzó la interrumpida sesión de la noche anterior, pero antes, Marjorie, provista de aguja e hilo, intentó ajustar el contenido al continente de piel de tripa. Pero la tripa era demasiado blanda y el hilo la cortaba, deshaciéndose la obra. Probaron una y otra vez con igual resultado.

—Diría que es tripa demasiado fresca y no tiene ninguna consistencia —declaró Marjorie desilusionada—. Creo que se la debe dejar secar más.

Entretanto, ante tanto fracaso, al mismo Sarmiento se le pasaba el entusiasmo y perdía la esperanza de poder hacer suya a Marjorie. El tiempo había pasado y la comitiva que visitaba el pueblo debía de estar de regreso. Por segunda vez debieron postergar su conocimiento mutuo.

Arcos, ya de vuelta, encontró a la pareja con ánimo sombrío cuyo motivo explicó luego a solas Sarmiento.

—Bueno, quizás esta noche se seque más y sirva para su propósito. Todavía se tocan creo que cuatro puertos antes de llegar a Cincinnati.

En una de las paradas, cuando Sarmiento se desvestía con aire algo resignado para una nueva prueba sartorial, golpearon la puerta. Sarmiento entreabrió apenas la puerta de la cabina y era Cathie, que inquiría por su madre.

—¿Pero no bajabas al pueblo con Santiago? —le preguntó Sarmiento, fastidiado por la intrusión.

—Sí, pero hay un pasajero con un tambor llamando a los jóvenes a luchar contra los mexicanos y quiero que lo vea mi madre. La he buscado por todos lados y no la encuentro —explicó la chica.

—Yo no sé donde está tu madre. Quizás en la cubierta, en el baño. Buscála mejor —y malhumorado le cerró la puerta mientras murmuraba "chica de mierda".

Marjorie se puso nerviosísima y apenas se fue su hija salió en dirección opuesta yendo hacia el salón, donde por fin se encontró con la inquieta Cathie, quien no lograba explicar cómo no la había visto antes. Cathie virtualmente arrastró a su madre a ver cómo uno de los pasajeros, previa llamada con un tambor que manejaba a la perfección, inducía a los jóvenes pueblerinos a engancharse en el ejército que invadía México y les prometía tierras en las grandes áreas conquistadas. Sarmiento también había emergido de su cabina, picado por la curiosidad despertada por Cathie, para contemplar el espectáculo.

Quien tocaba el tambor era un individuo vestido de riguroso frac negro, que no fue lo que lo destacó, dado que la mayoría de los norteamericanos lo usaban. El tipo redoblaba su instrumento manejando los palillos con gran destreza, pese a la cadena del reloj, de uso común en el país, que embarazaba sus movimientos. Tras llamar así la atención, invitaba a los jóvenes del pueblo a engancharse en el ejército en campaña en México. Fueron varios los que lo hicieron, "más por espíritu de aventura que por patriotismo, que los norteamericanos tienen pero en forma distinta y menos ostentosa que los europeos, quizá por no tener a un rey de carne y hueso a quien honrar, no ser impresionados por ejércitos y uniformes puesto que no he visto ni uno en todo mi viaje", según escribió Sarmiento a Valentín Alsina.

Entabló conversación con el tambor que no resultó ser militar sino tan sólo contratado para esa tarea, que la realizaba concienzudamente ofreciendo a los candidatos al enganche, gloria, parte de los tesoros de Moctezuma y tierras en las provincias conquistadas. "Pero ¿por qué es la guerra?" preguntó Sarmiento. "Porque los mexicanos interfirieron el avance de los texanos hacia nuevas tierras", contestó el tambor. "Pues porque son de ellos", replicó Sarmiento. "No, eran tierras vacías, no pertenecían en consecuencia a nadie", replicó el tambor.

—Los norteamericanos estamos destinados a extendernos del Atlántico al Pacífico y al sur hacia el Caribe y hasta el istmo de Panamá. No habrá fuerza ni tratado que nos detenga —dijo Schachner que, sin duda había leído a Tocqueville.

—Eso no es necesariamente así. Los ingleses invadieron el Río de la Plata en dos ocasiones y fueron rechazados ambas por mis compatriotas. Ahora mismo, los ingleses y franceses unidos no han podido derrocar a Rosas, y lo digo con pena, porque era la oportunidad de deshacernos de ese tirano que esclaviza a nuestro pueblo.

—No conozco el caso, pero sería la excepción que confirma la regla. Todo se da en ese sentido. ¿Quién habría imaginado que el gran conquistador de Europa, Napoleón, iba a venderle la Luisiana a Jefferson? Y sin embargo así fue. Nuestra expansión territorial es el destino manifiesto de nuestra historia y no serán los mexicanos quienes vayan a torcerla. Vea, ya hemos ocupado la capital y el ejército se mueve ahora en esta dirección —dijo Schachner mientras mostraba un mapa que había sacado de su bolsillo, lo que no llamó la atención de Sarmiento, quien ya había notado la propensión de los norteamericanos de andar con mapas y de ubicarse en ellos en su permanente deambular.

Para disimular, Marjorie hubo de bajar en la siguiente parada. El barco llegaba a Cincinnati por la tarde del día siguiente. A última hora harían su última etapa del día, esta vez en la costa de Ohio, donde Arcos había descubierto algunos atractivos y entusiasmado a Cathie a acompañarlo para verlos.

Los ya un tanto resignados y frustrados amantes se encaminaron otra vez para ver si podrían completar la coronación de su amor. Esta vez, la tripa en efecto se había puesto más resistente pero las habilidades sartoriales de Marjorie no fueron suficientes sobre todo por tomar muy a pecho la confección a medida, lo que desde luego provocaba angustias a Sarmiento cada vez, y fueron varias, que la aguja traspasaba con demasiado entusiasmo la tripa para ir a clavarse en la de él mismo, con lo que el operativo, lejos de constituir la antesala del placer, más bien se pareció a un castigo anticipado del mismo. Tan nerviosa se puso ella, que en determinado momento arrojó la aguja, desgarró la tripa y exclamó:

—*Shit! I give up!* —¡Al diablo con todo esto! —¡Hagámoslo sin nada!

Nunca en su vida Sarmiento obedeció con tal sumisión y prontitud una orden. Con lo que pocos minutos después los postergados amantes pudieron conocerse sin obstáculos y como corresponde con entera satisfacción.

—Fantástico —dijo Sarmiento realmente exultante al término del primer encuentro—. Nunca nadie me ha hecho gozar tanto como usted.

—¡Mentiroso! A todas les dirá lo mismo.

—No es cierto, señora.

—Habíamos quedado en que me llamaría Marjorie —le dijo ella—. Pero dígame, si no he sido la primera, ni la décima...

Sarmiento hizo un cálculo mental y le dijo, riendo: —Diez debe de ser el número correcto. Para mis 36 años no es una cifra exagerada. Tirando a escasa, diría.

Marjorie tomó nota de la edad denunciada por él. "Creía que tenía más. La pelada lo envejece", estuvo a punto de decirle.

—Y puesto que no conocía cómo tomar precauciones para evitar el embarazo, ha de haber dejado el tendal de hijos por todos lados —dijo ella con voz un tanto despectiva.

Sarmiento reflexionó un instante. Como se sabe, los enamorados pierden la reserva y cuentan todo su pasado, todos sus pensamientos, ilusiones y desilusiones. Sarmiento no escapó a esta ley y relató:

—Debo confesar que sí. Aunque no un tendal, tuve hace catorce años una hija que se llama Emilia Faustina. Fue durante mi primer destierro a Chile y yo tenía tan sólo veintidós años. La tuve de una joven chilena que era mi alumna en una escuela que yo fundé y dirigía en un pueblo que se llama Pocuro, no lejos de la frontera con la Argentina. Mi hija vive con mi madre y mis hermanas en San Juan. Se llama Emilia Faustina, Faustina por mí.

Mientras relataba esto, el sanjuanino recordaba aquella excursión al río donde tuvo en sus brazos por primera pero no última vez a su atrevida alumna Jesús del Canto, amoríos de donde nació Faustina.

—El maestro a una alumna. No parece muy edificante —pensó Marjorie en alta voz.

—No, por cierto, no fue algo de lo que me enorgullezco. Pero a esa edad los jóvenes somos muy impetuosos, sobre todo yo. Y la madre, debo decir, muy insinuante.

—¿Y qué se hizo de ella? —preguntó Marjorie, celosa al fin.

—Sólo sé que se casó. Pero se niega a ver a su hija. No la volví a ver. A sus padres no les cayó demasiado bien la noticia de que su hija estuviera embarazada y me prohibieron concurrir a su casa.

—Una triste historia. Pero volvió a exiliarse a Chile, ¿no es cierto? —Ante la admisión de Sarmiento, ella le preguntó: —¿Dígame, que hacía usted para ser desterrado cada dos por tres, ¡sobre todo tan joven!

—Verá, no me podía adaptar a vivir sin libertad, regimentado por el gobernante de turno. Pero los destierros fueron sólo dos. En el primero, siendo muy joven, el ejército en el que peleaba fue derrotado y debimos huir a Chile. Fue entonces que tuve ese enamoramiento con mi alumna del que nació la hija de la que le hablé. Después trabajé de minero en el norte de Chile, trabajo tan rudo que me enfermó, y como en San Juan había un nuevo gobernador menos severo que el anterior, pude volver. No por mucho tiempo. En el año 40, cuando dirigía un colegio de mujeres y publicaba un periódico tuve problemas con el gobernador, quien me puso preso, casi me matan; él mismo me protegió de su propia soldadesca y me aconsejó ir a Chile y me proporcionó el pasaporte. No volví nunca más a mi San Juan nativo.

—¿Y no tuviste otros amoríos?

—Sí, bueno, alguno que otro.

—¿Y este último tiempo?

—Antes de partir de viaje, ya hace dos años, con una señora, casada. Benita es su nombre.

—¿Y estás enamorado de ella? —Marjorie comenzó a tutearlo, en francés.

—No, ahora estoy enamorado de vos, Marjorie, locamente— y la besó con ardor. Sarmiento no mentía.

Pero Marjorie quería saber más y terminado un segundo efluvio amoroso, le preguntó por el marido de Benita, pues Sarmiento había dado su nombre.

—Es excelente persona. Pero mucho mayor que ella, y enfermo.

Y Sarmiento se largó a relatar su aventura con Benita, el

nacimiento de Dominguito y el supuesto y tácito arreglo existente con su marido. Marjorie lo escuchó interesada sin interrumpirlo.

—Entonces —dijo con pesadumbre—, cuando regresés a Chile volverás a ella y yo pasaré a ser una aventura más, como tantas otras. ¡Ay los hombres! Tienen amores y después los tiran a la basura.

Sarmiento no se había hecho todavía esa pregunta y pensó que la suposición de Marjorie era correcta, pero prefirió descartarla, pasar a la segunda parte de la frase, y decía:

—No, de ningún modo tiraré este amor a la basura. No sabemos todavía cómo terminará este amor que estamos viviendo, pero siempre lo guardaré en mi memoria muy cerca de mi corazón. Marjorie, te repito que estoy muy profundamente enamorado de vos y no quisiera dejarte por nada en el mundo. Sos, lejos, lo mejor que me ha pasado en este largo viaje y te lo agradezco muchísimo —dijo él mientras la besaba y acariciaba con gran cariño.

—Lo mejor del viaje, pero no lo mejor de tu vida, ya veo.

Sarmiento ya estaba por rectificarse y asegurarle que, en efecto, era lo mejor que le había ocurrido ya no en el viaje sino en su vida (los enamorados mienten sin saberlo, que es como no mentir, pues lo que dicen en su euforia lo creen absolutamente cierto), pero ella se anticipó y dijo:

—Pero entonces, si en verdad estás tan enamorado de mí, vendrás conmigo a mi plantación, en Luisiana —dijo ella.

—O vos conmigo a Chile —replicó él y apenas lo dijo pensó que había sido imprudente. En realidad Marjorie no cuadraría bien en la pequeña y pacata sociedad santiaguina. Aparte de que Benita le haría un gran escándalo. Estaba, además, Dominguito.

—¡Pero es tan lejos, el otro extremo del mundo! Debería dejar a mi madre... hacer tantos arreglos... y Cathie...

—Lo mismo, a la inversa, ocurre conmigo. Debería dejar una carrera, renunciar a la lucha contra el tirano que ahoga a mi país.

—Pero hay una diferencia importante. Vos estás aquí. Más

aún, en el barco que va hacia mi casa. Y en el camino a la tuya. Vení a mi casa y allí lo podremos pensar bien. O mejor, no pensar ni planear nada, simplemente vivir y gozar estar juntos, nuestro amor— dijo mirándole profundamente a sus ojos oscuros con los suyos azul verdosos. Tras un momento, añadió: —Y traé a tu simpático amigo Santiago Arcos. Él le caerá muy bien a más de una linda francesa o española de Luisiana, no tengo la menor duda.

A Sarmiento no le pareció irrazonable la propuesta. Nada perdía, puesto que Marjorie tenía razón en decirle que era el camino de regreso a Chile. Y no creía que Arcos se opusiera a detenerse unos días en la plantación de ella. Le daría una oportunidad para expandir sus conocimientos sociológicos. Pero con prudencia no quiso anticipar una respuesta positiva y prefirió dilatar la cosa.

—Bueno, no hay por qué decidirlo ahora. De todos modos, *The Messenger* nos está llevando en esa dirección.

—Es cierto. Está decidiendo por nosotros.

Sarmiento quiso entonces saber cuándo se fijó ella en él. Es decir, cuándo él empezó a caerle bien a ella. Revisaron en forma exhaustiva el viaje en la diligencia y sus conversaciones. Cada hecho fue objeto de disección y análisis. Tocó el turno al episodio de la caída de la mano de Marjorie arriba de sus genitales, asunto que tanto había intrigado a Sarmiento. ¿Había sido casual o hecho a propósito?

Ella rió a carcajadas al recordarlo, pero reprimió su risa por temor a ser oída por su hija. Pero ella dio la señal de que el hecho no había sido casual.

—Mirá, cuando supe que había enviudado, me percaté de que debía rehacer mi vida. El año que viene cumplo treinta años, cambiando de década. Ya no soy joven, por lo tanto, y me he hecho así, sin darme cuenta, una mujer grande. Oportunidad adicional para decidir sobre mi futuro por mí misma. Mi marido era bastante rico, más lo que me había dejado mi padre, podría te-ner una renta que me permitiría vivir con desahogo. Y decidí vivir con independencia, no más en el sur por supuesto, sino volver a Chambersburg con mi madre, que ya está muy vieja, tiene más de cincuenta años, imagináte. Antes debía vender la plantación, lo que motiva este viaje. Ahora bien, tengo una íntima amiga en Baton Rouge. Francesa por ascendencia. Denise se llama. Ella me habló alguna vez que dejaba caer su mano ahí, como lo hice con vos, para estudiar la reacción de los hombres con quienes viajaba, por mera diversión. Lo ensayó en nuestros viajes en diligencia entre Baton Rouge y Nueva Orleans. Te prevengo que es muy divertido observar las reacciones de los hombres. Debo decirte que las mujeres de Luisiana, sobre todo las francesas, son muy distintas de las de Pennsylvania, unas buenas piezas se podría decir. El ambiente en Luisiana ¡es tan distinto al del resto del país! Quizá por la gran cantidad de gente de origen francés y español, quizá por ese clima tibio y siempre húmedo es que la gente es lánguida y sensual. Siempre asistidos por esclavos, en realidad no mueven un dedo. Clima que por otra parte favorece las enfermedades, la fiebre amarilla por ejemplo. En Nueva Orleans, donde vivimos al comienzo con mi marido, teníamos que dejar la ciudad todos los veranos, como todo el mundo, por el temor a la fiebre. Y bueno, como te decía, se me ocurrió imitar a mi amiga Denise. "¿Por qué no?", me dije. "Es una forma de demostrar mi independencia. También se logra, como dice Denise, que un hombre atractivo se fije en una. Yo, frustrada por los engaños y la infidelidad de mi difunto marido, quise vengarme de los hombres a mi manera, tomando la iniciativa que por lo general asumen ustedes. Debo decir que me gustó cómo con toda delicadeza me sacaste la mano y la colocaste sobre mi pollera.

—¿Ensayaste el método muchas veces? —preguntó Sarmiento.

—No, la verdad es que me da una vergüenza terrible. Sólo lo ensayé una vez.

—¿Y qué pasó?

—No pasó nada —dijo ella. Pero como lo dijo sin convicción Sarmiento insistió y exigió detalles. Ella entonces se sinceró:

—Yo ya en ese entonces estaba harta de ser engañada por mi marido y había jurado vengarme. Hice el ensayo con el supervisor de una plantación vecina que me caía bien. Ocurrió que al llegar a Nueva Orleans nos alojamos en el mismo hotel, el Saint Charles, y bueno, dormimos juntos esa noche.

—¿Te enamoraste de él?

—No sé si enamorar es la palabra precisa. Pero sí, me gustó mucho. Si no, no me habría acostado con él. La cosa no duró mucho tiempo porque él se peleó con su patrón y se fue a trabajar a Alabama.

Sarmiento quiso saber toda clase de detalles y la atosigó con preguntas. En un momento dado, le dijo:

—Pero dijiste que el ensayo que te enseñó Denise lo hacías con hombres que te atraían.

—Así es, una sola vez, ya te lo dije —admitió ella—. Y después con vos.

—Entonces yo te atraje.

—Desde luego. Desde un comienzo, cuando te vi tan solo y abandonado allá en la posada de Chambersburg sin saber qué hacer. ¿Creés que si no te hubiera invitado a mi plantación sin conocerte? Me llamó la atención cuando en el hotel de Chambersburg te lamentabas de tu situación, en medio de un país desconocido y sin plata. Al principio tus insultos en castellano me asustaron, pero después me hicieron reír. Abrí la puerta de mi dormitorio y me asomé por las escaleras hacia abajo, hacia el *lobby* donde estabas, y te vi. Más que peligroso me pareciste indefenso y abandonado. Me apiadé de vos y como me interesó tu aspecto, un tanto extraño en este país, decidí ofrecerte mi ayuda. Pero el señor Leslie me ganó de mano. Y más me gustó tu actuación en el vuelco, el beso que me diste, y cuando para extraerme del coche volcado me abrazaste mucho más allá de lo estrictamente necesario. —Marjorie también dijo que había hallado su conversación muy interesante aun cuando hubieran discordado, como en el episodio del mulato que quiso viajar con ellos. —Además, viajar con una persona de un país tan remoto y al mismo tiempo tan ilustrado y con conversación tan interesante no es corriente. Me encantó la oportunidad de poder volver a hablar en francés. Y, por fin, tu barba no te queda nada mal. —Se la tocó. —¡Mm, es como acariciar a mi gato! —le dijo una vez más.

—...chas gracias por el elogio —dijo Sarmiento.

—En cuanto a tus un tanto tristes ojos negros, los encontré muy atractivos. Todo en vos, Domingo, me gustó y al encontrarte tan desvalido en Chambersburg despertó mi instinto maternal —concluyó Marjorie.

Sarmiento le agradeció su sinceridad, que lo había emocionado muchísimo, moviéndolo a besarla, y pasó a inquirir si aquello de desobstruir los *menses*, es decir, la menstruación, era, como sospechaba, un aborto. Para lograrlo, Marjorie explicó al curioso Sarmiento que Samuel K. Jennings, en su libro *Married Lady's Companion* recomendaba baños calientes, sangrías en los pies, áloe y calomel.

—¿Pero ese libro se publica libremente? —preguntó Sarmiento.

—Por supuesto, hay libertad de prensa en América, en los Estados Unidos —se corrigió con rapidez—, ¿por qué no se podría publicar?

—Me gustaría que me explicaras una cosa, Marjorie. Ustedes, los norteamericanos, son mucho más religiosos que nosotros los del Río de la Plata, y aun también más que los chilenos. Es decir, ustedes viven la religión, rezan, atienden los servicios religiosos, lo que para nosotros son actividades más bien marginales, meras formalidades en las que en general, los hombres sobre todo, cumplimos pero sin participar en verdad de ellas. Pero en lo sexual, en cambio, me parece que las mujeres de aquí tienen actitudes mucho más liberales que las de allá donde las mujeres se preocupan muchísimo en conservar la virginidad y los hombres, en general, lo comprenden.

—Pero mantener la virginidad proviene de un prejuicio machista contra las mujeres que la han perdido. Y entiendo que entre ustedes no se casan con una mujer que no sea virgen.

—No si se trata de una viuda —aclaró Sarmiento, pensando en Benita—. La madre de mi hija Faustina no tuvo dificultad en encontrar marido —agregó.

—El marido quizá no sabría que había tenido un hijo y habrá pensado que ella era virgen. Me dijiste que se negaba a ver a su hija y pensé que sería para que no se supiera que ella era la madre. ¿Me equivoco?

—Sí, es probable que tengás razón —admitió el sanjuanino—. ¿Pero cuál habría sido la conducta de una yanqui en iguales circunstancias? —ahora preguntó él.

—Mm, una buena pregunta. Te digo de entrada que no está bien visto que una soltera sea madre. Muy mal visto. Pero aún así, y dependiendo de las circunstancias, no es un obstáculo decisivo para encontrar marido si éste se enamora verdaderamente. Y eso depende también de la región de que se trate. En las ciudades, como Filadelfia, las costumbres son rígidas y más parecidas a las de tu país. Mucho más que en el campo, donde hay más libertad entre muchachos y chicas. De todos modos, habrás notado que las chicas solteras disponen de mucha más libertad que en Europa, por ejemplo. Salen solas y viajan solas. Y mucho más libres son las costumbres en el Lejano Oeste. No sé, no creo que haya pautas fijas. Pero los pastores y ministros de las iglesias velan con celo por la rectitud en las costumbres y quienes transgreden las reglas, tanto en lo sexual como en otros casos, son severamente castigados. Se los aparta de la iglesia y quedan aislados de la comunidad, algo muy doloroso para los afectados.

—Quizás ésa sea la diferencia. Allá se da una exagerada condena al pecado sexual, si es cometido por mujeres. Los hombres escapan a todo castigo y, al contrario, son casi premiados. Por ejemplo el ser mujeriego, engañar a la mujer, no conlleva ninguna reprobación. Basta confesarse ante el cura para recobrar la gracia de Dios.

—La condena casi exclusiva a las mujeres por el pecado sexual es motivo, pienso yo, del deseo de evitar a los hijos ilegítimos. Como no adoptan prácticas anticonceptivas, la condena tiene su lógica —reflexionó Marjorie—. En cuanto a la confesión, entre los protestantes ha perdido importancia y la reconciliación con Dios es una tarea mucho más pesada, que exige mucho sacrificio y verdadera voluntad de enmendarse —explicó Marjorie—. Es algo individual: el pecador debe sentir íntimamente y no porque un sacerdote lo libere, que el Señor lo perdona y lo admite a su redil de nuevo.

—¿Vos sentís que ahora has pecado conmigo? —le preguntó Sarmiento.

—No. No daño a nadie. A los treinta años ya soy una mujer grande, sola y libre. No siento ninguna reprobación por parte del espíritu divino —contestó Marjorie—. Comienzo a pensar que el señor ya no se interesa tanto como antes en lo que hacemos los humanos—. Esta declaración, quizá porque concordaba con el pensamiento del argentino, despertó en el otro arranque de amor por ella que concluyó en otra efusión amorosa y ya casi mística de los amantes.

Terminado el efluvio amoroso y tranquilizados sus partícipes, ella reconoció que la situación de los esclavos de la plantación de su marido le había hecho una impresión terrible. Al fin y al cabo, educada como cuáquera, estaba en contra de la esclavitud, habiendo sido la iglesia cuáquera la primera en rechazarla de manera expresa.

—Pero en las discusiones que tuvimos en la diligencia, parecías a favor de la esclavatura —Sarmiento la recriminó.

—No dije que estaba a favor en ningún momento —ella se defendió.

—Votaste en contra de dejar subir ese moreno.

—Una cosa es seleccionar a tus compañeros de viaje y otra

cosa es estar a favor de convertirlos en esclavos. Son dos cosas muy distintas. No creo que vos estuvieras de acuerdo con viajar junto a un hotentote o un gorila.

—Mm, puede ser —admitió él.

—Pero volvamos a la plantación; llegada a ella recién casada poco y nada podía yo hacer en beneficio de esa masa de africanos atrasados e ignorantes —dijo Marjorie.

—Podías educarlos —propuso Sarmiento.

—Está prohibido hacerlo en el sur. Además, ¿educar a más de cien? ¿Y quiénes serían los maestros? Pensar en blancos es absurdo, ninguno se prestaría a enseñar a los *niggers* —dijo ella—. Negros libertos con las condiciones suficientes para enseñar son rarísimos por otra parte. ¿Y hablando en general, quién costearía la educación? Los blancos se resistirían a pagar impuestos para ello. El problema es insoluble —concluyó ella. Y tras una pausa, agregó: —Con tanto sirviente, los blancos se tornan ociosos y pasivos. Otros defectos acompañan a esos, públicos y privados. Así, el estado de Mississippi dejó de pagar los préstamos recibidos hace unos años. Y no sólo incurrió en *default*, sino que repudió la deuda e hizo como que no hubiera existido, ¿se puede imaginar? Debo reconocer que con motivo de la seria crisis que afectó al país por entonces otros estados hicieron lo mismo, como Illinois, Indiana, Michigan y Arkansas. Pero te digo, Domingo, que el sur, Mississippi en particular, no es un lugar apropiado para criar a mi hija, por eso me vuelvo a Pennsylvania, a la chacra de mi madre.

—El problema es difícil, debo reconocerlo. La población esclava de este país supera la población total de la Argentina y Chile. Pero hay que comenzar a solucionarlo con educación, como yo lo he hecho en Chile y lo voy a hacer en el Río de la Plata no bien nos deshagamos de Rosas. De lo contrario, ustedes tendrán una guerra de razas —dijo Sarmiento insistiendo en su tesis que había leído en realidad en Tocqueville, aunque no lo reconociera.

—Lo más triste es la separación de las familias cuando se

venden esclavos. Y a veces es menester venderlos por necesidad. Procrean muy rápidamente y no se sabe qué hacer con los chicos. De modo que cuando tienen más de diez años y su valor aumenta... no hay más remedio que mandarlos al mercado. Aún más chicos se los vende junto a su madre. Washington al menos se abstuvo de vender esclavos en los últimos veinte años de su vida y al decidir en su testamento su liberación, impuso a sus herederos enseñarles a leer y escribir, más un oficio. La extensión de la esclavitud en los nuevos estados del oeste, debajo de la línea del "compromiso de Missouri" que son todos esclavistas, provoca mucha demanda de esclavos. Pero te digo una cosa, Domingo, pese a todo, los negros están mejor así que sueltos. Y están mucho mejor que los negros de África, o que los mismos irlandeses que se mueren de hambre. Ya lo oíste en la diligencia. ¡Te imaginás a millones de negros vagando en busca de trabajo! Y quienes los emplearan sólo les pagarían con techo y comida, como ahora. Peor, porque siendo perezosos y poco trabajadores, si no se los disciplina —e hizo con el brazo el movimiento de cómo se pega un fustazo— no producen nada y los plantadores no tendrían cómo emplearlos. Los amos al menos los sostienen pues es su conveniencia cuidarlos manteniendo así su capital. No más si fueran simples empleados supuestamente libres. Dios hizo a los negros una raza inferior, no nos toca a nosotros tratar de cambiar ese orden de cosas. —Tras una pausa, advirtió su contradicción con el ideario cuáquero y dijo: —Habrás advertido que mi estadía en el sur me ha cambiado las ideas. Ya no soy una verdadera cuáquera. En realidad nunca lo fui. Mi padre era librepensador y aunque mi madre es muy cuáquera, él no dejó de influir en mi manera de pensar.

Marjorie cambió de postura, un rulo daba vuelta alrededor de su oreja y el argentino se inclinó a besarlo. Ella con suavidad dijo:

—Los dramas íntimos que provoca la esclavitud son peores entre quienes tienen pocos esclavos y cuando sólo tienen uno. La obligatoria convivencia entre el amo y el esclavo lleva a extremos inimaginados. A veces, si el esclavo es voluntarioso y el amo débil, el primero se impone al segundo y la relación se invierte. En un pequeño *farm* aparecieron una vez los cadáveres de ambos. Se habían peleado y lastimado hasta matarse. Y si el agricultor tiene mujer, te podrás imaginar los hechos que ocurren pues no los puedo contar. Pocas son las veces en que amo y esclavo tienen una relación normal, casi amistosa. El esclavo soltero y único busca mujer, naturalmente, pero es rechazado por sus mismos compañeros de desdicha en las plantaciones grandes, que se tornan violentos con los de afuera.

Marjorie corrió la cortina de la pequeña ventana y miró afuera.

—¡Ya deben de haber vuelto porque el barco está por zarpar! —alertó justo en el momento en que sonaba la campana anunciando la partida—. ¡Y Cathie debe de estar buscándome! ¡Vamos rápido!

—¡Uy, qué rápido! Yo quería hacerlo de nuevo —se quejó Sarmiento.

—Bueno, no hay que hablar tanto entonces. —¡Vamos, apúrese, hombre!

—Pero antes prometéme visitarme esta noche. Después de tantas frustraciones —¡tengo derecho a toda una noche con vos! La última antes de llegar a Cincinnati.

—No será la última si sigue viaje conmigo hasta Luisiana, caballero —replicó ella volviendo al usteo, que abandonó al agregar: —Mirá, cuando se duerma Cathie te tocaré la puerta —prometió Marjorie—. Pero tendrás que echar a Arcos, ¡pobre!

Se apuraron en vestirse, ella se arregló su peinado de manera rápida y, tras espiar por la puerta de la cabina entornada que no había nadie, los clandestinos amantes salieron al corredor y de allí al *deck*, de donde subieron a la cubierta superior, donde estaban Santiago Arcos y sus socios en el supuesto emprendimiento industrial, más la pequeña Cathie. Ésta estaba muy agitada y cuando vio a su madre corrió hacia ella para decirle:

—¿Te acordás, Mom, de los esclavos que subieron ayer? — Sin esperar la respuesta, la excitada chica prosiguió, y habló muy rápido: —Pues bien, dos han desaparecido. Se deben de haber tirado al agua anoche, y el amo está furioso. Acusa a los pilotos de ser su culpa por no haberle permitido engrillarlos y encadenarlos. Están abajo peleándose.

—Sí, en efecto, se escaparon. Tuvimos que salir en defensa de los pilotos porque el tratante de esclavos los quería matar. Literalmente matar, porque los apuntaba con su revólver exigiéndoles el pago del valor de los dos esclavos, 1500 dólares —dijo Arcos.

—¿Y los pilotos cómo se defendían? —preguntó Sarmiento.

—Una cláusula del reglamento que dice que la empresa no se responsabiliza de accidentes ni de gente que se caiga al agua. Cuando el tratante nos vio llegar —dijo Santiago, refiriéndose al piloto Peterson, a Schachner y a él mismo— dejó el revólver y se avino a ir con los pilotos a hacer la denuncia de la fuga a las autoridades del pueblo de enfrente. Cruzaron el río en bote a la orilla de Ohio para que los persiguieran.

—Pero allí el ferrocarril los transportará en forma clandestina al Canadá, donde no pueden ser reclamados por sus amos. Es difícil que los recuperen entonces si tienen los contactos adecuados —explicó Seth Schracher.

—Es un desconocimiento absoluto de la ley —murmuró Marjorie.

—La ley y la autoridad injusta deben ser resistidas —replicó Sarmiento—. De haberlas acatado, yo no estaría acá.

—Y nosotros seguiríamos sometidos a los británicos —agregó Schachner.

—¿Pero cómo no te enteraste, Mom? Hubo gritos y peleas —le dijo Cathie.

—No, en la cabina no se oye nada. Además, cuando estoy leyendo me abstraigo tanto que no sé qué ocurre a mi alrededor —Marjorie se justificó, dejando ver la Biblia que había llevado consigo como coartada.

Cuando bajaron los demás para ver qué ocurría con los esclavos, Cathie tomada de la mano de Arcos, que había asumido a la perfección su cargo de niñero, los amantes quedaron solos en la cubierta superior, sentados en los cómodos sillones tijera que había allí. Sarmiento preguntó a Marjorie acerca de dónde había estudiado.

—En el colegio presbiteriano de señoritas de Chambersburg —respondió ella.

—¿Es ese gran edificio de piedra un poco alejado del pueblo? —preguntó Sarmiento.

—Sí, pasando el banco unas trescientas yardas, en lo alto de la colina.

—Lástima no haberte conocido entonces. Me hubiera gustado visitarlo —se lamentó Sarmiento, quien inquirió acerca de los estudios que allí se impartían a las alumnas.

—Es un colegio de tercer nivel, pero no pude completar el curso por aquel viaje a Nueva Orleans que terminó en mi casamiento y en la muerte de mi padre.

—Los presbiterianos tienen el mejor sistema educativo del país —se oyó que decía Schachner que apareció de improviso—. ¿Me permiten sentarme con ustedes? —Y con el permiso otorgado a desgano, el hombre se instaló en otro sillón que arrastró al lado del ocupado por la pareja. Schachner no dejaba de interesar a Sarmiento.

—Pero, disculpen mi ignorancia, ¿qué son los presbiterianos? —preguntó Sarmiento.

—Los primeros presbiterianos que vinieron a América fueron hugonotes franceses que desembarcaron en Nova Scotia, Canadá. Los presbiterianos de Pennsylvania vinieron de Alemania, como mis abuelos. El alemán se habla en nuestra comunidad hasta hoy y de allí mi acento.

—¿En qué se distinguen de los bautistas, evangelistas, metodistas, etcétera? Debo reconocer que tengo una gran confusión al respecto —dijo Sarmiento.

—En primer lugar, entre muchas de las iglesias no hay diferencias teológicas sino de organización —explicó Schachner—. Cuando sobrevino la Reforma se formó una gran cantidad de varios grupos en distintos pueblos y ciudades que debieron organizarse. Los presbiterianos dieron mucha fuerza a los presbíteros, es decir, ancianos, en los consejos que gobernaban la comunidad y dictaban excomuniones. En Cincinnati tienen su seminario teológico que podrá visitar cuando lleguemos allí. Si le interesan estas cuestiones, por supuesto. En cuanto a los anabautistas o simplemente bautistas se trata de una secta que cree, con razón a mi juicio, que no se debe bautizar a los menores por cuanto el bautismo requiere la plena conciencia del bautizado y su consentimiento. De allí que a los bautizados de chicos que quieren unirse a ellos les es requerido un segundo bautismo al no ser considerado válido el primero. Ana en griego significa de nuevo o *re*, de donde anabautismo viene a ser rebautismo. Quizá más importante es que, a diferencia de los calvinistas, no son deterministas y creen en la independencia de juicio.

—Fueron muy perseguidos tanto por otros protestantes como por los católicos. En Zurich debían ser ahogados, quizá porque la práctica de su bautismo consiste en tirarse por completo al agua. Puesto que son muy individualistas, cada iglesia bautista es por entero independiente de las demás, nombra a sus ministros y establece sus reglamentos —agregó Marjorie por su parte.

—El odio contra los bautistas se remonta a los excesos cometidos por algunos de ellos al comienzo de la reforma, cuando los primeros bautistas comandados por John de Leyden se posesionaron de Münster, en Westphalia, y cometieron toda clase de locuras, como adoptar la poligamia. Fueron derrotados en 1535 y ejecutados. La tolerancia religiosa no era muy respetada por entonces —siguió informando Schachner.

—Sí, yo pensaba que la intolerancia era característica católica y de la Inquisición, pero he descubierto que aun los padres peregrinos eran en exceso intolerantes —dijo Sarmiento.

—Es que en Zürich predominaban los calvinistas, por lo tanto deterministas. Eran por consiguiente partidarios del gobierno teocrático, como el impuesto en Ginebra por Calvino. Los Pilgrim Fathers puritanos eran asimismo calvinistas y por lo tanto deterministas e intolerantes. Con todo, a Roger Wiliams no lo mataron sino que lo dejaron marchar de Massachusetts a Rhode Island, donde fundó en 1639 la primera iglesia bautista en América —explicó Marjorie, bastante conocedora del tema por lo visto.

—Hoy hay más de mil iglesias bautistas con cinco mil pastores —agregó Schachner.

—Bueno, la Inquisición habría obligado a Roger Wiliams a abjurar y, sin perjuicio de ello, lo habrían quemado en la hoguera —comentó Sarmiento.

—Tampoco eso fue monopolio católico. El unitario Socinus fue quemado en Ginebra en la hoguera acusado de hereje y blasfemo por Calvino —informó Schachner—. Poco antes había sido juzgado por el mismo motivo por la Inquisición en Viena, que no lo condenó —explicó Schachner.

—En fin, todos los días se aprende algo nuevo —dijo Sarmiento, sorprendido por lo que acababa de escuchar—. Pienso que la Inquisición más severa debe de haber sido quizá la española —añadió—. Pero dígame, señor Schachner, como uno de los dos partidos que hay en mi país se llama unitario, aunque no por razones teológicas, y yo pertenezco a él, o al menos así lo consideran mis enemigos, me interesa sobremanera la iglesia unitaria —preguntó Sarmiento.

—Los unitarios son justamente los seguidores de Fausto Sozzini o Socinus y de su tío que durante la Reforma predicaron sus ideas en Polonia, consistentes en volver a los principios de la Iglesia primitiva donde según ellos no se conocía todavía el misterio de la Trinidad, que niegan basados sobre todo en el Evangelio de San Juan. Los unitarios piensan que Cristo fue hombre, uno de los grandes maestros pero de ningún modo Dios. Su misión es la de interceder ante el Señor. Tienen su centro en Boston.

—Cuando no, esa especie de Atenas norteamericana —observó Sarmiento, interrumpiendo a Schachner que comenzaba a parecerle un tanto pesado, arrepintiéndose de haber suscitado la cuestión por cuanto su intelecto no se inclinaba demasiado a la metafísica.

—¿Me permite que lo corrija, señor Schachner? —pidió Marjorie que sin esperar el permiso pedido comenzó sus enmiendas—. A quien Calvino hizo ejecutar fue al español Miguel Servetus quien unos veinte o treinta años antes que Fausto Socinus, que murió en Polonia, se manifestó antitrinitario, lo que fue considerado herético tanto por los católicos como por los reformistas. Aunque había sido advertido de no entrar en Ginebra, desoyó los avisos y lo hizo; fue apresado y juzgado en el verano de 1553. Calvino quiso que se le cortara la cabeza, pero el tribunal optó por *estre brusle tout vyfz*, es decir, ser quemado vivo. Lo notable es que cuando fue quemado Servetus, la legislación ginebrina ya no penaba la herejía con la muerte, por lo que la condena a Servetus fue ilegal. El español Servetus se distingue de los posteriores trinitarios por admitir alguna forma de nacimiento milagroso de Cristo, que éstos no admiten, y de basar todo su esquema en un cristocentrismo muy acentuado.

Cuando terminó la tirada de Marjorie, Sarmiento, que la escuchaba admirado por su sapiencia, prorrumpió en gritos "Muy bien, muy bien" seguidos de aplausos, que fueron contestados por ella con una graciosa reverencia.

Schachner, muy fastidiado por haber sido corregido por una mujer tanto más joven que él, atinó a balbucear:

—Los unitarios creen en el libre albedrío, no así en los misterios y milagros. Se adjudican varios presidentes entre sus seguidores, como los Adams, John y John Quincy, así como Thomas Jefferson, pero ello no me consta.

Pero ya no era escuchado por los dos enamorados, que se desentendieron de él, se miraban a los ojos y se reían sin razón aparente. Marjorie explicó a Sarmiento que en el colegio de

Chambersburg le había tocado disertar sobre el tema de los precursores del unitarismo, de donde provenían sus conocimientos que había zampado para contradecir al erudito y pedante Schachner. Éste, entretanto, había optado por retirarse previo un seco y formal saludo, apenas contestado.

Para disimular ante su hija Cathie en algún puerto bajó Marjorie, en otro lo hizo acompañada por Sarmiento y por fin en algunos más, ninguno de ambos lo hizo, circunstancia que era aprovechada para renovar sus arrebatos amorosos. A todo esto, ante la sorpresa del piloto Peterson, del barman Lewis y del mismo Schachner, el entusiasmo de Arcos sobre el negocio de los condones se había enfriado considerablemente y cuando era preguntado acerca de ello, contestaba con monosílabos y rehuía detalles. Apestillado una noche por los tres coaligados hubo de declarar que había renunciado al mismo por cuanto los números no cerraban, pero dejó en libertad de acción a sus frustrados nonatos socios para proseguir con el proyecto adelante, si así lo deseaban.

The Messenger avanzó así con lentitud río abajo y al tercer día arribó a Cincinnati, el gran emporio del Oeste.

Capítulo 11

Cincinnati. Amor en la tina.
El telegrama y el fin de la aventura.
Ingratitud de Sarmiento.

Cincinnati se veía espaciosa y aireada en comparación con la estrecha y contaminada Pittsburgh. El humo también manchaba en alguna medida los elegantes edificios y casas de la ciudad, pero mucho menos que en Pittsburgh. Schachner ya les había hablado del rapidísimo crecimiento de la ciudad, poblada por 60.000 habitantes. Llamaron la atención de Sarmiento y Arcos los extensos y bien cuidados jardines públicos, que destacaban las sinuosidades del terreno donde se había construido la ciudad. También los negocios eran lujosos y ostentaban mercadería de gran calidad. Tan solo la abundancia de chanchos en las anchas calles contrastaba con tanta elegancia, pero cumplían con eficiencia su función de mantenerlas limpias. Por otra parte, Cincinnati era el emporio de la explotación de los cerdos, donde se sacrificaban y salaban doscientos mil puercos al año. Porquicidio que contribuía a la pujanza económica de la ciudad.

—Quienes procesan cerdos son miembros de la llamada "aristocracia porcina" —explicó con sorna Marjorie, quien acompañaba con su hija a los dos sudamericanos.

—La aristocracia de mi país, u oligarquía a falta de aristocracia, debería llamarse "de las vacas" entonces —comentó Sarmiento—. Y hasta su propio gobierno debería llamarse "de las vacas" o, mucho mejor, "oligarquía vacuna" —agregó, pensando en los estancieros y saladeristas Rosas, Anchorena y Urquiza.

Les llamó la atención ver en una vidriera una tina de madera revestida de hojalata. Sarmiento, a quien siempre lo atraían las novedades, entró para verla mejor. Un elegante vendedor se le acercó con el típico *"Can I help you?"* y, con orgullo, le explicó que había sido inventada hacía poco tiempo por los dueños del establecimiento, proponiéndole probarla. A Sarmiento le sorprendió la propuesta y no respondió, razón por la que el vendedor le dijo que la prueba era gratis y que invitara también a sus amigos a probar el nuevo artefacto.

La aclaración convenció a Sarmiento de aceptarla. Se ahorraría de tal modo los cincuenta centavos que por lo común costaba un baño, motivo harto suficiente para alejarlo de ese lujo que se había dado por última vez en Washington. ¿No era bastante acaso lavarse con una esponja enjabonada parado sobre una jofaina, como había hecho en el hotel en Pittsburgh? Hizo señas a sus amigos de entrar y ellos, tras algunas dudas, también aceptaron la oferta de buena gana y muy buen humor. Un número de candidatos no previsto por el vendedor al hacerla. Ello no provocó ningún inconveniente, sin embargo. Pidió a sus potenciales clientes que lo siguieran al interior del local donde tras proveerles de toallas y jabón, los introdujo en dos pequeños compartimentos con sendas bañaderas. Marjorie en uno y los dos hombres en otro. A Cathie la llevó al fondo donde, con orgullo, exhibió una bañadera más chica para niños. La novedad encantó a Cathie que había llegado hasta allí con extrema desconfianza.

Sarmiento pidió a Arcos que lo precediera con la expectativa de poder introducirse en el compartimento de Marjorie, lo que así hizo cuando ella abrió la puerta y asomó la cabeza para decir que no podía abrir la canilla del agua fría. Como el vendedor se había ido con Cathie, Sarmiento entró, hizo fuerza y consiguió abrirla, tras lo cual quitó la toalla a Marjorie y se metió junto a ella en la estrecha tina. No fue el baño más cómodo del mundo, en especial para el uso que se le dio, no previsto sin duda por los inventores, pero con seguridad el más placentero para ambos.

Al despedirse, felicitaron al vendedor por el invento, preguntaron precios y prometieron pedirle el envío de dos tinas. Al salir, Arcos murmuró a Sarmiento en castellano:

—Pero usted se bañó con la gringa, ¿no, don Domingo?

—Así es, fue un baño completo, completísimo —confió el siempre indiscreto Sarmiento.

Volvieron del bracete los cuatro, Santiago y Cathie adelante, Marjorie y Sarmiento atrás, ya sin pretender disimular su amor ante Cathie, todos de muy buen humor y Sarmiento, ahora perdidamente enamorado, diciéndole a Marjorie que al final había decidido acompañarla hasta su plantación en Luisiana.

—Y quizá, ¿por qué no?, podrías extender tu visita... por tiempo indefinido —insinuó ella, riendo.

—Habrá que verlo —replicó Sarmiento, sin descartar de ninguna manera que ello fuera posible.

Caminaban apurados a *The Messenger* a almorzar, pues la caminata y el baño les había abierto el apetito, decididos a volver luego a la ciudad ya que Sarmiento quería conocer los importantes colegios y el seminario del que le había hablado Schachner con tanto entusiasmo.

Al subir a bordo, el comisario llamó aparte a Sarmiento para entregarle con cierto aire de misterio un telegrama. Marjorie y su hija habían seguido hacia la cabina para arreglarse antes de que sonara el gong que anunciaba el almuerzo. Sarmiento abrió el telegrama y leyó fuerte a Arcos, curioso por conocer el contenido: "Siguiendo instrucciones de doña Benita Martínez Pastoriza transmítole apretado resumen de su carta recibida hoy enviada desde Santiago destinada a usted: 'Querido Domingo: Mi pobre y querido marido murió ayer. Ven cuanto antes. Dominguito está muy bien y te extraña. Muy afectuosamente, Benita.' Quedo a su entera disposición para lo que disponga. Muy atentamente. Astaburuaga, Secretario. Legación de la República de Chile."

Sarmiento terminó la lectura y sin hacer ningún comentario metió el telegrama en el bolsillo. Había quedado sin habla. Mil pensamientos se cruzaron por su mente. Benita, su amante en Santiago, madre de Dominguito, su hijo, hijo de ambos, y que lo extrañaba. ¿Cómo podría extrañarlo si él había partido teniendo el bebe pocos meses, por lo que no lo podía recordar? Cosas de la madre, ahora viuda. No había entonces impedimentos para casarse, con lo que la situación de Dominguito se regularizaría. Aunque la circunstancia era perfectamente regular, puesto que era hijo legítimo de don Domingo Castro y Calvo y de Benita Martínez Pastoriza, natural, como él, de San Juan, pasaba ahora a ser huérfano de padre. Una vez casado con su madre, pasaría a ser hijastro de él, de Sarmiento, su verdadero padre. Él se iría a vivir con Benita a su gran quinta de Yungay, cuya ubicación era muy conveniente, a diez cuadras escasas de la Plaza de Armas, pero casi como si estuviera en pleno campo. Sus pensamientos eran en cierta forma transmitidos a Arcos, de cuyo brazo se había aferrado, mediante los cambios en la presión ejercida por su mano.

"Pero, ¿y Marjorie?", pensó tardíamente. Le acabo de prometer seguir viaje con ella en el barco e, inclusive, quedarme unos días en su plantación de Baton Rouge. —Por pocos días que podrían extenderse en forma indefinida! —dijo ahora en voz alta y, ya perdido el control, gritó agitando el telegrama, al que dirigió su monólogo: —¡Mierda, mierda, mierda! Justo tuviste que llegar hoy —gritó agitando el telegrama—. No pudiste, no, demorarte un par de semanas para dar a conocer la infausta nueva. Yo estaría entonces en la plantación de Baton Rouge y podría haber ganado todo ese tiempo junto a Marjorie, algo que ya no podré hacer en el resto de mi vida, ¿te das cuenta, telegrama maldito? Es más, te hubieras demorado unas pocas horas y ya estaríamos entonces navegando hacia el Mississippi donde no llega todavía el telégrafo. Me agarraste justo en el último momento, telegrama del carajo, sin darme más que el tiempo indispensable para tomarle un poco, apenas una muestra, de gusto al amor, ¡hij'una gran puta! Y otro gran huevón, el gran huevón, es Astaburuaga, que bien pudo haberse distraído y demorar tu envío —siguió hablándole al telegrama.

Tras la explosión, Sarmiento se quedó callado, su pecho se elevaba y bajaba por su respiración agitada, que se fue calmando de a poco. Tras un tiempo prudencial, Santiago le dijo con suavidad:

—En realidad, nada impediría, don Domingo, seguir viaje río abajo, pues siendo su ruta no retrasaría su regreso, al estar en el camino de vuelta a Santiago. —Arcos estaba muy apesadumbrado por la norteamericana a quien había cobrado gran aprecio, al tiempo que se daba muy bien cuenta del tremendo debate que se desarrollaba en la cabeza de su amigo. No sabía si Sarmiento lo había escuchado. Se animó a continuar: —De Nueva Orleans a La Habana y de allí a Panamá. Hay una compañía norteamericana lista para comenzar las obras de un ferrocarril que cruce el istmo— agregó de manera irrelevante, pues como es obvio la obra no estaría lista para cuando llegaran allí. Y otro barco nos llevará de Panamá a Valparaíso —concluyó el chileno, por decir algo, pues ahora era visible que su interlocutor ya no lo escuchaba.

—No, no, ya lo pensé. Pero el problema está acá —replicó un desanimado Sarmiento apuntando a su cabeza—. Mi ánimo ya no será el mismo. Estaré con ella pero pensando en mi casamiento con otra mujer que ya ni sé si la quiero. ¡Ya no seré el mismo! Yo no podría seguir en esta joda y faltaría el respeto a Marjorie. Ella me encanta y estoy en realidad enamorado de ella, pero, ¿cuánto? Si realmente lo estuviera de manera profunda, habría tirado el telegrama al río y seguido con mis planes con tranquilidad. Quizá sin tanto drama igual habría vuelto a Santiago para casarme con Benita, pero ese papel me ha armado un lío tremendo en la cabeza.

Tras haber hablado así, el sanjuanino siguió diciéndole a Arcos, con voz entrecortada y muy queda, como si le contara un secreto, pero que fue subiendo de tono a medida que hablaba:

—Te digo que llegué inclusive a pensar en casarme con ella, con Marjorie. Ella lo insinuó, sí, al decir que no sería necesario que me convirtiera en un plantador dueño de esclavos en Luisiana, cosa que le advertí que no toleraría, pues planea irse a vivir con su madre, en la chacra, allí cerca de Chambersburg. Pero, ¿qué diablos haría yo con una suegra cuáquera, anabaptista o presbiteriana en medio de Pennsylvania? ¿Y con un idioma que nunca podré dominar? Viviendo de la vieja y de su hija, además. Y aunque fuéramos a vivir a Filadelfia o Nueva York, como ella ha insinuado, igual me sentiría muy mal, horrible, al abandonar mi campaña contra Rosas, que es mi mayor vocación política, y sin poder aplicar todos los conocimientos adquiridos durante este viaje para mejorar la educación. Muy mal, pésimo quedaría, por otra parte, con el ministro Montt que ha costeado mi viaje, que quedaría sin aplicación práctica. Me sentiría un desertor, un doble o triple desertor, la tercera deserción por el no cumplimiento de la promesa, tácita pero promesa al fin, hecha a don Domingo Castro y Calvo, de casarme con Benita a su muerte y hacerme cargo de Dominguito, el hijo de los tres. ¡No, mi cuerpo quedaría aquí, en los Estados Unidos, pero mi cabeza y mis pensamientos estarían allá, a diez mil millas al sur! —exclamó Sarmiento, con sentida entonación—. Te digo, Santiago, que fue una aventura maravillosa, lo mejor, sin duda, de este largo viaje. Y gracias, lo debo reconocer ahora, aunque tarde, a vos, por no haberme esperado ni en Harrisburg ni en Chambersburg, lo que me permitió conocer a Marjorie en la diligencia. Pero este conchudo telegrama la ha terminado, tronchado, bruscamente, de raíz. No tengo ánimo ahora de prolongarla. Es como si me hubiera pegado un mazazo para volverme a la vida real, de la que los viajes son simples distracciones sin mayor sentido. Seguir la aventura sería un artificio. Tengo la responsabilidad de mi hijo Dominguito encima, que no estoy dispuesto a eludir de ningún modo. Toda mi vida cambió con este pedazo de papel. Soy otra persona. La mano vino así, qué le vamos a hacer —y bajó sus brazos en señal de resignación.

Sarmiento reservó para sí agregar que Benita era una mujer difícil, celosa y dominante, y que tenía muy serias dudas acerca de que su matrimonio con ella sería un eterno lecho de rosas. Más aún, furiosa con él por haber aceptado la misión a Europa, le había prometido que si él la engañaba, ella haría lo mismo. "¿Pero cómo podrías saber lo que hago?", él le había preguntado. "Como estoy segura de que lo harás, como tu pregunta lo presupone, entonces en prevención yo he de hacerlo de igual manera", le había asegurado ella con un típico lenguaje leguleyo como si fuera procuradora. Sarmiento había pensado que era una simple amenaza, sin valor alguno, pero ahora se le había dado por pensar que quizá no habría sido una simple amenaza. "¿Cornudo yo, aun antes de casarme?", se preguntó, aunque en verdad nunca dio demasiado peso a estas suposiciones y conjeturas.

Sarmiento tampoco comentó que ardía en deseos de ver cómo quedarían en el jardín los doscientos modelos en yeso de arte antiguo y moderno que había comprado ex profeso en Roma, ya despachados a Santiago, y las dos reproducciones de las vírgenes de Rafael que imaginaba colgadas en la sala, más la cantidad de libros y objetos de toda clase adquiridos en Europa, cuyo lugar de colocación ya había pensado y resuelto sin cavilar en que quizá Benita, la dueña de casa, podría tener otras ideas al respecto. Se dio cuenta en ese momento de que él ya había dado por sentado, en forma inconciente, que Castro y Calvo no viviría cuando él regresara a Santiago.

En ese instante sonó el gong. Almorzaron como si nada hubiera ocurrido, todos de muy buen ánimo, salvo Sarmiento, que pese a su esfuerzo de actuar con normalidad, no pudo evitar cierta distracción, abstracción en el fondo. Marjorie lo notó pero sus preguntas, como es lógico, no pudieron ser satisfechas. Cuando terminaron de masticar las consabidas manzanas de postre, Sarmiento propuso a Marjorie, antes de volver a bajar a la ciudad, subir a la cubierta superior. "Te quiero contar algo", le dijo mientras Arcos sacaba un mazo de cartas e invitaba a Cathie a jugar.

Marjorie subió un poco extrañada y curiosa. "¿Qué me querrá contar?", se dijo. Una vez arriba, Sarmiento mostró el telegrama cuyo texto tradujo al francés, el idioma que ambos seguían hablando entre sí.

"*D'accord aux instructions de madame Benita Martínez Pastoriza, je vous transmet...*" empezó a leer Sarmiento a una Marjorie que en cuanto oyó el nombre de Benita olió algo malo para ella.

Al término de la lectura él explicó las razones por las cuales debería volver cuanto antes a Santiago; su tácito acuerdo con Benita de que se casarían cuando muriera el marido; la inmensa pena que le daba separarse de ella; su compromiso con la causa de la libertad y la educación en el Río de la Plata; que para lo último le había financiado el gobierno de Chile su largo viaje; que sentiría que traicionaría todo ello de no regresar y permanecer con ella. Tomó su mano y le dijo mirándola a los ojos y con voz de verdad sentida:

—Te juro que dejarte es el mayor y más doloroso sacrificio que puedo hacer.

Marjorie lo escuchó todo sin mostrar ninguna emoción, como si se tratara de un hecho ajeno a ella y que en absoluto la afectaba. Tan sólo, por despecho, comentó con altivez, volviendo al usteo mientras un fresco viento se empeñaba en deshacer su elaborado peinado, dejando libres guedejas de pelo colorado que se ensortijaban de inmediato, lo que atraía la atención de su enamorado:

—No sé por qué me dice todo eso, Domingo. No recuerdo haber convenido con usted que viviríamos juntos y menos aún que nos casaríamos. Yo nunca lo he considerado. Ni estaría dispuesta a ello por otra parte. Pertenecemos a dos mundos diferentes. Lo nuestro fue tan sólo una de esas aventuras que tienen lugar en los viajes y que contribuyen a darles interés. Un pasatiempo si quiere. Lo pasamos bastante bien, debo reconocer, yo por lo menos, no sé si usted. Eso es todo. No tiene por qué darme explicaciones. La aventura terminó, sabíamos que debía terminar en algún momento. Eso es todo. —Y calló, mirando hacia otro lado, porque no podía sostener más la mirada angustiada del argentino. Además una lágrima furtiva comenzaba a rodar por su mejilla y no quería que él la viera.

Para Sarmiento el comentario fue como si le cayera un balde de agua helada. O una bofetada. Dio también vuelta la cara para que ella no viera sus ojos bañados en lágrimas, pero un sollozo agitó su torso. Él era muy emotivo y propenso al llanto. Marjorie advirtió el sollozo, apoyó una mano en su hombro y con voz muy queda y tierna le pidió que la perdonara. Que no sentía en absoluto lo que le acababa de decir, inspirada en la frustración. Que había abrigado la esperanza de que él se quedaría con ella, para siempre. Que... El llanto puso fin a sus palabras. Quedaron abrazados estrechamente. Un abrazo triste y largo quebrado por los sollozos de ambos, llanto reprimido a medias y contagioso. Ella le puso fin alcanzando a decirle con sonrisa forzada y con voz entrecortada por los sollozos, mientras que con las manos, que había desasido de las de él, secaba las lágrimas de ambos que mojaban sus caras:

—Lo único cierto que dije es que la pasamos muy muy bien y que nunca, jamás, dejaré de recordar estos días. El mejor viaje que he hecho y que haré. Querido mío, siempre lo recordaré. Y siempre te recordaré —dijo con énfasis, tomando sus manos y besándolas—. Somos de dos mundos distintos y lejanos, eso es cierto también, y debemos agradecer a Dios y al destino que nos hayan permitido que esos dos mundos se acercaran y tocaran a través de nuestras personas y de nuestros cuerpos.

Sarmiento le acariciaba las manos y la miraba con infinita ternura, los ojos lagrimeantes. Ella de pronto se soltó y se encaminó hacia la escalera. La brisa agitaba su pelo crespo libre del bonete y su larga pollera. Al tomar el pasamanos se dio vuelta, besó su mano y la sopló en dirección a él. Inmediatamente después desapareció escaleras abajo. El amagó seguirla, pero abandonó la idea, al pensar que sería inútil alargar la triste escena.

Marjorie se recluyó en su cabina con el pretexto ante su hija de un fuerte dolor de cabeza. Cathie, sin entender lo que pasaba, aunque oscuramente presentía que se relacionaba con la indisimulable amistad que había nacido entre su madre y Sarmiento, sólo recibió respuestas evasivas y confusas a sus preguntas. Santiago perdió su sonrisa habitual, reemplazada por un rostro ceñudo. Además, sus bromas cesaron. La incomprendida niña, que comenzó a vagar por el barco, oyó que los sudamericanos ordenaban que se bajara su equipaje y gestionaban ante el comisario el reintegro de la parte del pasaje a Nueva Orleans que no usarían, quince pesos a cada uno, que les fueron devueltos. Se despidieron en forma un tanto solemne de Cathie y le pidieron que los despidiera de su madre. Entristecida por la partida de su amigo Santiago, Cathie lo abrazó y besó con efusividad e hizo una ceremoniosa reverencia a Sarmiento al que sabía culpable del apesadumbramiento de su madre.

Cuando los dos amigos se alejaban del muelle siguiendo la carretilla que llevaba su abundante equipaje, Sarmiento se dio vuelta al oír la campana que anunciaba que *The Messenger* reanudaba su viaje. Entonces vio que desde la cubierta superior Marjorie lo despedía haciendo flamear su pañuelo muy lentamente con su brazo extendido. Más que ver imaginó su armonioso rostro abatido por el fin de la aventura. Devolvió el saludo agitando sus brazos y retomó su camino, pensando con infinita amargura que no la vería nunca más en su vida.

Esa noche, en el United States Hotel de Cincinnati, Sarmiento concluía de escribir el episodio de su viaje de Washington a

Cincinnati, en forma muy resumida. Era parte de su larguísima carta a Valentín Alsina. En lo que respecta a Marjorie y a su generosa oferta de ayuda económica, escribió sucintamente así:

"I como si la ingratitud fuera la recompensa de tan desinteresado proceder, he olvidado su nombre, habiéndonos separado en Cincinnati para no volvernos a ver más."

Sarmiento leyó lo escrito, exhaló un largo suspiro y repasó con la velocidad del relámpago esos últimos cinco días que se abstuvo de describir en detalle a Alsina, desde el momento en que Marjorie, cuyo nombre no había olvidado, como por caballeresca discreción le mentía a Alsina, le hizo ver las montañas iluminadas por la luna, la no casual caída de su mano sobre sus genitales, el episodio del vuelco de la diligencia y del primer beso que él, aprovechando la situación, le dio, la búsqueda del condón, el intento de costura y la renuncia por parte de ella, los encuentros amorosos en la estrecha cama de la igualmente estrecha cabina del barco, concluyendo con aquél en la aún más estrecha tina. Al recordar la historia, en algunos momentos la sonrisa apareció en los labios de Sarmiento, pero al terminar y pensar que nunca más vería a su tan amada Marjorie, se le hizo un nudo en la garganta y una lágrima cayó sobre el papel. Se levantó con cierta torpeza, se sacó la *robe de chambre*, de un soplido apagó la lámpara, y con el corazón acongojado, se acostó en su cama en medio de los ronquidos del chileno.

Sarmiento regresando a su patria luego del destierro chileno. 1856, dibujo de Francisco Rawson

Reconocimientos

El libro está basado en un episodio del viaje de Domingo Faustino Sarmiento a los Estados Unidos acaecido en octubre de 1847, justamente 150 años atrás de cuando escribo estas líneas. Sarmiento escribió a Valentín Alsina acerca de su viaje en la Unión. El episodio que dio pie para escribir este libro se puede leer en la edición Viajes de Domingo Faustino Sarmiento de la Editorial de Belgrano, Buenos Aires, 1981, páginas 593 a 598, así como en Viajes por Europa, África y América, editada por el Fondo de Cultura Económica, Buenos Aires 1993, páginas 414 a 419.

Está de más describir la trayectoria de Sarmiento, principal protagonista del libro. Su compañero de travesía, el chileno Santiago Arcos, efectivamente acompañó a Sarmiento en gran parte del viaje por los Estados Unidos. Su historia, así como la de su padre, fueron extraídas del libro de Gabriel Sanhueza, Santiago Arcos, comunista, millonario y calavera, Editorial del Pacífico, Santiago, 1956.

A la mujer que reiteradamente ofreció asistencia económica a

Sarmiento e, inclusive, hospedaje en su casa a "cinco leguas más acá de Nueva Orleans", y que Sarmiento, discretamente, manifiesta que "he olvidado su nombre", la he llamado ficticiamente Marjorie Merryweather d'Aventour y a su pequeña hija, Cathie. También son ficticios los nombres de los personajes que viajan junto a Sarmiento en la diligencia, con una excepción: Alexander MacKay.

MacKay viajó por los Estados Unidos exactamente en la misma época en la que lo hizo Sarmiento y escribió un libro titulado The Western World; or, Travels in the United States, publicado en tres tomos por Richard Bentley, Londres (1849). Encontré el libro, y lo compré, en una librería de ediciones antiguas en Londres. Del mismo extraje episodios tales como el naufragio del barco Home en el cabo Hatteras, y me fue muy útil para complementar a Sarmiento en cuanto a la descripción de las diligencias y sus vuelcos, y de las casas de posta, los hábitos alimenticios, la descripción de Pittsburgh, discusiones sobre la esclavitud (llamada esclavatura por Sarmiento), etcétera.

La supuesta relación entre Thomas Jefferson con su esclava Sally Hemmings ha sido descripta por Fawn M. Brodie en Thomas Jefferson, an Intimate History, Bantman Books, Nueva York, 1975.

La carrera de los barcos que navegaban la cuenca del Mississippi, fue descripta en "L'Introduction a la première Démocratie" de Jean-Claude Lamberti, en "La démocratie en Amérique" por Alexis de Tocqueville, Robert Laffont, París, 1986. Las opiniones de Tocqueville acerca de la independencia de la mujer norteamericana, la esclavitud, el matrimonio, la vanidad nacional de los norteamericanos, el choque entre la civilización anglosajona y las de otro origen, etcétera, también han inspirado distintos aspectos de mi libro, tal como habían hecho con Sarmiento.

El llamado "affaire à trois" entre Emerson, su esposa Lidian y Henry Thoreau fue extraído del libro Emerson, the Mind on Fire, por Richard D. Richardson Jr., University of California Press, Berkeley y Los Ángeles, 1995.

Aspectos sobre las costumbres sexuales norteamericanas en la época del viaje de Sarmiento y acerca de los métodos de control de la natalidad los obtuve del libro de Paul Johnson The Age of the Modern World Society 1815-1830, Harper Collins, Nueva York, 1991, páginas 508 y 509. La obra de Johnson fue igualmente útil en otros temas, como la descripción de las diligencias, la esclavitud, el número de esclavos y la suba de su precio, la educación femenina, el mascado de tabaco por los hombres, las costumbres alimenticias, el alcoholismo, la suciedad de los baños, etcétera. El invento, en Cincinnati, de las tinas de madera recubiertas de hojalata, también es informado en dicho libro.

La desastrosa campaña del general Braddock para tomar a los franceses Fort Duquesne, la actual Pittsburgh, está prolijamente relatada por Benjamín Franklin en su Autobiography, First Vintage Books, Nueva York, 1987. Asimismo se refiere al episodio y proporciona otros datos sobre Washington, Richard Brookhiser, en Founding Father: Rediscovering George Washington, The Free Press, Nueva York, 1996.

En lo que respecta a las iglesias y sectas protestantes me fue muy útil la consulta con el libro de Max Weber The Protestant Ethic & the Spirit of Capitalism, Roxbury Publishing Company, Los Ángeles, 1996; así como el citado libro de Richardson sobre Emerson y la novena edición, de 1883, de la Encyclopaedia Britannica. Esta última me fue de gran utilidad para muchos otros tópicos.

La historia de la expulsión de los indios cherokees la obtuve del citado libro de Richardson sobre Emerson.

La afligente situación de los irlandeses con motivo de la terrible hambruna de los años 1845 y siguientes ha sido descripta por Cecil Woodham Smith en su libro The Great Hunger (Harper & Row, Nueva York 1962), y en otro anterior The Reason Why.

En cuanto a la situación de Chile en la época en que Sarmiento estuvo exiliado allí, la debo a los trabajos reunidos en el libro Nueva mirada a la historia recopilados por Esther Edwards O. y publicados por la Editorial Ver, Santiago, 1996, especialmente el de Sol Serrano Emigrados argentinos en Chile 1840-1855. La obra de Alejandro

Fuenzalida Grandón, Lastarria i su tiempo, (Imprenta Barcelona, Santiago, 1911), fue igualmente de gran utilidad, así como la Historia de Chile, por Sergio Villalobos R., Osvaldo Silva G., Fernando Silva V. y Patricio Estelle M., publicada por la Editorial Universitaria, Santiago, 1985.

De más está decir que los libros de Sarmiento escritos antes de su viaje, tales como Facundo, Recuerdos de provincia, Mi defensa, fueron debidamente consultados, así como la biografía sarmientina de Manuel Gálvez, Editorial Tor, Buenos Aires, 1952, el que me brindó las contradictorias descripciones físicas de Benita Martínez Pastoriza, con quien Sarmiento se casaría al regresar a Santiago. También fue importante fuente respecto de las relaciones de Sarmiento con la citada Benita el libro de José Ignacio García Hamilton Cuyano alborotador, Editorial Sudamericana, Buenos Aires, 1997.

Debo especial agradecimiento a mi esposa, María Teresa Nazar, y a Maude De Ridder de Zemborain por haberme aconsejado el título del libro. La primera, además, soportó con estoicismo todo el tiempo que le robé para consagrarlo al libro. Como siempre, María Mercedes Svirsky colaboró eficazmente en el ordenamiento del texto y su preimpresión, oficiando también como implacable correctora, con las habituales y a veces fuertes discusiones consiguientes en las que casi siempre tuvo razón, aunque pocas se la reconocí. Mi gran amigo Javier García Oliver afrontó con entereza la tediosa tarea de leer la primera versión del libro, y sus comentarios resultaron de gran valor para las siguientes versiones.

Indice

Capítulo 1 -9
Donde Sarmiento pierde a Arcos y se queda sin dinero.
Comienza el viaje a Pittsburgh y aparece Marjorie D'Aventour.

Capítulo 2 -37
Travesura de Marjorie. Vuelco. Benita. Ejecución de Sarmiento.
Llegada a McConellsburgh.

Capítulo 3 -51
Posta de McConellsburgh. ¡Sarmiento confundido como español!
Discusión sobre la esclavitud.

Capítulo 4 -79
La supuesta relaciónentre Jefferson y su esclava Sally.
Héroes prefabricados. Recuerdos de San Martín.
La diligencia se encaja.

Capítulo 5 -109
Mount Pleasant. Un mulato quiere viajar en el coche.
Aspasia. Quakers y Shakers. Affaire à Trois:
Lidian, Emerson y Thoreau.

Capítulo 6 -131
Noche en Mount Pleasant. Exploraciones de Cathie.
Caminata en el Bosque. Historia del naufragio y casamiento de Marjorie.

Capítulo 7 -151
Primeras experiencias militares de Washington. Triste historia de los cherokees.
Encuentro con Arcos en Pittsburgh. El padre de Arcos.

Capítulo 8 -181
La zarpada, la carrera y los sucesos que siguieron y que provocaron la
frustración de Sarmiento.

Capítulo 9 -197
Arcos propone un negocio y encuentra socios.

Capítulo 10 -207
Escala en Wheeling. El matadero. El tambor. Marjorie pierde la paciencia.
Cuitas de amantes. Esclavos huyen. Socinus y Servetus.

Capítulo 11 -237
Cincinnati. Amor en la tina. El telegrama y el fin de la aventura.
Ingratitud de Sarmiento.

Reconocimientos -249

STOCKCERO

stockcero.com
Viamonte 1592 C1055ABD
Buenos Aires Argentina
54 11 4372 9322

stockcero@stockcero.com

www.ingramcontent.com/pod-product-compliance
Lightning Source LLC
Chambersburg PA
CBHW031252230426
43670CB00005B/149